管理学学术文库·工商管理卷

管理学学术文库·工商管理卷

框架效应与心理账户
对消费者非理性购买决策的影响研究

李四兰 ◎ 著

华中科技大学出版社
http://press.hust.edu.cn
中国·武汉

图书在版编目(CIP)数据

框架效应与心理账户对消费者非理性购买决策的影响研究 / 李四兰著. -- 武汉：华中科技大学出版社，2024.11. --（管理学学术文库）. -- ISBN 978-7-5772-1410-8

Ⅰ.F713.55

中国国家版本馆CIP数据核字第20246NN583号

框架效应与心理账户对消费者非理性购买决策的影响研究　　李四兰　著
Kuangjia Xiaoying yu Xinli Zhanghu dui Xiaofeizhe Feilixing Goumai Juece de Yingxiang Yanjiu

策划编辑：宋　焱
责任编辑：陈　孜
封面设计：原色设计
责任监印：周治超
出版发行：华中科技大学出版社（中国·武汉）　　　电话：(027) 81321913
　　　　　武汉市东湖新技术开发区华工科技园　　　邮编：430223
录　　排：华中科技大学出版社美编室
印　　刷：武汉科源印刷设计有限公司
开　　本：710mm×1000mm　1/16
印　　张：14.5　插页：2
字　　数：278千字
版　　次：2024年11月第1版第1次印刷
定　　价：88.00元

本书若有印装质量问题，请向出版社营销中心调换
全国免费服务热线：400-6679-118　竭诚为您服务
版权所有　侵权必究

内容提要

本书主要包括7项实证研究：其一，认知需要对整合定价与分离定价感知的影响；其二，产品的价格衡量能力对分离定价效果的影响；其三，产品的实用属性与享乐属性对捆绑销售的作用机制；其四，媒体新闻框架对消费者品牌态度的影响；其五，企业社会责任活动宣传框架对消费者购买意愿的影响；其六，基于心理账户中介的企业社会责任对消费者信任修复的影响；其七，情感账户对大学生享乐性消费意向的影响。本书采用实验法，包括11个实验，共1739人参加，得出以下结论。

第一，认知需要不同的消费者对产品的价值感知和购买意愿有显著差异。在回忆驱动下，高认知需要的消费者在整合定价时比分离定价时对产品有更高的价值感知和购买意愿，而低认知需要的消费者在两种情况下没有显著差异；在刺激驱动下，高认知需要的消费者在分离定价时比整合定价时对产品有更高的价值感知和购买意愿，低认知需要的消费者则正好相反。

第二，在对总体的价值进行评价时，消费者对次要属性在分离定价中比在整合定价中有更多的选择性注意，对次要属性的评价在分离定价中比在整合定价中有更大的权重。在分离定价中分离部分属性的价格衡量能力越强，消费者的选择性注意越高，在对交易的总评价中，其权重越大。

第三，在一种享乐品和一种实用品进行捆绑销售时，价格优惠体现在不同的产品上，消费者对捆绑产品有不同的购买意愿。价格折扣体现在享乐品上比实用品上使消费者有更少的预期愧疚,对捆绑产品有更高的购买意愿,预期愧疚在价格框架与消费者的购买意愿之间起中介作用。

第四,产品伤害危机情景下,媒体新闻的危机报道框架影响消费者的品牌态度。具体而言,消费者对媒体新闻报道的失德型危机的品牌比失能型危机的品牌有更强的负面态度,这种差异对低认知需要的消费者和在危机严重程度高的情况下更显著。

第五,产品伤害危机情景下,企业社会责任活动宣传框架影响消费者的购买意愿。具体的企业社会责任活动宣传比抽象的企业社会责任活动宣传更能提高消费者的购买意愿,通过消费者感知伪善这一中介机制发挥作用,信息源在宣传框架和感知伪善之间起调节作用,信息来自企业外部比内部更能提升具体的企业社会责任活动宣传的正面效果。

第六,产品伤害危机情景下,企业社会责任的不同行为对消费者信任修复存在差异,企业私德行为的支出更容易被消费者归入补救账户,因而更容易促进能力的信任修复,而企业公德行为的支出更容易被消费者归入慈善账户,因而更容易促进正直的信任修复,心理账户在企业社会责任类型与消费者信任修复之间起中介作用。

第七,大学生由于不同来源的收入附有不同的情感,其享乐性消费意向存在差异。在四种主要的收入来源即父母给的生活费、兼职收入、奖学金、助学金中,奖学金附有最高的正面情感和努力,而父母给的生活费附有最低的正面情感和努力,因此奖学金用于享乐性消费的意向最高,而父母给的生活费用于享乐性消费的意向最低。情感账户和努力程度在收入来源和享乐性消费意向中起中介作用,努力程度在收入来源和情感账户之间起中介作用。

通过以上研究,本书探讨了产品定价和产品伤害危机情景下媒体新闻的框架效应,产品伤害危机情景下企业社会责任和大学生消费中的心理账户效应,揭示了消费者非理性购买决策产生的心理机制,为营销管理实践提供了借鉴。

前言

在日常生活中，我们可以发现身边充斥着大量的非理性购买行为。例如：很多女性消费者仅仅因为某件衣服打折力度大，就把它买回家，但她们几乎从未穿过这件衣服。一对美国夫妇在外出旅游时钓到一些大马哈鱼后带着它们坐飞机回家，但当他们下飞机时被航空公司告知弄丢了这些鱼，为此他们可以获得300美元的赔偿。这对平时非常节俭的夫妇拿到赔偿以后到附近的豪华饭店大吃了一顿，但如果这些钱来自薪水增加，在外吃大餐的事情就不可能发生了。一位丈夫在商店看到一件非常中意的羊毛衫，但因标价过高而没有购买，而妻子将这件羊毛衫买下来作为礼物送给丈夫时，丈夫却欣然接受。一对夫妇计划到商场买被套，有三种选择，即普通双人被、豪华双人被、超大豪华双人被，对他们来说，豪华双人被是最合适的，因为和他们家床的尺寸正好匹配。但当他们到商场时发现商场正在开展促销活动，原价分别为250元、350元、450元的上述三种被子现在都只卖200元，他们毫不犹豫地买下了超大豪华双人被，但该双人被过大，使得他们在整理房间时总发现被子滑落在地。由此可以看出，人们的购买决策在很多情况下是非理性的。

传统的规范经济学告诉人们应该如何理性决策，产生最优的经济结果；而行为经济学则告诉我们在现实中人们是如何进行决策的。行为经济学的研究告诉我们，人们的决策在很多情况下是非理性的，人们产生决策偏差的原因也是多种多样的。其中，框架效应（framing effect）和心理账户（mental accounting）被认为是非理性决策最具代表性的决策异象。本书基于行为经济学的前沿理论——框架效应和心理账户展开研究，框架效应理论来源于卡尼曼的前景理论，卡尼曼因该理论对于经济学的贡献于2002年获得诺贝尔经济学奖。而心理账户理论来源于塞勒的行为经济学的研究成果，塞勒在2017年获得诺贝尔经济学奖。本书基于这两种理论展开实证研究，无疑是站在巨人的肩膀上对现实生活中的非理性购买决策问题进行探讨。

目前，人们对框架效应和心理账户引发的非理性决策的研究仍然热度不减。本书结合作者本人在华中科技大学攻读博士学位期间的研究成果和教育部人文社科研究规划基金项目"企业社会责任对产品伤害危机后品牌信任修复的作用机制研究"（项目批准号：17YJA630043）的研究成果，对消费者决策过程中的信息框定与评价过程中的认知与情感反应进行了系统研究。本书的研究内容主要集中于定价策略与产品伤害危机情景下的框架效应和心理账户，以及心理账户中一个有意思的领域——情感账户。围绕这一思路，本书的内容安排具体如下。

本书内容包括4篇共12章。第一篇为"基础理论与概念"，分为三章，包括：第一章，从行为经济学透视消费者非理性购买决策；第二章，框架效应与心理账户在消费领域的拓展研究；第三章，相关概念界定。通过这三章，厘清了非理性购买决策的定义，明确了研究的理论基础和涉及的相关概念。

定价策略是企业参与市场竞争的重要利器。消费者的价格感知不是客观的，而是主观的。价格线索的不同呈现方式实际上会影响消费者的评价与判断，造成其价格感知和选择的不同。因此，了解价格框架对消费者偏好的作用机制，成为营销者需要重点关注的问题。本书采用行为经济学中通用的实验方法，通过三个层面的研究探讨了整合定价与分离定价两种不同的价格框架给消费者带来的认知与情感影响，以及这些反应所带来的消费者偏好变化。这一部分的内容为第二篇"价格框架效应"，分为五章，包括：第四章，价格框架效应的研究概述；第五章，认知需要对整合定价与分离定价感知的影响；第六章，产品的价格衡量能力对分离定价效果的影响；第七章，产品的实用属性与享乐属性对捆绑销售的作用机制；第八章，价格框架效应研究的结论与展望。通过实证研究，探讨了消费者的个体差异和产品属性对价格框架的作用机制，即具有不同特质的消费者对不同价格的呈现方式会有不同的感知，同时，信息刺激的方式、产品的属性也会影响框架效应。将消费者的一些重要特质如认知需要和产品的一些重要属性如享乐性和实用性、产品价格的可衡量性等引入本书的研究，拓展了目前关于价格框架效应的研究视角。

当前，中国经济正处于转型期，市场环境复杂多变，产品伤害危机频繁发生，甚至在网络信息时代愈演愈烈。媒体无论是对危机本身的报道框架还是对企业危机应对的报道框架都会影响消费者对信息的感知，进而影响消费者对危机品牌的态度和购买意愿。为此，便有了本书的第三篇"框架效应与心理账户对消费者响应的作用机制"。该篇分为三章，包括：第九章，媒体新闻框架对消费者品牌态度的影响；第十章，企业社会责任活动宣传框架对消费者购买意愿的影响；第十一章，基于心理账户中介的企业社会责任对消费者信任修复的影响。这一篇主要研究产品伤害危机情景下，媒体对危机事件的报道框架和作为修复策略的企业社会责任活动宣传框架对消费者品牌态度和购买意愿的作用机制。

本书的第四篇为"框架效应与心理账户的其他研究"，包括：第十二章，情感账户对大学生享乐性消费意向的影响。大学生不同来源的收入由于被放进了不同的情感账户，因此被分别用于实用性和享乐性消费。

本书汇集了作者本人和课题团队成员在框架效应和心理账户方面的研究成果，聚焦于采用框架效应和心理账户来挖掘和解释消费者非理性购买决策产生的原因和内在机理，将复杂的经济学理论运用于具体的营销实践之中，在保持较高理论水准的同时，又十分接地气，可读性极强。希望本书能够为高校教师和学生从事消费行为的相关研究提供参考，同时也给业界人士分析和理解消费者购买行为提供借鉴。需要说明的是，本书中许多内容也借鉴了相关期刊文献，由于篇幅等原因，在此就不一一注明。同时，由于本人能力、精力和时间有限，书中难免存在疏忽和错漏之处，敬请各位读者不吝指教，与我联系和探讨。

本书能够得以顺利出版，要衷心感谢很多人的参与和付出。首先，我要感谢我的博士生导师景奉杰教授和母校华中科技大学，让我得到了系统的科研训练。其次，我要特别感谢我指导的硕士生李泽宇、庞佳佳、陈诗、杨倩、柳秀，以及本科生刘诗雨、王烯艺、王蕾和隋明珺等为本书的实证研究所做的贡献，感谢我所在的单位——武汉科技大学以及学校各级领导的支持与帮助，感谢所有同事和老师的厚爱！最后，感谢华中科技大学出版社的周清涛、宋焱等编辑，从早期的选题策划到后期的编辑加工等，都付出了艰辛的劳动。

李四兰
2024 年 9 月 16 日于黄家湖畔

目录

第一篇 基础理论与概念

第一章 从行为经济学透视消费者非理性购买决策 ········· 003
- 第一节 问题的提出 ········· 003
- 第二节 规范经济学理性"经济人"假说及其所遭受的现实挑战 ········· 004
- 第三节 行为经济学非理性"现实人"的本质回归 ········· 005
- 第四节 偏好的形成与非理性购买决策 ········· 008

第二章 框架效应与心理账户在消费领域的拓展研究 ········· 010
- 第一节 框架效应与心理账户的理论基础——直觉启发原则与前景理论 ········· 010
- 第二节 框架效应及其在消费领域的拓展研究 ········· 014
- 第三节 心理账户理论及其在消费领域的拓展研究 ········· 025

第三章 相关概念界定 ········· 040

第二篇 价格框架效应

第四章 价格框架效应的研究概述 ········· 047
- 第一节 问题的提出 ········· 047

第二节　价格框架效应的相关研究 …………………………………… 049
第三节　研究现状的综合述评 ………………………………………… 064

第五章　认知需要对整合定价与分离定价感知的影响 ……………………… 067
第一节　问题的提出 …………………………………………………… 067
第二节　基本研究假设 ………………………………………………… 071
第三节　研究方法 ……………………………………………………… 075
第四节　研究结果 ……………………………………………………… 077
第五节　研究结论及讨论 ……………………………………………… 083

第六章　产品的价格衡量能力对分离定价效果的影响 ……………………… 086
第一节　问题的提出 …………………………………………………… 086
第二节　基本研究假设 ………………………………………………… 088
第三节　研究方法 ……………………………………………………… 091
第四节　研究结果 ……………………………………………………… 093
第五节　研究结论及讨论 ……………………………………………… 098

第七章　产品的实用属性与享乐属性对捆绑销售的作用机制 ……………… 100
第一节　问题的提出 …………………………………………………… 100
第二节　基本研究假设 ………………………………………………… 104
第三节　研究方法 ……………………………………………………… 108
第四节　研究结果 ……………………………………………………… 111
第五节　研究结论及讨论 ……………………………………………… 114

第八章　价格框架效应研究的结论与展望 …………………………………… 116
第一节　研究结论 ……………………………………………………… 116
第二节　研究启示 ……………………………………………………… 118
第三节　局限性及进一步研究的方向 ………………………………… 120

第三篇　框架效应与心理账户对消费者响应的作用机制

第九章　媒体新闻框架对消费者品牌态度的影响 …………………………… 125
第一节　问题的提出 …………………………………………………… 125
第二节　文献回顾与模型构建 ………………………………………… 127

第三节　本研究的相关概念界定 …………………………………… 128
　　第四节　理论推演及假设提出 …………………………………… 130
　　第五节　实验设计 ………………………………………………… 133
　　第六节　结论、启示与展望 ……………………………………… 136

第十章　企业社会责任活动宣传框架对消费者购买意愿的影响 ………… 140
　　第一节　问题的提出 ……………………………………………… 140
　　第二节　文献回顾 ………………………………………………… 141
　　第三节　关键概念的界定与研究框架 …………………………… 143
　　第四节　研究假设 ………………………………………………… 146
　　第五节　实证检验 ………………………………………………… 148
　　第六节　总结与讨论 ……………………………………………… 154

第十一章　基于心理账户中介的企业社会责任对消费者信任修复的影响 ……
　　 ……………………………………………………………………… 157
　　第一节　问题的提出 ……………………………………………… 157
　　第二节　文献回顾 ………………………………………………… 158
　　第三节　研究模型与研究假设 …………………………………… 160
　　第四节　实验设计与预实验 ……………………………………… 163
　　第五节　实证检验 ………………………………………………… 164
　　第六节　结论、启示与展望 ……………………………………… 169

第四篇　框架效应与心理账户的其他研究

第十二章　情感账户对大学生享乐性消费意向的影响 …………………… 173
　　第一节　问题的提出 ……………………………………………… 173
　　第二节　文献回顾与模型构建 …………………………………… 174
　　第三节　研究假设 ………………………………………………… 175
　　第四节　研究方法及结果 ………………………………………… 178
　　第五节　结论、启示与展望 ……………………………………… 180

参考文献 ………………………………………………………………………… 183

附录　本书相关的实证研究设计 ……………………………………………… 200

第一篇

基础理论与概念

第一章　从行为经济学透视消费者非理性购买决策

第一节　问题的提出

大到国家政策的制定,小到个人选择,决策可以说无处不在。对决策问题的研究也一直是管理学、经济学、心理学等诸多学科所关注的焦点问题。但关于非理性购买决策,目前并没有一个统一的界定。在经济学中,意大利经济学家帕累托将逻辑购买决策看成理性的,而将非逻辑购买决策看成非理性的。西蒙认为非理性购买决策是违反效用满意感的购买决策行为。[1] 卡尼曼和特维尔斯基认为,非理性购买决策违反个体效用最大化、个体偏好不一致等原则。[2]西夫曼认为有时候在别人看来不理性的事情,或许在消费者自己的心理活动范围内却是完全理智的,因此,对满意感的评估是一个十分个性化的过程,它建立在个人的需要结构,及其过去的行为与社会经验上。我国学者黄守坤认为非理性购买决策是指消费者在各种因素影响下作出的不合理购买决策。对非理性购买可以说是仁者见仁、智者见智,有些观点是重合的,而有些观点甚至将非理性与不理智混淆。由于经济学与心理学是消费者行为理论重要的基石,学者们借鉴这两个领域的大量理论来建立营销学的理论体系和模型,使得营销学这门实践性很强的学科能够揭示消费者在市场中的真实表现。[3] 因此,要厘清消费者非理性购买决策的概念,必须从整合经济学和心理学理论的行为经济学角度入手进行研究。

第二节 规范经济学理性"经济人"假说及其所遭受的现实挑战

在规范经济学中消费者以收入函数为约束，选择效用函数和收入函数的切点作为购买产品的最佳组合。显然，传统的消费者行为研究，其理论基础是规范经济学的理性"经济人"假设。理性"经济人"假设是西方经济学理论的逻辑基础。古典经济学的代表人物亚当·斯密认为，人是理性的，只想以最小的牺牲来获取最大的利益，人们追求的是个人利益的最大化，对消费者而言，就是获得最大的效用。新古典经济学的代表人物诺伊曼和摩根斯坦的期望效用函数理论认为人们在面临风险时是追求期望效用最大化的。多年来，经济学家们都认为人们在面临经济决策时表现出完全理性，他们不仅具备理性意识，同时还具备理性能力。他们给"经济人"赋予了一种全智、全能的荒谬理性。这种"经济人"有一个完整的内在一致的偏好体系，使其总是能够在他所面临的备选方案中作出抉择；他总是完全了解有哪些备选的替代方案；他为择善而从所进行的计算，不受任何复杂性的限制；对他来说，概率计算既不可畏又不神秘。总结来说，在传统的经济学中理性即意味着自利、具有稳定的偏好和追求效用最大化。

在"经济人"假设和"最大化"原则的基础上，经济学家们利用一系列数学工具建立起精致恢宏的理论体系。经济学成了精密的分析科学，具有"完美"的表达，得出确定的结论和规律。古典经济理论对人的智力作出了极其苛刻的假定，虽然这种理论"具有很大的智慧和美学魅力，但同具有血肉之躯的人的真实行为，看不出有多大关系"。[4] 更为重要的是，理性"经济人"假设对现实经济生活的许多经济现象如"囚徒困境""股利之谜""阿莱悖论""最后通牒""夸张贴现""羊群效应"等缺乏合理的解释。在这样的情景下，急需有新的理论取代传统理论或对之进行有效补充。

第三节 行为经济学非理性"现实人"的本质回归

一、西蒙的有限理性

1978 年诺贝尔经济学奖得主赫伯特·西蒙提出了替代期望效用函数理论的"有限理性（bounded rationality）"模型[4]，剖析了人们的实际决策行为不可能完全理性的现实，并指出有限理性由两方面的原因造成：一是人类头脑的局限性，二是头脑在其中发挥作用的环境结构。由于人脑生理结构的限制，"经济人"处理信息的能力是有限的，表现在：其一，"经济人"在决策时，由于信息不全，而只能找到备选方案的一部分进行决策；其二，无法确定各备选方案所产生的结果及其出现的概率。因此，人类头脑的局限性使得决策的结果不是绝对可靠的。西蒙认为有限理性好比一把双刃剪刀，一片刀刃是认知偏差，另一片刀刃就是环境结构导致的决策偏差。西蒙还在其研究中第一次提出人的决策与判断是人的思维活动，它不是建立在数学和逻辑思维基础之上的，而是建立在人的情感、认知、理念和经验基础之上的。他提出人类的决策原则应该是"第一满意"原则，而不是标准经济学理性假设的"最佳选择"，他用"草垛寻针"来形象地解释这一原则。在扎满针的草垛边，人们实际中并不会寻找最优的那根针，而是能最快地找到那根能用的针就行了，不会去费力地比较哪根针最好。西蒙在其著作中提及："不管有机体在学习和选择情景中的行为多么具有适应性，这种适应性都无法达到经济理论中理性的最大化状态。"西蒙的"有限理性"理论无疑为人类探索决策行为开启了另一扇窗户。在西蒙之后，越来越多的经济学家也开始意识到完全理性的假设是有问题的，至少在某些情况下个体并不能表现出完全的理性。随着应用心理学的发展，特别是认知心理学的迅猛发展，使得另一门介于经济学和心理学的边缘学科——行为经济学的发展成为可能。

二、人类非理性产生的物质基础

认知过程是人类决策的基础，而人脑是认知过程和信息处理的物质基础。大脑的两个特点决定人们的行为与决策的范围。[5] 一个特点是有限的信息处理能力。人们的行为带有目的性，但这种目的性具有一定的限度。通常人们的行为不是无理性的或任意的。人们的行为过程具有理性，并利用了各种推理能力，但需要了解的是，从样样考虑俱全的角度来说，人们的行为实质上是不可能理性的。另一个特点是大脑的各个模块，即大脑的不同组成部分具有某种独立地影响人们行为的能力。也就是说，大脑并不是一个单一的整体，且不一定是内部一致的。[6] 经济学的一个新兴分支——神经经济学阐述了非理性行为产生的物质基础。[7] 神经经济学认为人的经济行为源于大脑活动，人们在经济行为中的非理性决策与人脑的神经生理结构相关。其主要的技术手段是通过功能性磁共振成像来检查在不同的生理感受和活动产生时，人的大脑有哪些区域被激活。该技术可以通过一种特殊方式显示大脑激活区域所增加的血流量，从而获得功能性的"脑图谱"。研究发现，参与长期决策的主要是大脑额叶前区部分，理性思维主要是在这一部分进行。而在进行短期决策时，大脑边缘皮层的作用则会超过额叶前区，这时产生的决策更倾向于立即满足需要。这就是说，当人们对长期行为进行决策时，他们的决策行为的确符合经济学假定的"理性决策"过程；而面对短期决策，比如是否立刻进行消费活动时，非理性冲动因素在人脑决策中有巨大的作用。心理学中的认知资源理论认为人类的认知资源跟实体的物理资源一样，具有量的有限特点。个体的每一次认知加工过程都会消耗资源，任务越复杂则需要的资源越多，甚至可能耗尽。当认知资源耗尽时，个体对新呈现的刺激将不做加工或加工不足。认知负荷理论（cognitive load theory）提出，若活动需要的资源超过了个体拥有的资源总量，就会引起资源分配不足，从而影响决策的效果，这种现象被称为认知超载（cognitive overload），认知超载是形成认知异象的重要原因。Masicampo 和 Baumeister（2008）的研究从物质层面证实了该结论[8]，他们让一组被试喝加糖的柠檬水、另一组被试喝不加糖的柠檬水，在完成消耗脑力的任务和填写问卷之后，给被试分发吸引效应的任务。他们的研究发现，加糖的被试比不加糖的被试较少出现吸引效应决策异象。该实验结果说明，脑力消耗和脑力能量的不足是导致直觉、启发式加工的重要原因，此时更容易出现传统意义上的"非理性行为"和决策异象。

三、行为经济学的非理性"现实人"

经济学是研究人的经济行为的科学，正如阿尔弗雷德·马歇尔所说的，经济学是一门研究财富的学问，同时也是一门研究人的学问。但是，长期以来经济学的重点放在经济增长和经济制度方面，对人本身的行为研究并未深入进行，更很少涉及人的思维和心理。诺伊曼和摩根斯坦的期望效用函数理论的出现使得理性决策发展到极致，经济学家们纷纷利用各种经济模型来描述他们理性中的决策状态，使得经济学的研究一度脱离了经济学对人类行为进行研究的本质。加之经济学不像自然科学那样，可以通过实验室做实验来证明，也一直阻碍了经济学家对人的行为的研究。

现代心理学的发展，特别是认知心理学的发展，基本打开了人类心理活动如何处理与加工信息之谜。研究表明，人的认知是一个过程，是受人的性格、知识、文化背景、所处环境等状况影响的，而人的认知水平又会影响到人的决策。正因为人的判断、行为和满足感的差异性，也就决定了人们的经济行为与传统经济学的基本假设有很大不同。经济理论的发展激发了经济学家去思考心理学研究中的一些前沿问题。反过来，随着心理学科的逐步成熟，心理学对经济学渗透的力度也在增强，而心理学家的好奇心正在驱使他们的研究更趋近于经济学传统领域的主题。[9] 这种状况很自然地使经济学家和心理学家坐在了一起，试图探讨消费者购买决策的真实图景。随着对经济理论的研究应考虑加入心理变量的呼声越来越高，出现了大量的有关行为决策领域的研究。以乔治·卡托纳与赫伯特·西蒙有关行为决策的研究为基础，20世纪70年代，心理学家卡尼曼和特维尔斯基发表了一系列震撼人心的研究成果，并激发了其他行为经济学家把相关研究领域的成果拓展到经济学的各主要分支，从而形成了真正意义上的"行为经济学"流派。在卡尼曼和特维尔斯基等的基础上，经过马修·拉宾、理查德·塞勒、大卫·莱布森等在20世纪80年代至90年代初的努力，行为经济学的阵容逐渐强大起来，行为经济学已逐渐被经济学界所接受。其中以卡尼曼的直觉启发原则及前景理论和塞勒的心理账户理论所产生的影响力最大。

2002年的诺贝尔经济学奖授给了实验经济学家弗农·史密斯和行为经济学家丹尼尔·卡尼曼。史密斯是实验经济学的主要创始人。经济学从产生起就被认为是不能进行实验研究的，但史密斯通过坚持不懈的努力，终于取得了举世瞩目的成就，创立了实验经济学这门崭新的学科，对经济学的发展作出了突出贡献。卡尼曼是一位心理学家，他是第一位完全凭借心理学研究成果获得诺贝尔经济学奖的非经济学家。瑞典皇家科学院认为，卡尼曼由于成功地将心理学分析方法与经济学研究相结合，从而为创立一个新的经济学研究领域奠定了基础。心理学分析方法被引入经济学，使得经济学不但可以研究人的理性行为，也可以研究人的非理性行为，大大拓展了经济学的研究领域。

卡尼曼等基于现代心理学的启示，分别对传统经济学"经济人"的无限理性、无限控制力和无限自私自利等假定进行了修正，并进一步提出了既非完全理性，又不是凡事都自私的"现实人"假定。卡尼曼和行为经济学家特维尔斯基认为，决策理论充其量也只是近似的和不完全的。每个人在面临复杂的情景与问题时，都会采取捷径或应用部分信息进行处理，因此，人们的决策出现非理性、偏好逆转等情况就十分正常了。卡尼曼对行为经济学最重要的理论贡献有两点。一是不确定条件下的判断，即直觉判断与系统偏差。二是不确定条件下的决策，即前景理论。1985年，芝加哥大学的行为科学教授理查德·塞勒提出了一个具有深远意义的概念——心理账户（mental accounting）。心理账户是一种消费者选择模型，它表明人们使用一种认知记账或"心理账户"的形式对交易进行跟踪与评价。[10] 心理账户理论提出，人们会对某一特定交易设置心理账户，以进行收益（得）和成本（失）评价。通过某一交易得与失的评价来决定整个交易所带来的是收益还是损失。[11] 它类似于企业的财务账户，记录金钱来源并将支出控制在合理范围内。心理账户的概念已经在很多领域得到了广泛的使用，许多研究已经证实个体会对消费中的交易进行得与失的心理评价。研究表明人们将收入、支出和经济活动计入某一具体心理账户进行管理。[12]

第四节　偏好的形成与非理性购买决策

一、偏好恒定与偏好构建之争

关于偏好形成的不同观点已经成为传统经济学与行为经济学的一个重要分界。传统经济学的规范理论认为偏好是预先确定的，是不变的。行为经济学的期望效用函数理论认为偏好可以满足一系列公理，最主要的特征就是偏好的恒定性。恒定性（invariance）是指各期望的优先顺序不依赖于他们的描述方式，或者说同一个决策问题即使在不同的情景下也将产生同样的选择结果。这一公理告诉我们对同一抉择问题做相等的阐述应该会引出相同的偏爱顺序。恒定性被普遍接受，而且被认为不需要检验，是一条公理。在许多行为决策理论和消费者研究中，一个重要的前提是，个体并非不经过任何努力就可以完成对已有备择选项的价值评价与概率计算，从而作出准确的判断与选择。相反偏好往往是非常不稳定的，在某种程度上可以说偏好是在启发思维过程中"现场（on the spot）"形成的。决策者在决策的过程中不断地加工信息，偏好是被建构的。那么个体如何进行偏好建构呢？在偏好建构的过程中，个体又可以采用何种技术或捷径呢？内外部的因素又如何影响偏好建构的过程和结果呢？这些问题已经成为消费决策领域的主要关注点。

偏好建构理论提出以后，引起了许多行为学者的关注，由此引发了该问题在各个领域的讨论，使得该理论的应用不仅延伸到认知机制，还延伸到有关动机和情感要素的研究。偏好建构理论的基本含义是购买者没有稳定的、预先确定的偏好。偏好的形成往往依赖于一些无关紧要的环境线索，如选择集的构成、决策框架，甚至是任意设定的锚定值。更有趣的是，消费者可能用这些边缘线索去重构现有信息来解决复杂的购买决策问题。消费者对同一产品的偏好经常随着具体的消费情景因素而变化。

营销者的基本能力之一就是试图了解和预测消费者的偏好，以期通过这样的一些了解实现对买卖双方而言更高的交易价值。尽管个体的行为是目标导向型的，但企业的营销行为有可能影响个体进行评价与判断的环境，导致个体以一种不仅企业未预期到而且个体自己也没意识到的方式形成偏好。从企业角度来讲，消费者的偏好是情景依赖的这一观念对企业采用有效的营销策略具有重大意义。通过营销活动影响决策情景，从而建构消费者偏好，在消费者无意识的情景下，企业可达到预期的目的。

二、非理性购买决策的定义

行为经济学最大的贡献在于其对规范经济学的"经济人"假设进行了修正，动摇了效用最大化的决策公理，从心理学的角度揭示人类的非理性决策行为。它实现了同质经济行为人向异质经济行为人转变。它认为经济个体在决策时的偏好并不是外生给定的，而是内生于行为人的决策过程之中的，这暗示由经济个体内生偏好所决定的外在选择、判断等行为必然具有异质性。可以将其主要论点总结如下。

（1）经济个体不具备充分的思考和推理能力。

（2）同一个体对同一事物的偏好会出现时间的不一致或环境的不一致情形，甚至会出现偏好的反转。

（3）经济个体的行为不仅受物质利益驱动，还受他人利益影响，因而不同个体对他人利益的不同考虑会导致对同一经济结果出现不同的效用判断。

（4）经济个体对物品的偏好不仅取决于物品本身的价值，还取决于获得该物品的过程，因而不同个体获取物品的不同过程将导致对物品的不同偏好。

笔者基于上述行为经济学与规范经济学的对比研究，认为非理性购买决策是指人们在购买过程中依靠直觉或情感、违反效用最大化、偏好不一致和非完全自利的判断与选择行为。

第二章　框架效应与心理账户在消费领域的拓展研究

第一节　框架效应与心理账户的理论基础——直觉启发原则与前景理论

丹尼尔·卡尼曼的直觉启发原则与前景理论是框架效应和心理账户诞生的理论基础。

卡尼曼最重要的理论贡献有两点。一是不确定条件下的判断，即直觉判断与系统偏差。二是不确定条件下的决策，即前景理论。个体认知行为是决策的根本所在，不确定条件下理性"经济人"的决策行为可以用期望效用函数理论很好地描述，然而，卡尼曼和特维尔斯基发现，现实中人们的许多决策行为都系统性地偏离了期望效用函数理论所定义的理性标准。[13]他们提出的不确定条件下的直觉启发原则和前景理论是该领域最有价值的研究成果。

一、直接启发原则

卡尼曼和特维尔斯基遵循西蒙的"有限理性"的决策思想，他们认为，人们在不确定条件下作出判断依赖于有限的直觉启发原则，因为人们并不能收集所有的信息进行理性的概率统计。研究者发现人们依靠许多简单的策略或者经验法则来做决策,这些简单的法则被称为直觉启发原则。他们通过大量精心设计的实验识别出这些经验规则的原理,发现如果人们以这些经验规则为主要特征进行直观推断就会产生严重的系统性偏差,他们把这些偏差归纳为如下五类。

(1) 代表性偏差 (representative biases)。代表性偏差是指人们在对一个人(或者物体或者事件)做判断时倾向于寻找个体可能具有的与原先形成的刻板印象相一致的特点,并作出判断。人们并不会像传统经济学认为的那样,会通过概率估计作出理性的判断,这种变量之间的相关性虽然增强了预测者的信心却降低了预测的精度。

(2) 框架依赖偏差 (frame dependence biases)。框架依赖偏差是指人在决策过程中,经常会对同一问题在不同时候作出不同的甚至相互矛盾的选择。

(3) 可得性偏差 (availability biases)。可得性偏差是指人们在判断的过程中,通常忽视了大量对正确评估和决策有重要影响的信息,而给予一些易于回忆、易于提取的和产生假定联系的信息以更高权重所造成的偏差。那些能激发情绪的、生动的、容易想象和具体的事件要比本质上无情绪的、乏味的、难以想象的或模糊的事件更易于被获得。因此,经常发生的事情比不经常发生的事情更容易让人回忆起来,可能发生的事情比不太可能发生的事情更容易让人回忆起来。

(4) 锚定与调整 (anchoring and adjustment)。锚定与调整是指在不确定情景下,判断与决策的结果或目标值向初始信息或初始值即"锚"的方向接近而产生估计偏差的现象。

(5) 认知分歧与群体影响。认知分歧与群体影响是指当人们为了得到群体的认同时,通常会放弃非主流观点,并想办法找证据支持主流观点,由此产生了认识的偏差。

我们从上述研究成果中不难发现,在现实的判断和决策行为中,人们不可能获得所有必要的信息来作出理性的判断,解决问题的有效方法是依靠一系列判断捷径和直觉启发。在日常的购买中,人们的决策行为类似,常常出现系统地偏离理性决策假设的非理性购买决策。

二、前景理论

卡尼曼提出了在风险条件下的决策——前景理论 (prospect theory)。所谓的"前景"就是指各种风险结果,该理论认为,个体进行决策实际上就是对"前景"的选择。前景选择遵循的不是传统经济学的期望效用函数理论所假设的各种偏好公理,而是特殊的心理过程和规律。在前景理论中,卡尼曼和特维尔斯基将个人的决策过程分为两个阶段,即编辑(editing)和评价(evaluation)阶段。所谓编辑阶段就是指对所提供的有关决策的选项进行重新组织编排,目的是为推断做准备。编辑阶段包括编码(coding)、合成(combination)、分解(segregation)、取消(cancellation)和简化(simplication)五个过程。

(1)编码。在编辑阶段人们关注经济结果是收益还是损失,并且面对收益时,人们是风险回避的,但面对损失却是风险寻求的。收益与损失的判断与参考点(reference point)有关,而参考点通常又与资产状况(assets position)相关。但是这一参考点的位置以及人们对收益和损失的编码,将会受到所提供的期望的表述方式和行为决策者预期的影响。

(2)合成。通过将经济结果的概率合并而简化期望。

(3)分解。在编辑阶段,将期望中所包含的风险部分与无风险部分分离。

(4)取消。取消分两种情况,一种就是上述的分解;另一种是"孤立效应",即为了简化选择而将各选项中的相同点和共有部分忽略掉,将注意力集中在选项间的区别部分,不同的分解方式会导致不同的偏好。

(5)简化。通过大约的概率和结果对期望进行简化,即审视期望以发现起控制作用的选择因素。

前景理论包括两个重要内容:价值函数和决策权重函数。

第一,价值函数。在上述编辑阶段,人们将根据选择结果建立适当的参照点,高于参考水平的部分被编辑为"获得(gain)",低于参考水平的部分被编辑为"损失(loss)",价值函数呈"S"形,如图2-1所示。

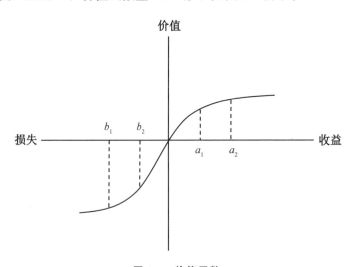

图2-1 价值函数

注:该图改编自卡尼曼和特维尔斯基(1979)

价值函数包括三个基本内容。一是参考点。决策时人们关心的是相对于某一参考水平的变化即相对水平，并不是财富的绝对水平。参考点的确定非常灵活，它既可以是决策者现有的财富起始值，又可以是决策者在对未来的预期基础上，渴望达到的财富水平。二是损失规避。价值函数以财富的变化为自变量，以决策者知觉到的价值为因变量，其形状如"S"形。在参考水平之上的收益部分凹向参考点，而在参考水平之下的损失部分凸向参考点。这反映了人们在面临获得或损失时风险偏好的不同，在面临收益时表现出"风险厌恶"；而在面临损失时表现出"风险偏好"。损失部分曲线的斜率大于获得部分的斜率，这是因为损失给人们带来的痛苦要远远高于相同数量的获得给人们带来的快乐。三是边际敏感递减。收益曲线和损失曲线都呈现出边际递减规律，随着决策给人们带来收益的增加，增加的收益给人们带来的愉悦感在减少；同样，随着损失的增加，增加的损失给人们所带来的痛苦感在减少。这就使得收益曲线和损失曲线越是远离参考点，其斜率越小。

第二，决策权重函数。期望效用函数理论以客观概率为决策的依据，而前景理论以决策权重为决策的依据。决策权重并不等同于客观概率，它是客观概率的函数，其形状如图2-2所示。

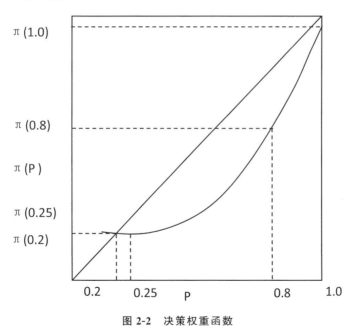

图2-2 决策权重函数

从图中可以看出人们对不同概率事件赋予的权重不同。具体而言，假如有这样两个选项：A是无任何风险的3000元收益；B是参加一个抽奖，以80%的概率赢得4000元，但20%的概率一无所获，现在让被试在A和B两个选项中进行选择。从两个选择的期望效用来看：A 的期望效用是 3000 元，B 的期望效用是 3200 元（4000×80%）。但实验的结果是大部分的被试都会选择 A 而放弃 B，表明人们偏爱"高概率"。但是当被试面临另外两个选择：C 是 25% 概率获得 3000 元；D 是 20% 的概率得到 4000 元。从两个选择的期望效用来看，C 的期望效用是 750 元，D 的期望效用是 800 元，但实验的结果时大部分人选择 D 而放弃 C，又表明人们偏好"低概率"。选择 C 和 D 相对于选择 A 和 B 仅对概率的取值进行了同比例的压缩（从 100% 到 25% 及从 80% 到 20%），但人们却作出了前后截然相反的抉择。上述偏好逆转的根本原因在于决策权重函数的不同，在对 A、B 进行选择的过程中，A 的决策权重 π（1.0）远高于 B 的决策权重 π（0.8）；而 C 的决策权重 π（0.25）和 D 的决策权重 π（0.20）几乎相等，在此情况下当然选效用大的。由此可见，现实中人们的决策往往与期望效用函数理论背道而驰。

第二节 框架效应及其在消费领域的拓展研究

正如奚恺元所说："人虽然是一种高级的智能生物，但这并不意味着人的决策能力是完美无缺的。由于受到各种局限，人在决策的过程中经常会犯错误。"[14] 他将决策的错误简单地分为两类：预测偏差与决策偏差。[15] 比如，人们由于对情感适应性的忽视、对评估模式和自然可评估性差异的忽视、投射偏差和记忆偏差而造成的预测偏差。而世俗理性主义、媒介极大化和其他基于某种规则的偏差都会使人产生决策偏差。除此之外，框架效应也是人们决策偏差产生的一个重要原因。

一、框架效应的概念

框架效应最早由 2002 年诺贝尔经济学奖得主卡尼曼及其合作者特维尔斯基提出。他们认为框架效应是指，"与特定选择行为相关联的行动、结果及其权变条件在决策者头脑中所形成的概念"。[16] Soman 在其对框架的综述中对框架的定义保留了最初的含义，但更容易理解。他将框架定义为："决策者对决策问题所形成的心理模型，它既包括信息（information），也包括情景（context）。"[17] 所谓框架效应是指当呈现给人们本质相同的事件时，语句本身的表达方式和措辞会影响决策者对备择选项的认知，使得个体对这一事件的偏好、态度等心理反应发生变化或逆转的现象。框架效应也常常被称为"语饰效应",很多时候人们在进行决策时,都会受到无关情景的影响。框架效应形成的原因,部分是问题的表述方式,部分是决策者的个体特征,如个体的规范、习惯等因素都会影响框架效应的产生。

有这样一个有趣的小故事可以生动地说明框架效应在我们的生活中广泛存在。有一次,一个年轻的牧师问:"主教,请您告诉我,祷告的时候可不可以吸烟?"主教严肃地摇了摇头:"祷告是如此重要和严肃的事情,祷告时应心无杂念、专心致志,当然不可以吸烟。"过了几天,牧师又问:"主教,请问您,吸烟时可不可以祷告?"没想到主教却回答:"当然可以,我们可以在任何时候祷告。"同样的两个问题,主教的回答为什么前后不一致,甚至互相矛盾呢?这正是框架效应在起作用。

卡尼曼和特维尔斯基在1981年所做的震惊学界的实验——"亚洲疾病"问题成为框架效应的经典范例。假设美国有600人患上某种可怕的"亚洲疾病",决策者必须在两个仅有的抢救方案中选择一个。这两种治疗方案采用如下两种不同的表述方式。

(1) A 获救(正面框架)。

A1:200人肯定获救;A2:有1/3的概率600人获救,2/3的概率无人获救。

(2) B 死亡(负面框架)。

B1:400人肯定死亡;B2:有1/3的概率无人死亡,2/3的概率600人都死亡。

显然,在上述实验中,A1与B1,A2与B2所表示的结果完全相同,只是用一个问题的正反两个方面进行了不同的表述。根据诺伊曼和摩根斯坦提出的期望效用函数理论的不变性公理,决策者应选择无风险的(A1,B1),但实验的结果是大多数人选择了(A1,B2)。人们对获利风险(A1,A2)的知觉与对损失风险(B1,B2)的知觉不同,卡尼曼和特维尔斯基的前景理论描述了这一事实,即改变选择框架所引起的知觉差异(从损失到获利)能极大地影响人们如何回答问题,这跟理性决策的偏好一致性相矛盾。卡尼曼与特维尔斯基用前景理论中的价值函数来解释这种偏好的反转。当选择方案以正面框架描述且强调获救时,人们将获救看作一种利益获得,因而表现出风险规避,选择A1。当选择方案以负面框架描述,强调死亡时,人们将死亡看作一种利益损失,而伴随着损失的不愉悦感要比伴随着获得的愉悦感大得多,因而表现出风险偏好,选择B2。也就是说当人们面对正面框架时表现出受益时偏爱规避风险,当面对负面框架时表现出受损时偏爱追求风险。卡尼曼和特维尔斯基通过"亚洲疾病"问题的实验向人们显示了决策者的风险偏好依赖于备择选项被如何描述,框架效应违反了偏好的恒定性原则。[18] 这种由于事物不同的表述方式而影响判断结果正确性的偏差称为"框定偏差(framing biases)","框定偏差"产生的主要原因是人们对事物的认知和判断过程存在"背景依赖(context dependence)"或称"框定依赖(framing dependence)"。自"亚洲疾病"问题提出以后,引发了大量有关框架效应的研究。研究者发现框架效应广泛存在,McNeil 和 Pauker 等研究发现,框架效应并非只发生在外行和非专业人士身上,即使是专业人员也会受到框架效应的影响。Paese、Bieser 和 Tubbs 的研究发现群体中框架效应也存在,而且效果更明显。[19] Kühberger 的研究认为,无论是在真实的还是在假想的决策情景中,框架效应都存在。[20]

二、框架效应的分类

在框架效应的研究中,卡尼曼和特维尔斯基还发现框架效应可表现为行为、情景和结果三个方面。继卡尼曼和特维尔斯基之后,Wang 进一步提出,框架效应主要是由于陈述方式的不同而导致的风险偏好改变现象,他提出了框架效应会表现出双向和单向两种形式。[21] 所谓双向框架效应是指由于选择结果的框架有双重效果,常常使得决策行为由极端的风险回避转向为极端的风险追逐;而单向框架效应则不会产生偏好逆转现象,只产生较为极端的风险偏好。段锦云等认为,损失的框架只加重了原来已有的冒险倾向,获得的框架只加重了原来已有的风险规避倾向,选择的百分比都在 50% 的同一端,只出现一致性偏差或偏好转移。Kühberger 发现框架效应出现与否,部分受到问题形式的操控,部分受到个人的特征、标准与习惯的操控。因此他建议将框架效应分为严格与宽松两种形式。所谓严格定义的框架效应是指由于问题呈现方式的不同而形成的框架效应;所谓宽松定义的框架效应是指除了呈现方式的操控外,还包括通过对情景或个人因素的操控而产生的框架效应。

关于框架效应的分类,目前运用最为广泛的是 Levin 等对框架效应所作的分类[22],因此有必要进行详细的阐述。他们将框架效应分为如下三种。

(1) 属性框架效应。属性框架效应是指通过对事件特征进行框定来影响决策者对事件的评价,在属性框架中被框定的对象是决策方案的一个重要属性。举例来说,若某种疗法有 50% 的概率会成功,50% 概率不会成功,则隐含着以"成功率"作为治疗的一种属性(Krishnamurthy 等,2001)。[23] Levin 等指出,正面框架在这种情景下有比较强的效果,因为受测者在接受一个正面框架描述时,比较容易产生正面的联想,并且觉得正面描述比负面描述更有吸引力。在属性框架的文献中，最常见的研究发现是人们对正面框架下描述的物品或事件有较高的偏好。

（2）目标框架效应。目标框架效应是指对行为的目标或结果进行框定来影响人们的决策。在目标框架中，研究者所操控的是某一行为的目标，其重点在于从事某行为或不从事某行为与达到或无法达到目标的关系。例如，Rothman 和 Salovey 的研究指出，乳房自我检查的行动可导致一种正向的获得（gain）——假如做乳房检查，则可以在早期发现乳癌；不行动则导致一种负向的损失（loss）——假如不做乳房检查，将无法在早期发现乳癌。[24] 有研究指出，在目标框架情景下，负面框架比正面框架更有效。造成此效应的原因是人们有较强的动机去避免损失而不是去维持相同量的获得。卡尼曼和特维尔斯基通过实验发现，损失约两倍于同等价值的获利。[25] 根据 Levin 等的看法，目标框架不同于属性框架，因为两者所强调的重点不同：目标框架所强调的是某一行为对目标造成的影响，而非事物本身的属性。在目标框架下，正面与负面框架两者都集中在相同的目标上，如上例中的以在早期发现乳癌为目标。然而，在属性框架下，正面和负面框架则考虑同一事物的不同属性，如在牛肉问题中，80%的瘦肉与20%的肥肉所考虑的肥肉和瘦肉是同一事物的两个不同属性。

（3）风险选择框架效应。风险选择框架效应是指对不同风险程度的方案进行框定来影响决策者的风险偏好。以前面所述的"亚洲疾病"问题为例。在风险选择框架效应的研究中，常常包括一个情景及两个不同的选择。其中一个选择有确定的结果，另一个选择有风险，但两者的期望值相同。一般人在遇到困境时，若以正面方式描述两种选择，被试通常会选择确定的选项（风险规避）；若以负面方式描述，则通常会选择不确定的选项（风险追求）。

综合以上所述，Levin 等分别依据属性框架效应被框架的内容（what is framed）、目标框架效应被影响的对象（what is affected）及风险选择框架效应的效果衡量方式（how effect is measured）等三个方面，对框架效应进行分类，如表 2-1 所示。

表 2-1　属性、目标及风险框架的比较

框架形态	被框架的对象	影响范围	衡量方式
属性	事物的属性或特征	项目评估	某一项目的吸引力
目标	某一行为的目标或结果	说服力	采用某种行为的比率
风险选择	不同层级的风险选项	风险偏好	风险选择

在属性框架中，是以事物的属性或特性为框架对象，此种框架方式会影响受测者对某些项目的评估结果，衡量方式是比较受测者对单一项目吸引力评价

的结果。在目标框架中,则是以某一行为的目标或结果为框架对象,其主要作用是通过信息的说服力来影响受测者的决策,衡量此种框架形态的方式是比较受测者采取某种行为的比率。在风险选择框架中,则是以不同层级的风险选项来描述同一事物,主要作用是影响受测者的风险偏好,衡量方式通常是比较受测者在几个风险选项上的选择。Levin 等的研究发现,属性框架效应、目标框架效应和风险选择框架效应之间是独立的。

Soman 从另一角度将框架分为三种类型,即结果框架（outcome framing）、结构框架（structure framing）和任务框架（task framing）。Wong 和 Kwong 发现了一种被称为数字大小框架（number size framing）的新框架效应。[26] 有两家航空公司 A 和 B,它们各自有自己的优势,A 航空公司在行李托运方面做得更好,而 B 航空公司在准时到达方面做得更好。他们研究得出二组数据,第一组数据：A 航空公司在每 1000 次的飞行中,行李的迟到次数为 2 次,而 B 航空公司为 9 次；在每 1000 次的飞行中,飞机准时到达方面,A 航空公司为 996 次,B 航空公司为 999 次。第二组数据：在每 1000 次的飞行中,行李准时到达方面,A 航空公司为 998 次,B 航空公司为 991 次；飞机迟到方面,A 航空公司为 4 次,B 航空公司为 1 次。通过观察第一组数据,大多数人会选择 A 航空公司。但如果看到的是第二组数据,大多数人会选择 B 航空公司。事实上,第一组数据和第二组数据所描述的是同样的问题。他们用价值函数的参考依赖和敏感性递减规则来解释这一现象,认为消费者选择的不同是由同一事情出现的概率或数量不同的呈现方式引起的。

从以上研究中我们发现,风险选择框架涉及在两个不同的备择选项中选择（如死亡与获救等）,属性与目标框架表明单一选项的不同框架的相对有效性。故认为,属性框架效应和目标框架效应在营销沟通中普遍使用。由于本书所研究的问题是信息呈现方式的不同造成消费者对产品偏好与选择的差异,因此,本书的框架聚焦在属性框架的研究上。

三、解释框架效应产生的理论

目前,对框架效应的内在机制的研究以认知机制为主,主流的理论有以下两种。

（一）前景理论

前景理论认为,在面对收益时,人们往往会选择能够带来确切收益的方案,而放弃有风险的期望收入相同或略高的另一方案,表现为规避风险；但在面对可能的损失时，人们行为表现也正好与面对收益时相反，人们往往偏好风险。因为同等数额的获得或损失对人们心理的影响是不同的，当强调事物的积极/消极、成功/失败等不同的方面时，个体最终的判断决策有所不同，框架效应也就产生了。在得出最终的判断之前，人们会去感知、思考和分析和与决策相关的各种因素。因为框架效应可以影响到个体的这一认知过程，所以它能够影响到个体的判断。这种影响可以通过三条渠道进行：第一，在其他方面都得到控制的条件下，负面事件往往会引发人们更多心理上、情绪上、认知上和行为上的反应。例如，当负面事件出现时，人的机体会感受到威胁，并被迅速"唤起"，神经系统等也更加活跃。卡尼曼和特维尔斯基认为，负向框架的信息可以引发人们负向的情感，而正向框架的信息可以引发人们正面的情感。第二，框架效应还会影响个体对信息的加工和吸收。卡尼曼和特维尔斯基认为，个体的心理价值函数曲线是"S"形的，并且在损失的一端更加陡峭，所以当信息以负面框架来呈现时，人们所面临的不同选择之间的差异就会比以正面框架来呈现时大。第三，框架效应会直接影响个体信息加工的方式。Dunegan 的研究发现，当接收到负向框架信息时，被试表现出更多的控制性、分析性思维特点，而接收到正向框架信息时，被试表现出更多的启发式推理特点。

（二）模糊痕迹理论

框架效应是在缺乏主导社会线索的决策情景下，由风险偏好的两难困境引起的。Sieek 和 Yates 以加工水平说为基础，他们的研究发现提高加工水平，如写出选择的理由等暴露过程会削弱框架效应，尤其当被试在选择之前要求写出选择的理由。Simon 等的研究得出了相似的结论，他们在实验中让被试对框架信息进行深度加工，结果导致框架效应减少。[27] Igou 和 Bless 以"亚洲疾病"问题为背景展开研究，他们提供了两个不同的加工线索——"医治"和"统计"。[28] 前者引起烦冗加工，后者则不需要更多地建构加工。Igou 和 Bless 的研究结果发现，框架效应只出现在需要烦冗加工的情况下。McElroy 等的研究还发现，用整体/启发式加工更易引起框架效应，而用分析/系统式加工，则较不易引起框架效应。[29] 人们对跟自己利益联系紧密的情景更易引起分析式加工，所以出现框架效应较少，这一结论与模糊痕迹理论的解释一致。

四、框架效应认知加工的脑基础

McElroy 等的实验采用敲手指和单耳倾听来激活对侧大脑，研究在排除了左优势手被试的样本数据以后，证实在大脑右半球被激活时，框架效应才会出现。而在大脑左半球被激活时则不会出现框架效应,这一结果表明大脑右半球与处理背景线索等有关。Robertson 和 Ivry 的研究从频率过滤理论出发,指出大脑半球对信息的相对频率敏感性存在不对称性。信息处理过程分为两个阶段,第一阶段从输入的全域信息中筛选,第二阶段信息筛选后才会产生频率敏感性的不对称性。[30] 低频、整体信息在右脑中的加工效率和表征更佳,而高频、局部信息在左脑中的加工效率和表征更佳。因此会导致高频主要由左脑加工而低频主要由右脑加工的现象。Gallagher 和 Dagenbach 以"亚洲疾病"问题为基础进行研究,他们发现以低频形式报告,被试才会出现框架效应,而高频则没有出现[31],这一结论与 McElroy 等的研究一致。此外,研究还表明框架效应受杏仁核影响,而杏仁核是与情绪相关的脑区,这说明框架效应与情绪系统相关联。实验还发现"理性"即受框架效应影响小的被试眶额部和内侧额叶比"不理性"被试激活得更强,说明额叶活动也与情绪的控制调节有关。

此外,一些研究还可以为框架效应的产生提供初步的参考证据。Breiter 等的研究证明,结果被知觉为相对受益还是相对受损会影响到结果的神经加工过程。[32] 实验运用不同的轮盘赌旋转器真实地呈现几种获得和损失结果,发现腹侧纹状体对金钱获得/损失的期望和经验具有调节作用。在确定获得的情况下,腹侧纹状体的活动呈现清晰的单调增长,并且当结果知觉为受益时,其反应比知觉为受损时要强烈。大量神经科学的研究发现,与受益相关的神经为腹侧纹状体、扣带前回、背侧纹状体、腹内侧前额皮质;与受损相关的神经为扣带前回、杏仁核和背侧纹状体。其中背侧纹状体(包括尾状核)在加工体验奖赏的数量和效价方面起着重要作用。Delgado 等的研究发现奖赏的数量、效价与背侧纹状体活动直接相关。[33] 他们在实验中根据被试在赌博中的成绩给予不同程度的金钱奖励或惩罚,运用相关事件 fMRI 方法进行测量,结果显示尾状核激活的程度与奖赏的数量和效价相一致,尾状核对大的奖赏反应最大,对大的惩罚反应最小。与此相似,Kuhnen 和 Knutson 的研究发现,背侧纹状体区域对大的奖赏和惩罚的反应不同。[34]

五、框架效应的影响因素

(一)涉入度

消费行为的相关文献将涉入度描述为感知的个人与目标事物的相关性。[35][36] 例如,Celsi 和 Olson 认为:"消费者对某一事物、情景或行为的涉入度由他/她感知到的这些东西与个人的关系决定。"Zaichkowsky 将涉入度定义为:"个人基于内在需要、价值与兴趣而感知到的自身与目标物的相关性"。在有关广告的文献中,涉入度是指唤起的个体内部状态,这种内部状态决定他/她对广告与产品的反应。[37] 在上述的每一个定义中,可以看出涉入度的核心是个体,也就是说消费者对某一特定的情景有着或高或低的涉入度,然后当他们接收到诸如广告、产品或情景等的刺激时,会有不同程度的反应。这表明涉入度影响信息加工,进而影响消费者对说服式信息的反应,这一过程是毫无争议的。但对于涉入度如何影响消费者对框定信息的反应,以及这一反应的特点如何,研究者并不清楚。例如,在信息框定情景下,涉入度对框架效应的影响是含糊的甚至是相互矛盾的。一些研究认为高涉入度是框架效应发生的先决条件,另一些研究则发现当涉入度高时不存在框架效应,有些学者的研究还显示高涉入度的消费者会产生负面偏差,而低涉入度的消费者会产生正面偏差。精细加工可能性模型(elaboration likelihood model, ELM)指出那些有着更高的动机、能力和机会去加工信息的人在对信息进行加工时采用中心路线,聚焦于与问题相关的信息;而那些低动机、能力和机会的人加工信息时则采用边缘路线,容易将注意力集中在那些容易获得的(但关系不大)的边缘线索。具体来讲,高涉入度的消费者遵循中心路线(如进行更深入的信息加工等),因此,与低涉入度的消费者更关注边缘线索相反,他们更关注关键信息。信息框定涉及用不同的方法展现客观上相同的信息(如80%的成功率和20%的失败率等)。在不同的框架下,信息呈现的方式发生了改变,但实际内容并没有改变。框架效应对高涉入度的消费者产生较小的影响,因为他们可能更关注相关的或高质量的信息,而不仅仅是信息呈现的方式。相反,低涉入度的消费者较少关注关键信息,并且不愿意投入更多的认知资源进行更细致的加工。对于这样的消费者,像信息框架这样有创意的广告制作通过边缘路线来增强关注度和说服力是有用的。基于此,Putrevu等认为,信息框架对低涉入度的消费者比高涉入度的消费者影响更大。[38][39]

(二) 人口特征

不同性别的人对于框架的反应是否一致呢?男性和女性的思维与行为存在差异是被普遍接受的观点,许多社会和心理因素导致了这一差异的形成。研究者认为在某种说服式的营销背景下,不同的信息加工风格是广告反应中性别差异产生的主要原因。这一结论的基础是人们往往通过两种方式对信息的细节进行加工,即关联处理(relational processing)和特定项目独立处理(item-specific processing)。关联处理强调不同信息之间的相似性和共同点,它发生在人们获得相似的信息时。特定项目独立处理集中于目标信息的独特性与差别，它可能发生在人们获得多条无关的信息线索时。无论是单独处理还是关联处理，它们只跟信息加工的风格有关，而与深度无关。这就是说，不存在某种风格的信息加工比另一风格更深入。相反，ELM 中的中心路线意味着更深、更广泛的信息加工，而边缘路线意味着浅显和启发式信息加工。

如上所述，情景因素影响加工风格，信息加工风格或问题聚焦中的性别差异的出现可能是由社会分工差异引起的。社会角色理论认为按性别进行劳动分工会产生性别角色期望，这一期望引起不同性别的社会行为和个性差异。根据这一理论，男性和女性分别拥有和获得与他们通常所扮演角色相一致的属性。一方面，男性表现出更加果敢和更具进攻性，因为历史上他们更可能被认为是处于权力和领导地位的；另一方面，女性大多不承担这样的角色（至少没有男性那样普遍）。由此可以看出，男性角色的代表性内容被认为是源于男性在社会中所扮演的角色。而女性角色的代表性内容源于女性在社会中主要扮演的角色（如母亲、护士、教师、秘书等）。社会化模型与社会角色理论不同，它认为男性和女性主要通过沟通、通过暴露于各种社会主体（如父母、同事和媒体等）获得自身的代表性内容。通过这些社会主体的教育和培养，女性具有了阴柔之美，如养育后代、建立和谐的人际关系等。男孩具有了阳刚之美，如果敢、竞争等，从而导致不同性别的价值观和行为差异。男性受自我中心目标驱动，可能更重视那些容易获得和有明显线索的信息要素与特性。这种仅聚焦于容易获得和有明显线索的信息处理特性使得男性更有可能采取特定项目独立处理方式。相反，在处理好团体关系目标的驱动下，女性更有可能关注自己感兴趣的所有方面的信息要素和特性，这种广泛和整体式聚焦使得女性采用关联处理方式。此外，男性由于富有注重力量和竞争的特征，更能接受负面框架信息；女性由于具有重视社交的特征，更喜欢正面框架信息。Wang 的研究发现，当决策的对象是由陌生人和亲戚组成的处于风险中的小群体（6 个人）时，框架效应对女性的影响明显大于男性；而当决策的对象是处于风险中的大规模群体时，性别差异却消失了。Huang 和 Wang 还研究了不同任务领域中性别差异对框架效应的影响。他们的研究发现在面对生命救赎问题时，女性对负面框架信息表现出更大的反应，而在面对金钱问题时男性对负面框架信息表现出更大的反应。[40] 在面对时间问题时，性别差异在不同的任务领域中的表现不同。在目标框架中，女性更愿意在负面框架时采取行动，而男性正好相反。在风险选择框架中，女性更倾向于在正面描述中承担风险，而男性的框架效应不明显。这一结果表明，框架效应会随着任务领域中性别角色的不同而变化。Fagley 和 Miller 的研究发现只有女性才出现框架效应。[41] Bateman 等的研究认为框架效应不受性别的影响。[42] 这些矛盾的结果提示我们,也许性别对框架效应的影响还要考虑其他调节变量的作用。

另外有研究发现,年龄也会影响框架效应。Mikels 和 Reed 发现年龄会影响框架效应。[43] 他们设计了一个赌钱游戏,将被试分为两组:年轻的成年人和老年人,分别给每组确定的选项和风险选项。研究结果发现,不管是老年人还是年轻的成年人,在面对"收益"框架时都表现出同样的风险规避。但在面对"损失"框架时有明显差异,年轻的成年人表现出更高的风险追求。

六、框架效应在消费领域的拓展

自从卡尼曼和特维尔斯基提出了框架效应的概念后,框架效应无论是在理论还是在实务上都受到经济学家、认知心理学家和企业决策者的广泛关注。后续的大量研究表明,框架效应广泛存在于不同的任务领域和不同的被试群体中。Kühberger 等的研究发现,无论是面对人类生命救助问题、管理决策问题、金钱问题,还是消费决策问题,框架效应都以比较一致的形式显现出来。框架效应在社会学、行为学等学科中都有普遍的应用和研究,在营销学领域的相关研究成果也十分突出。框架效应是市场营销领域的一项重要理论,相同的信息内容运用不同的信息陈述方式,会对消费者购买意愿产生不同的影响。早在 1982 年,在对虚假确定效应的研究中就发现了框架效应的存在。人们对确定性结果的评价要高于在不确定水平上相同价值变化结果的评价,即使这种确定是虚假的。所谓虚假确定效应是指知觉到的确定性,也就是由广告的完全保护框架所得到的结果。研究者用实验验证了疾病的疫苗接种中虚假确定效应的作用,为此,他们编制了两种问卷。第一种问卷描述了某种疾病预计危害 20% 的人口,在这种条件下问被试是否愿意接种某种疫苗,它能使一半接种者免受疾病危害。第二种问卷描述了两种相互独立且有相同程度危害的疾病,每种疾病预计危害 10% 的人口。在这种情况下,疫苗能使人们完全免受(确定性)一种疾病的侵害,而对另一种疾病没有作用。实验结果表明在第二种问卷中,57% 的被试表示愿意接种该种疫苗,相比之下在第一种问卷中,仅有 40% 的被试愿意接种该种疫苗。从理性的角度来看,在不确定条件下,对决策者来说,相同风险的减少应该具有相同的价值。例如,癌症风险从 20% 到 10% 与从 10% 到 0 的减少应该具有相同的价值。但是感知到的确定性,或者"虚假确定"对许多人有特殊的价值。因此,控制"虚假确定"对医疗、人身保险、企业责任保护和各种其他形式的保护都具有重要意义。Levin 等通过研究认为消费者较偏好正面的信息陈述,所以使用正面信息陈述方式会产生较好的广告效果。在

Levin等的实验中,标明"含有75%瘦肉"的牛肉比标明"含有25%肥肉"的牛肉更受消费者欢迎。Epley等对税收补偿计划进行了研究[44],他们将实验的参与者分为"返还"组和"奖金"组,"返还"组阅读这样的描述,"税收削减支持者认为,政府获得的税收收入超过了需要支付的消费,从而导致预算剩余,应该将这些预算剩余作为'代扣收入'返还给纳税人"。相比之下,"奖金"组阅读到的内容为,"税收削减支持者认为,政府获得的税收收入超过了需要支付的消费,从而导致预算剩余,应该将这些预算剩余作为'奖金'奖励给纳税人"。一段时间后要求两组参与者得出花费金额和储蓄金额的百分比各是多少。"返还"组花费25%和储蓄75%,而"奖金"组花费87%和储蓄13%。数据表明,"奖金"往往给人产生剩余现金的印象而和花费联系起来,而"返还"往往给人应得收入的印象而与储蓄联系起来。这一研究说明了政府框定该计划的方式,具体而言就是使用名称"返还(rebate)",并极大地限制了它的效力。这些研究者提出如果政府把这些预算剩余描述为"奖金(bonus)",而不是"返还",那么更多的民众会很快地花掉这些预算剩余,而不是将它们储蓄起来,这对经济发展会产生更大的刺激。Tamera则认为针对健康相关的主题使用负面框架信息陈述会更有说服力。例如,若要鼓励妇女进行乳房和宫颈癌的检测,负面框架更有说服力。因为这种检测行为(detection behavior)所面临的情景风险性更强,根据前景理论的"损失规避"原则,此时强调"不做这些检查会带来如何严重的后果"要比"做这些检查会带来何种正面结果"产生更好的效果。但研究者们同时认为对于防御性行为(prevention behavior)如禁烟、锻炼身体、防止肥胖等,通常被描述为风险规避行为,此时负面框架的宣传会让人觉得夸大其词,引起人们心理上的抵触,因此正面框架更有说服力。这些研究表明了框架的奇特力量、人们如何受框架效应的影响以及框架与重要决策的相关性。

对销售信息进行不同描述,会影响消费者得与失的不同感知,从而影响促销效果。Park等探讨了消费者选择定制产品构件过程中框架效应的作用[45]。Schwartz对汽车购买过程中的促销信息的不同效果进行了研究。情景如下:假设你是一位买车的消费者,有两种方式可供选择。第一种是商家提供的汽车有多种附加功能,如果你认为有些功能不需要,可以从车上拆卸下这些功能,这样汽车的价格会随之降低。第二种是商家所提供的汽车没有附加的功能,但你可以根据需要自行添加,当然价格也随之上升。实验的结果是不愿意从汽车上拆卸不需要的功能的消费者比添加功能的消费者多。这是因为,从汽车上拆卸一些功能给人带来强烈的"失去"感觉,而为汽车添加一些功能给人带来的是"获得"感觉,而人们的"失去"感觉比"获得"感觉更为强烈。根据规范经济学理性"经济人"的特点,人们会根据自己的需要,理性地决定减少和增加相应的功能,人们的花费是一定的,但现实情况是不同的做法会引起消费者偏好的不一致,最终导致不同的花费。

大量的研究集中在基于特征和目标框架所产生的选择和结果,但框架效应产生的内隐情感和认知过程很少被关注。事实上许多学者已意识到目前框架效应的研究只限于在狭窄的范围内验证这一效应是否存在,他们呼吁研究者应对消费者如何对框定的信息进行加工和评价进行研究。为弥补现有研究的不足,应对那些影响消费者信息加工的变量展开探讨,并在更广泛的范围内来检验消费者的反应,如认知反应、情感反应、交易评价和购买意向。这些影响消费者信息加工并作出不同反应的变量包括信息感知模式、认知需要和产品属性等。

第三节 心理账户理论及其在消费领域的拓展研究

一、心理账户概念的提出

1980年,芝加哥大学的行为科学教授理查德·塞勒为了解释个体在消费决策时为什么会受到沉没成本效应的影响时,首次提出了心理账户的概念。1981年,卡尼曼和特维尔斯基在其著名的"演出实验"中使用心理账户(psychological accounting)来解释人们根据决策任务的不同将金钱放在不同的账户中进行管理。1984年卡尼曼和特维尔斯基认为使用"mental accounting"来表述心理账户更为贴切。1985年,塞勒在《心理账户与消费者选择》(*Mental Accounting and Consumer Choice*)一文中正式阐述了心理账户(mental accounting)理论,他认为心理账户是人们在心理上对经济结果进行编码、分类和估价的过程,揭示了人们进行财富决策时的心理认知过程。心理账户理论认为,大到企业或组织,小到家庭和个人都存在着一个或多个显性或隐性的账户体系,这些账户体系无论是在记账方式上还是在运算规则上都与传统规范经济学和数学运算方式存在显著差异,从而使个体的决策常常偏离经济人理性假设。[46]在消费领域,心理账户理论被定义为一种消费者选择模型,它表明人们使用一种认知记账的形式对交易进行跟踪与评价。人们会对某一特定交易设置心理账户进行收益(得)和成本(失)的评价,通过其得与失的评价来决定整个交易所带来的是收益还是损失,从而作出购买决策。塞勒认为人们并不能综合考虑一生中的所有决策而作出最优化选择,而是将经济活动区分为不同的心理账户,然后在这些"狭窄框定"的收入和支出范围内作出经济决策,因此可以说心理账户最本质的特征是"狭窄框定"。

二、心理账户产生的原因

学者们探讨了心理账户产生的原因,可以总结为三点。第一,进行自我控制的需要。通过使用心理账户,消费者将金钱和消费分成不同的类型。根据预先设定的心理账户对购买某一类产品的开支预算严格控制,各个账户之间的资金不能流动。通过心理账户的控制可以减少过度消费。第二,将心理账户作为一种框定装置来使用。心理账户使用前景理论中的价值函数,相对于某一参考点,进行得与失的评价。在参考点之上被编辑为"得(gains)",曲线凹向参考点。在参考点之下被编辑为"失(losses)",曲线凸向参考点,损失所造成的痛苦大于同等数量的获得所带来的快乐。心理账户通过"得"与"失"的整合与分离来使个体获得最大的愉悦感。第三,由于人们的认知资源有限,因此个体常表现为"认知吝啬者"。心理账户使复杂的决策问题简单化,降低了决策的难度,加快了决策的速度。

三、心理账户理论的主要内容

(一)损益的框定

1985年,塞勒在《心理账户与消费者选择》一文中系统地阐述了心理账户的运算规则。塞勒认为"得"与"失"如何编码最为关键的是卖方如何来描述一笔交易,在什么情况下,经济结果应合并,什么情况下应分开计算。为此,他借用卡尼曼和特维尔斯基的前景理论中关于价值函数的研究成果,得出如下运算规则。

(1)"两得"情况。因为此时价值函数为凹函数,所以两得应分离,所获得的感知效用最大。

(2)"两失"情况。因为此时价值函数为凸函数,所以两失应整合。

(3)"混得"情况。两个经济结果一正一负,而且总的结果为正,应整合。

(4)"混失"情况。两个经济结果一正一负,而且总的结果为负,此时应分两种情况而定。若失大于得,但两者很接近,则两个结果应整合。若失远大于得,则应将两个结果分开计算,被称为"银衬里(silver lining)"原则。

塞勒在随后的研究中将心理账户运算规则产生的内隐机制归因于人们对经济信息进行的享乐性编辑。人们在对信息进行加工时，尽可能采用使自己获得最大幸福感的框架来进行解释，因此卡尼曼提出的价值函数也被称为"一架快乐的机器"。[47]

(二) 交易效用理论

塞勒提出了一个具有深远意义的概念——交易效用。[48] 塞勒吸收前景理论中有关决策过程的观点，认为人们的购买决策过程应分为两个心理阶段，第一个阶段是个体对某一潜在交易的评价，第二阶段同意还是不同意实现这一潜在交易。很显然，前一阶段涉及对具体交易的评价和判断，而后一阶段是决策阶段。他认为人们在对某一交易进行评价时，通常把这一交易的效用分为两个部分，一个部分叫作获取效用（acquisition utility），另一部分叫作交易效用（transaction utility），即：总效用＝获取效用＋交易效用。获取效用是产品的实际价值减去支付价的差额，相当于经济学中的消费者剩余，塞勒将实际价值解释为某物作为礼物时给消费者带来的价值。交易效用是产品的参考价减去支付价的差额，他认为人们决定是否购买某物时应根据获取效用和交易效用构成的总效用进行衡量。由于产品的实际价值和支付价都是一定的，因此，在某次交易中获取效用是恒定的，参考价成为最重要的变量，它通过影响交易效用而决定总效用的大小。当参考价高于支付价时，交易效用为正；当参考价低于支付价时，交易效用为负，交易效用的正负决定着总效用的大小。因此，消费者的购买决策不仅取决于实际价格，更取决于消费者对价格高低的感知，即将实际售价与消费者内心的价格标准进行比较，这个内心的价格标准被学者们定义为内部参考价（internal reference price）。

四、心理账户在消费领域的拓展研究及述评

心理账户理论出现以后引起许多学者的兴趣，在消费领域，学者们用心理账户理论解释消费和支出领域的众多行为，包括储蓄、借贷、税收返还的支付和使用[49]，随着时间推移支付对消费的影响，意外之财的支出等。[50] 1999年，塞勒在《心理账户事项》（*Mental Accounting Matters*）一文中对有关心理账户近20年的研究做了一个总结，并将这些研究归纳为三点。第一，经济结果如何被感知和体验，决策如何作出又如何被评价的，包括得与失的编码、对购买活动的评价和预算规则。第二，将不同的经济活动归入某一特定的账户，即金钱被贴上不同的标签，放入不同的账户中。第三，账户评估的时间框架问题，

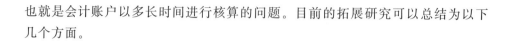

也就是会计账户以多长时间进行核算的问题。目前的拓展研究可以总结为以下几个方面。

(一) 参考效应

设想在一个炎热的夏天，你正在一个风景优美的海边度假。当你躺在海边的沙滩上，感觉口渴难耐时，你非常想喝自己平时喜欢的某品牌的冰冻啤酒。正在这时，你的同伴想去打个电话，他说可以顺便帮你在附近唯一卖啤酒的地方——酒店的会所带回一罐啤酒，朋友问你多少钱可以接受，你的答案是 16 元。但若其他的条件都不变，只是将卖啤酒的地方变为路边摊时，你可接受的价格是 5 元。为什么同样的啤酒，你却愿意支付不同的价格呢？卡尼曼和特维尔斯基在前景理论中将决策过程分为编辑阶段和评价阶段。他认为消费者在作出购买决策之前，往往需要有涉及对各"前景"（备选方案）的信息进行加工和评价的过程。消费者在评价某一产品的价格时，通常要根据以往的消费经验和市场上同类产品的价格进行比较而决定是否购买。也就是说消费者是以过去和当前同类产品的价格为参照点（reference point）进行比较的。这样的比较受到由参考点引起的参考效应（reference effect）的影响，即消费者的选择不完全取决于价格的绝对量，而是取决于价格的变化给消费者带来的是损失还是收益。由于参考点选择的不同，人们对价格的感知是有差异的，这种差异直接影响消费者的判断和决策。在上述买啤酒的案例中，如果在酒店购买啤酒时，人们所使用的参考点是酒店啤酒的一般价格，而酒店的啤酒一般价格高出市价很多，因此人们愿意支付 16 元的价格。而路边摊的啤酒价格一般都很低，人们在出价时以路边摊的一般价格为参照标准，因此给出的价格要比酒店价格低得多。

1981 年，卡尼曼和特维尔斯基设计了著名的"计算器"实验，情景如下（注：括号中为第二种情景）：假设你到离家最近的一家商场去买两种产品：夹克衫和计算器。这家商场夹克衫的售价为 125 美元（15 美元），计算器的售价为 15 美元（125 美元）。当你正准备购买时，遇到你的一位朋友，他告诉你离这儿驱车 20 分钟的另一家商场也有同样的两种产品出售，夹克衫的价格相同，但计算器的售价为 10 美元（120 美元）。请问你愿意去另一家商场购买吗？实验结果表明在第一种情景下，68% 的被试会选择开车到另一家商店购买，而在第二种情景下这一比例只有 29%。同样是多开 20 分钟的车在购买计算器上节约 5 美元，但为什么消费者的选择会有如此大的差异呢？卡尼曼和特维尔斯基 (1984) 将这种偏好的逆转归结为人们在决策过程中使用了主题心理账户。主题心理账户是指可选方案和某一参考水平之间的差额，这使得大多数消费者认为第一种情景下节省33.3%，而第二种情景下只节省4%，第一种情景的优惠幅度大，值得驱车20分钟去购买。那么，在绝对优惠相同的情况下，人们什么时候使用主题心理账户，什么时候又会使用综合账户呢？Nicolao和Rino（2002）就语义关联在消费者接受某一价格折扣中所发挥的作用进行了深入研究。[51] 他们研究发现当某一产品和不相关的产品一起出售时，大多数人会选择驱车20分钟到另一家商场购买。而当两种产品强相关时，只有少数人选择到另一家商场购买。这是因为当产品高度相关时，人们倾向于通过两种产品的总价，也就是总账户对交易进行评价，这会使得以百分比显示的相对优惠变小，因此在弱相关时的相对优惠要大于强相关时的相对优惠。塞勒（1985）认为，由于使用不同的参考点，人们在购买同一品牌和口味的啤酒时，在酒店的会所比在路边摊上购买支付更多的钱。Chen和Rao（2002）的研究发现以"损失"开始和以"获得"结束将会使人们感觉更愉悦，而以"获得"开始和以"损失"结束将会使人更沮丧。[52] 尽管在此变化中人们的经济状态没有发生改变，但人们的心理状态却发生了改变，第一件事成了判断的参考点。Putten等研究消费者不购买惯性行为（inaction inertia），即错过了某一个更优惠的机会后，面对现在的折扣，消费者可能仍然不会购买。[53] 产生这种不购买惯性行为的原因是消费者将前一次的折扣作为现在购买决策的参考点。

1. 参考价形成的心理机制

从交易效用理论中我们得知，感知价是消费者的一种价格编码。消费者很少根据客观价而采取购买行动，感知价是一种主观上市场价与某一内部参考价的比较。价格在参考价之下，消费者感知便宜；价格在参考价之上，消费者感知价格过高。有两种理论可以解释参考价形成的内在机制。

1) 适应性理论

适应性理论认为，当个体面对新的价格时，消费者内部参考价会朝着新价格的方向进行改变，使之适应现有的价格水平。内部参考价通常以一个区间的形式出现，若新价格落在区间内，消费者认为价格是合理的，参考价不用调整。但如果落在该区间之外，消费者会以内部参考价为"锚点"进行调整。

2) 同化-对比理论

同化-对比理论认为参考价的形成依赖于产品经验和环境信息两个方面。该理论认为消费者在评估价格时，心中会有一个价格可接受区间，此区间内的价格是消费者认为可以接受的。同时这个区间会影响到消费者对于外在参考价的反应,当外在参考价接近消费者的内在价格标准的边缘时,购买者的价格标准可能会向外在参考价移动。外在参考价会与消费者的内在参考价范围"同化",产生新的内在价格标准即同化效果。然而若外在参考价远离现有的内在价格标准,外在参考价就可能会被归入另一类产品的售价,和消费者的内在参考价范围形成对比,从而产生对比效果。

2. 参考价带来的启示

研究表明,在美国社会,拥有华裔背景的消费者比其他消费者对价格更敏感,并将其原因归为东西方文化的差异。目前,消费者在购买产品时,关于产品价格的评价越来越受心理方面因素的影响,挖掘这些心理影响因素已经成为学者们的重要研究课题。参考价作为人们对某一交易价值进行评价的重要标准,应引起营销者的充分重视。首先,在折扣的表述中,对价值低的产品,应标出原价和折扣的百分比。对价值高的产品,则标出原价和绝对折扣额更合适。在多产品捆绑销售时,应视这些产品的不同关系而采用不同的价格表述形式。若这些产品是不相关产品,最好能显示这些产品中,哪些产品降价,它的原价是多少,折后价又是多少。若这些产品是相关产品,应给出总体的原价和总体的折后价。其次,在给产品制定原始价格的过程中也可以通过参考价的运用降低消费者的感知价格或使感知价格模糊化,具体的做法如下。其一,给出较高的参考价,或增加产品的感知成本,比如豪华的包装,提高消费者对产品的感知价格,提高交易效用,使消费者感觉在购买中占了便宜。其二,参考价模糊化,使交易效用变得不明显。例如,使用和平常大小不一样的包装盒,电影院的糖果或爆米花等食品的包装盒比平时大,价格也比较贵,使得消费者无法进行精确比较,因而能够欣然接受较高的价格。其三,建议零售价也是一个行之有效的方法,一个低于建议零售价的产品将会被消费者认为有正的交易效用,从而作出购买决定。再次,商场在安排促销活动时,应掌握时间顺序和折扣大小的分寸。若有两次折扣悬殊较大的促销活动,应尽量安排后一次的促销力度比前一次的促销力度大,减少消费者不购买惯性行为,以好的事情结尾也可以使消费者在不同的促销活动中都能体现出最大的购物愉悦感。最后,营销者在对价格进行调整时,应考虑参考点的变化会使消费者产生损失规避心理,使得涨价和降价带来的价格弹性不对称,提价带来的需求减少高于降价带来的需求增加,应尽量使价格处在相对稳定的状态。

（二）框架效应

心理账户中关于框架效应对价格的感知主要集中在绝对和相对表述框架、整合定价与分离定价。

1. 绝对和相对表述框架

Heath 等（1995）将心理账户计算规则的研究延伸到多个经济结果的"获得"和"损失"用绝对框架、混合框架和相对框架（百分比框架）表述时的影响。[54] 研究发现，心理账户的运算规则只适合绝对框架，不适合相对框架。在绝对框架下，被试倾向于将提价和一个小的折扣分开（"混失"情况），而愿意将一个大的折扣和一个小的提价（"混得"情况）整合。但在价格用相对框架表述时，在"混得"时相反，人们愿意将大的折扣和小的提价分开，而在"混失"时，不受表述框架的影响。

Philip 等（1999）发现相对优惠比绝对优惠对消费者的决策起更大的作用。但是，当绝对优惠量达到一定的值，主题心理账户即相对优惠不再发挥作用，这时，对人们购买决策起决定作用的是绝对优惠量。Nicolao 和 Rino（2002）认为在卡尼曼设计的"计算器"实验中，若将两种不相关的产品"计算器"和"夹克衫"换成两种强相关的产品，则以主题心理账户计算的相对优惠不再起作用，这时起主要作用的是绝对优惠量。Subimal 等（2000）继续了表述框架的实验，认为人们对"混得"和"混失"的整合与分离偏好受决策者认知需要的影响。他们的研究证明：高认知需要的消费者在对经济结果进行评价时与价格的表述框架无关。低认知需要的消费者在对经济结果进行评价时受价格表征框架的影响，当价格的变化以绝对值形式表征时，遵循渴望财富原则，但价格变化以相对值即百分比来表征时，与渴望财富原则不符。我国学者李爱梅等（2008）认为在绝对优惠量小时，相对优惠量明显。在绝对优惠量大时，相对优惠量不明显。而且相对优惠与绝对优惠效应受原始价格的影响。原始价格较低时，相对优惠效应较明显；原始价格高时，绝对优惠效应较明显。[55] 张黎等（2007）的研究则认为对高价产品而言，降价幅度无论大还是小，降价的表述方式对感知的降价幅度和购买意愿都没有影响。[56] 但对低价产品而言，降价幅度和降价的表述方式对感知的降价幅度存在交互作用。当降价幅度大时，相对数方式比绝对数方式使被试感到更大的降价幅度；当降价幅度小时，降价的表述方式对感知的降价幅度没有影响。而无论降价幅度是大还是小，不同的降价表述方式对低价产品的购买意愿都没有影响。

由此可以得出，当价格变动以绝对数和百分比进行表述时，同样金额的提价或降价,人们会有不同的选择。这是因为人们在进行信息加工时,表现为"认知吝啬者",当价格的变化以百分比来表示时,很多消费者并不会对经济结果进行精确的计算,而是采用走捷径的方式利用直觉进行判断,只看表面的数字进行简单计算而作出购买决策。

2. 整合定价与分离定价

关于整合定价和分离定价的选择有两种截然不同的意见。有学者将分离定价的多个支付看作多个损失,根据心理账户的多个损失应整合的计算原则,得出整合定价更有效。Kim(2006)认为在具有下列三个条件的情况下,整合定价是比较有效的。[57] 其一,附加价在视觉上比较明显。其二,附加价的表述使得消费者比较容易进行信息的加工。其三,价格感知以刺激驱动而不是以回忆驱动。Harris 和 Blair(2006)发现消费者更偏好整合定价的捆绑产品。[58] Schindler 等(2005)综合前景理论和感知公平得出在线零售商应避免在定价时将运费等附加价单独标示。[59] 另一些学者认为分离定价更能刺激需求。Morwitz 等(1998)认为消费者在利用直觉对信息进行加工时,会将注意力集中在占支出比例大的部分即基本价(base price)上,而忽略附加价部分,因此回忆的总成本会被系统低估,分离定价更具吸引力。Hossian 和 Morgan(2006)通过在 eBay 网站上的真实拍卖实验发现消费者将花在产品上的钱和运费分别放在不同的心理账户上,或者根本忽略了运输成本。因此,如果运费在合理的范围内,提高运费、降低起拍价能够吸引更多的买主,获得更高的拍卖收入。[60] Clark 和 Ward(2008)也得出相似的结论,消费者由于受锚定和调整等直觉启发所造成感知偏差的影响,导致拍卖时忽略相对不太显著的运费等附加价。[61] Xia 和 Monroe(2004)的观点与之相似,他们认为有限理性引起的消费者受锚定和调整等直觉启发所造成感知偏差的影响,导致忽略相对不太显著的运费等附加价,采用分离定价能增加消费者的购买意愿、感知价值和价格满意度。[62] 卖方可通过策略性地操纵附加价来吸引消费者,通过降低基本价,增加附加价,从而使价格更具吸引力。但 Chakravarti 等(2002)认为分离定价的有效性受分离部分性质的影响。[63] 若分离定价部分是担保部分(功能性),且以负面框架来表述(失败率)时,会将消费者的注意力集中到担心购买产品的风险上,分离定价的吸引力被削弱。但若用可靠性的框架进行表述时,分离部分的不同表述不会影响分离定价的效果。分离定价的效果受到价格在主产品和附属产品之间的分配,若分配使得核心部分相对于附属部分更有吸引力时,分离定价就会越有效。

目前对于表述框架的研究,绝大部分集中在它对价格感知的影响上,它的主要结论或支持心理账户的运算规则,或对心理账户的运算规则提出挑战,其实质是对心理账户的补充。但大多数的研究还处在对心理账户普适性的研究上,对具体的问题研究并不深入。一些重要的影响因素,如决策主体——人的特质被忽视。实际上人的一些重要特质,如认知需要(Burman 和 Biswas,2007)[64]、思维方式、所处的环境等在价格呈现方式对价格感知产生影响的过程中起到非常重要的作用。但目前表述框架和这些因素的交互作用对价格感知影响的研究并不多见,因此应成为未来研究深入的一个方面。另外框架效应在营销领域中应用除定价外,诸如促销等方面的研究明显不足。因此,探讨如何利用框架效应进行有效的促销也是一个非常有意义的研究领域。

(三) 禀赋效应

塞勒于1980年提出,当某人拥有某产品时,放弃该产品所需要的金钱补偿比获得该物时所愿意支付的金钱数量多的现象被称为"禀赋效应(endowment effect)"。在实验中,实验者将一种产品(如咖啡杯或一支钢笔等)给一组被试,然后问被试,如果将该产品卖掉,多少钱他们愿意接受?而问另一组没有该产品的被试,他们愿意付多少钱买该产品?大多数实验的结果表明,卖价比买价要高得多。卡尼曼认为禀赋效应产生的原因是"参考依赖(reference dependence)"和"损失规避(losses avoidance)",被试获得产品后,参考点转移到拥有对产品的所有权,使得失去该产品的痛苦要大于获得该产品的快乐。因此,禀赋效应并不会影响所有的交易,产品是否具有禀赋效应关键在于该产品最初的获取是用于交易还是自己使用。Dijk 和 Knippenberg(1996)认为用于交易的产品只有在其交易的比例不确定的情况下才存在禀赋效应。[65]而且有研究证明,禀赋效应并不适用于所有的产品,如果该产品诱发负面情感,这种禀赋效应会达到最小甚至会消失。因此禀赋效应只有在产品给人们带来愉悦和幸福感时才会出现(Ranyard,2006)。[66]

禀赋效应的产生也跟参考点有关,实验中,当消费者拥有产品时,其参考点发生了变化,使得其失去该产品的痛苦超过拥有该产品所带来的快乐,即"损失规避"。Chen 和 Rao 的研究表明,人们经常发现原来对自己有利或有吸引力的事情到头来却出现意想不到的相反结果,而那些原认为对自己有负面影响的事情也会出现相反的结果,最后变成好事,人们在面对这种相反结果的变化时呈现出不同的感觉。以"损失"开始而以相反的结果"获得"结束将会使人们感觉更愉悦,而以"获得"开始,以"损失"结束将会使人感觉更沮丧。尽管在此变化中人们的经济状态并没有发生改变,但人们的心理状态却发生了改变,前面发生的事情成为后面决策的参考点。Putten 等研究消费者不购买惯性行为（inaction inertia），即错过了某一个更优惠的机会后，面对现在的折扣，消费者可能仍然不会购买。比如，一星期前，某消费者想要购买的沙发折扣为50%，由于某种原因当时并未购买，当消费者一星期后打算购买时，却发现沙发的折扣降到了20%，消费者认为错失了购买良机，因此决定还是不购买。但在下列三种情况下这种惯性会减弱：一是当有关错失机会的信息含糊时，如消费者只知道上次的折扣比这次更多，但并不能回忆起来到底是多少。二是当错失的机会需要进一步的努力才能获得时，如上次的折扣很高，但条件是你必须积攒足够的优惠券并寄给生产商才能获得该折扣。三是当错失的机会和现在的购买缺乏相容性时。同类产品沙发与沙发的相容性高于沙发与椅子的相容性，你看到过50%的沙发折扣，现在你遇到折扣20%的椅子，你购买椅子的可能性仍很大。但若你现在购买的也是沙发时，则购买的可能性会很低。很显然，产生这种不购买惯性行为的原因是消费者将前一次的折扣作为现在购买决策的参考点。以上的研究，只是利用参考效应解释了人们的一些非理性的购买行为，但参考价又是如何产生的呢？因此有必要研究其产生的内在机制。

Purohit（1995）首次研究汽车以旧换新交易中的禀赋效应，发现在两个交易支付的实际价格相同的情况下，人们更偏爱旧车售价高的交易。[67] 消费者在旧车售价高比旧车售价低时，愿意支付更高的总价来实现新车交易。Zhu等（2008）继续了禀赋效应在汽车以旧换新交易中的作用，发现以旧换新者比只购买新产品者有更强的购买意愿，在支付的绝对额相等的情况下，旧车折价越高，消费者从交易中所获得的愉悦感就会越大。[68] 因为旧产品的出售往往代表一个账户将会被关闭，而人们往往期望一个账户以收益结束，因为以收益结束的账户给人们带来更大的愉悦感。因此，与新产品的买价相比，人们更关心旧产品的卖价。对于心理账户中的禀赋效应的研究，虽然国内学者汪涛、崔楠和杨奎（2009）对体验经济情景下，禀赋效应通过消费者参与对感知价值产生正面影响进行了研究，认为消费者参与会放大利益感知而缩小损失感知，从而对产品或服务有更高的感知价值。[69] 但该领域的研究仍显单薄。目前，我国耐用品市场的"换货（trade-in）"交易也频繁发生，在这些交易中我国消费者是否受禀赋效应等心理因素的影响，是心理账户研究的一个新的领域。

（四）情感账户

研究表明，人们往往会根据金钱获得的情景而将其贴上不同的标签，进而将金钱花在与其来源一致的地方，如足球彩票中奖所得可能被用于外出就餐，而税收返还则更有可能用于支付账单。心理账户还研究情感通过何种方式来影响支出，通过在心理上整合与分离"收益"和"损失"或支出和消费，使自己获得情感上的更大愉悦。Linville 和 Fischer 研究"受情感影响事件"在时间上的整合与分离选择,发现人们希望好消息不要出现在同一天。[70] 同时人们愿意多个经济损失发生在一个星期的不同日期,因为如果同一天出现可能会超过他们的承受能力。Prelec 和 Loewenstein 发现消费者通过将支付和消费在时间上分开对情感进行管理,因为支付的痛苦感会抵消消费所带来的愉悦感。Kivetz 等认为当消费者进行购买时,他们会立即经历支付所带来的痛苦感,这种痛苦感会减少人们从产品的消费中所获得的愉悦感,甚至会使他们放弃购买。这种痛苦感在奢侈性产品消费中表现最为明显,他们更倾向于寻求各种购买的理由和证据,使得内心冲突得到解决。[71] 塞勒等发现由于产品的购买和消费在时间上是分开的,人们对产品的价值感知发生了相应的变化。首先,当人们在购买某种产品时,由于购买和消费是分开的,避免了人们在购买时花钱的感觉,而将它看作一种投资。其次,人们在消费产品时,他们没有感觉产品是花钱买来的,可以尽情享受消费产品带来的乐趣。[72] 我国学者李爱梅等(2007)就中国人的心理账户的内隐结构进行了研究,结果表明中国人的收入和支出账户中都包含明显的情感账户。[73] 这表明情感维系和人情关系在中国人的内心和日常生活中占有重要的位置。"与情感相关的账户"内容也许是中国人有别于西方人的账户内涵。

  Levav 和 Mcgraw 认为心理账户对花费进行跟踪和分类的心理认知过程可看作附着在某一笔钱上的情感,人们可通过战略性的消费来减少这笔钱所包含的负面情感。有两种战略可以使用:一种是冲刷(laundering),另一种是享乐规避(hedonic avoidance)。[74] 以意外收入为例,一笔附有负面情感的意外收入,人们不会将它用于享乐性消费(hedonic expenditures),而会将它用于实用性消费或道德性消费(utilitarian or virtuous expenditures),以减少或冲刷附着在其上的负面情感。例如,当一位学生在考取大学之后接到一笔来自叔叔馈送的礼金,但不久之后就收到了叔叔不幸患上重病的消息时,该学生会放弃拿这笔钱去购买自己心仪已久的游戏机的想法,而将这笔钱花在购买书籍等实用性的产品上。心理账户强调以收入的来源、支出的方向和不同的储存方式将金钱框定为不同的账户进行管理。情感账户的研究是对心理账户的一个非常有益的拓展,它探索人们是否会根据附着在金钱上的情感对金钱进行分类,从而进行不同的消费支出。

  关于情感账户的研究,今后的研究可以从以下几个方面着手。第一,金钱上的具体情感如生气、愧疚、失望等情况下,消费者的选择有什么差异。第二,利用情感账户进行心境管理。第三,跨文化的研究。因为情感的产生受个体所处的经济、文化环境的影响。例如,西方人认为在裤兜里意外发现现金时，会产生正面情感，而如果这笔钱是在路上捡到的，会产生负面情感；看到和自己工作同样努力的同事得到的奖金比自己多时，会产生负面情感。那么在当前环境下，中国的消费者是否有同样的情感认同，是值得我们探讨的问题。

(五) 信用卡消费

关于信用卡对消费的影响研究，很早就引起了学者们的兴趣。Hirschman (1979) 发现那些拥有多张信用卡的消费者在逛商场时买得更多。[75] Feinberg (1986) 发现用信用卡消费的人在餐馆用餐时给小费比那些用现金的人更慷慨。Prelec 和 Simester (2001) 进行了一个体育赛事门票的拍卖，发现使用信用卡消费的人比使用现金消费的人支付意愿更高。[76] Soman (2001) 用不同的方法进行了支付机制的研究，他认为用现金和支票支付使人记忆深刻而且痛苦。和现金或支票相比，信用卡支付通常会降低购买与支付的关联性，当支付仅仅是一个大的账单中的一部分时，在作出某一购买决策时，人们就会较少考虑成本。Soman 和 John (2001) 的实验证明当人们买了一张一次的滑雪票和一张四次的滑雪票时，如果天气不好，后者更容易放弃其中的一次。[77] 因为当成本含糊时，它和滑雪带来收益的一一对应关系会减弱。Soman 与 Cheema (2002) 从另外一个角度来研究信用卡如何影响消费，他认为消费者使用外部的信息如信用的可得性来推断其终身收入。[78] 消费者似乎是在使用拇指原则——直觉启发式来决定他们如何使用可得的信用额度。消费者用信用额度来推断自己将来收入的高低。当消费者可以很容易地获得大笔贷款时，他们可能推断自己有较高的终身收入，因而利用贷款消费的意愿提高。相反，那些只能获得较低贷款的消费者则可能推断自己的终身收入低，因此使用贷款进行消费的可能性不大。Siemens (2007) 通过延迟支付购买的研究发现，随着时间的推移，产品所带来的利益在贬值，而成本更加凸显。[79] 因此，信用卡的延迟支付会降低消费者的重购意愿和交易的公平感知。从以上的研究中，我们可以看出，关于信用卡的使用，有两种截然不同的意见，那么消费者在使用信用卡进行购买时的决策机制到底如何，目前并没有定论。

(六) 消费和支出分离

规范经济学理论认为人们购买某种产品所付出的成本意味着未来效用的减少，增加了机会成本，因此应延迟支付。Prelec 和 Loewenstein 认为心理账户具有复式记账特点，一是消费所带来的愉悦感，二是支付所带来的痛苦感。当消费者购买时，他们会立即经历支付，这种支付所带来的痛苦会抵消消费产品所带来的快乐。消费者具有强烈的债务规避倾向，他们会提前还贷，愿意为消费提前支付，工作以后再得到报酬。消费者更愿意提前支付健身卡的费用，月初支付上网费，这种提前支付的结果是符合享乐理论的，因为消费者在消费产品时再也不会为支付而感到不安和烦恼。塞勒等发现由于某些产品的购买和消费在时间上是分开的，使得消费者按照不同的框架和心理账户对这些交易进行评价。在购买这些产品时，人们没有花钱的感觉，而是将它看作一种投资；而在消费它时，由于金钱的支付已经过了很长时间，因此人们将产品看作免费的，甚至是赚钱的。Siemens（2007）则反其道而行之，从现在普遍流行的延迟支付的消费模式着手，研究人们支付的滞后对重购意愿和感知的交易公平的影响。他认为随着时间的流逝，产品消费带来的利益在贬值，使得在对交易进行延期支付时，人们感觉支付的成本过大，因而延迟支付会降低重购意愿和感知的交易公平。

消费和支付的分离是现实消费中两种普遍存在的消费形态，如上网费、健身卡或其他会员俱乐部等形式采用支付在前、消费在后的模式。而贷款买房买车、信用卡消费等模式则是消费在前、支付在后。这两种消费模式为何能够"和平共处""相安无事"呢？其中的消费者认知机制如何？采用这两种不同的消费模式，消费者对决策满意度、重购意向等有何区别？

此外，心理账户的其他领域也颇受学者们关注。首先，心理账户设置的灵活性，Cheema和Soman认为当消费者面临一种有吸引力的消费时，消费者会灵活调整心理账户，特别是这种消费的归类具有模棱两可的性质时。类似于逃税人员钻法律的空子逃税一样，消费者也会利用消费的含糊性在心理账户加工的过程中来使某些消费合理化。其次，损失避免使得提价和降价的价格弹性不对称，价格的提升引起需求的减少要大于同等幅度的降价引起的需求增加。最后，时间账户问题，即人们是否对待时间也像对待金钱一样来设置心理账户[80]，金钱和时间是否有替代关系，即人们是否为了节省时间而愿意支付更多的金钱，也引起了学者们的兴趣。

五、现有研究的不足和未来研究的展望

从上面的文献可以看出，学界对心理账户的研究取得了丰硕的成果，加深了人们对这一理论的认识，但现有研究仍然有不足之处，主要体现在以下几点。

（一）心理账户研究在金融领域和消费领域冷热不均

心理账户理论提出以后，虽然得到了众多学者的追捧，取得了大量的研究

成果。但对这一理论的研究在金融领域相当盛行,而消费领域明显不足。正如,塞勒在对《心理账户与消费者选择》一文的不足之处进行剖析时强调的,这篇文章的出现并没有实现引领行为经济学的营销研究领域的预想。[81] 国内运用心理账户对消费行为的研究更显零星和有限,实证研究甚少,只有少数学者如李爱梅、汪涛等发表了相关的实证研究成果。因此对心理账户在消费领域的研究显得非常必要。

(二)关于心理账户与其他因素的交互作用对消费决策的研究较少

目前关于心理账户的绝大部分研究集中利用该理论对某些消费者决策行为进行解释,或者利用经典实验进行拓展性研究,其实质是对心理账户理论的验证或补充。但大多数的研究还处在对心理账户的普适性研究上,对具体问题的研究并不深入。一些重要的影响因素,如决策主体——人的特质,噪声干扰中的竞争对手价格、广告信息等被忽视,在心理账户中加入这些因素的交互作用对消费决策的研究较少。

(三)理论的应用情景更多地局限在一般的社会行为中,缺少在网络购物环境下的研究

目前,网络购物非常流行。截至2023年6月,我国网民规模已达10.79亿人,互联网普及率达76.4%,中国互联网应用正显示出消费快速增长的显著趋势。心理账户在传统的购物模式中会对消费决策产生重大影响,但在网络购物环境下,心理账户如何影响消费者的选择和购买行为呢?目前这一领域的研究还非常不够。今后的研究可以从以下几个方面展开。

1. 人格特质和环境噪声等在心理账户对消费决策影响中的调节作用

心理账户本质上是一种自我框定,在这个过程中,个体认知差异会使不同的消费者对相同的信息产生不同的解释,进而产生不同的决策。一些重要的人格特质如认知需要、思维方式、五大个性等都会影响到消费者对信息的加工和处理,因此应引入这些因素为调节变量,研究其在心理账户与购买决策之间的作用。

2. 心理账户对一些非理性购买行为的影响机制

心理账户会在一些非理性购买行为中发挥重要作用。Heilman 等的研究发现,当消费者意外得到某商店的优惠券后,会通过心理账户产生收入幻觉,从而在一次购物旅程中产生非计划性购买行为。[82] 心理账户在消费者购买决策中

通过心理预算等发挥自我控制作用,而一些非理性购买行为如冲动性购买行为的发生,往往跟控制失败有关。因此应将心理账户理论引入对冲动性购买行为等非理性购买行为中,探讨自我控制如何通过心理账户发生作用,从而导致冲动性购买行为发生或使冲动性购买行为得到抑制。

3. 网络购物环境下的心理账户适用性研究

网络购物和传统购物有许多不同,如网络购物的虚拟性、网络购物环境下特殊的交付方式、网络购物的特殊支付方式等,这些特点必然会对消费者的心理与行为产生影响。比如,网络购买特殊的交付方式会影响到消费者的心理账户,因为一般情况下消费者在网站下单以后,供应商会将产品通过快递公司交付给购买者,因此产品的价格往往包括两个部分——基本价和运费,那么这两部分价格如何分摊,是制定一个包括运费在一起的整合定价还是两者分开呢?在这种情况下,心理账户如何影响消费者的感知价值?这些都是值得研究的有趣问题,目前虽然已有一些研究,但利用实际的网络交易数据进行的研究并不多见,因此对这一领域的研究显得尤为重要。而且可以利用网络进行模拟研究,或利用真实网络数据展开研究。

第三章 相关概念界定

为了全书行文的方便，本章将对书中涉及的概念进行界定。

一、购买决策

在探讨购买决策的概念之前有必要先弄清楚决策的概念。关于决策的界定，不同的学者有不同的观点。在中国古代，人们认为决策就是在谋划的基础上作出一个决断，把决策看作一个谋与断的有机结合过程。Yates 将决策定义为"为了获得一个令人满意的结果而采取的行动"，强调了决策的目的。而西蒙将决策定义为"人们为了达到一定的目标而设计多种方法与手段，然后对各种手段和方法作出评价与选择的过程"。这一定义则强调了决策的过程。心理学研究对决策进行定义时强调决策时的心理过程以及各种影响因素。在许多决策问题中，决策的困难是由很多原因造成的，如外界环境的不确定性、决策者认知加工能力有限、决策者自身内部的信念冲突。

广义的购买决策是指消费者为了满足自身的某种需求，在一定的购买动机支配下，在可供选择的两个或两个以上的购买方案中，经过分析、评价、选择并且实施最佳的购买方案，然后进行购后评价的活动过程。它是一个非常系统的决策活动过程，包括需求的确定、购买动机的形成、购买方案的选择和实施、购后评价等多个环节。狭义的购买决策是指消费者慎重地评价某一产品或服务的各种属性并进行选择和购买能满足某一特定需要的产品或服务的过程。

二、偏好

决策理论中的偏好（preference）是指决策者在面对几个事件或结果时，选择某一事件或结果的倾向性。行为经济学认为人的某些偏好与生俱来，如喜欢甜食、怕蛇、性取向等。但人的大多数偏好并非已经生成且保持固定不变。当已知的偏好不足以解决现有问题时，就需要决策个体在具体环境下进行偏好建构（construction of preference）。本书综合了决策理论和行为经济学理论关于偏好的概念界定，并且接受购买偏好是通过建构的这一学术观点。因为本书主要关注的是购买决策过程中的购买者偏好，所以分别以感知价值和购买意向这两个变量作为评价偏好的操作性变量。

三、感知价值

感知价值常常被定义为产品或服务的感知利得与获取该产品或服务所作出的牺牲，即感知利失的比率。它与感知利益正相关，与价格负相关。消费者从几个方面感知产品或服务利益，如功能、社交、情感。功能利益源于产品或服务的工具性作用；社交利益源于产品或服务使消费者和某一社会群体产生正面的或负面的联系；情感利益是指产品或服务会和某一特定的情感状态相联系。感知利失是指消费者在采购时所面临的全部成本，因此感知利失通常也被称为感知成本，如产品或服务的购买价格，获得此产品或服务的成本，订购、运输、安装、维护管理以及采购失败或质量不尽如人意时的风险。消费者的感知价值是导致消费者行为倾向的直接前因，当消费者的感知利得越高或感知成本越低时，其感知价值就越高，选择该产品或服务的行为倾向就越强烈。由于感知价值既强调了成本对购买选择的负面作用，又强调了消费者感知的影响，更利于预测态度倾向和行为倾向，因此感知价值被本书采用。

四、认知需要

认知需要（need for cognition，NC）是一种重要的人格特质，它是指个体从事并享受努力思考活动的倾向性。[83] 这一指标在很大程度上反映了个体组织、提炼和评价信息的广度与深度。高认知需要的个体，在对信息进行加工时会付出更多的努力，也就会更系统、更全面地分析结果。也就是说，高认知需要的人倾向于广泛收集并深入加工信息，发现现象之间的逻辑关系，喜欢复杂的任务。而低认知需要的个体在进行信息加工时不愿付出更多努力，他们是"认知吝啬者"，回避信息的深层加工，并容易忽略信息。低认知需要的个体比高认知需要的个体具有更高的认知惰性，就像"复印机"和"犁耙"一样。认知惰性可以简化认知环境，在噪声重重的信息社会有时会起到正面作用。他们倾向于采用各种"快速节俭（fast and frugal）"的方式来作出决策判断，把经验知识概化为图式（schema）、定型（stereotype）和脚本（script），以便于储存及快速加工新刺激。有人可能将认知需要和智力两个概念混淆，认为智力对认知需要有决定性的作用。Cacioppo等研究了智力对认知需要的调节作用，并得出两者有相关关系（相关系数 $r=0.24$）。但无论从理论还是从实证研究来看，两者都是不同的概念。[84] 相关研究证明，认知需要是一种高度稳定的人格变量，它在影响人们对信息的加工和接下来的行为中起核心作用。

五、信息感知模式

信息感知模式可分为刺激驱动与回忆驱动，大量文献中都有基于刺激驱动与回忆驱动两种不同的信息感知模式下消费者决策行为的研究。刺激驱动决策是指所有支持决策的信息都从外部获得。反之，如果决策仅仅依赖于记忆中的信息，那么这种决策就是由回忆驱动的。尽管行为定价的研究者没有明确使用刺激驱动或回忆驱动作为研究的框架，但许多与定价决策有关的问题可以采用混合决策，即消费者在决策过程中既使用刺激驱动又使用回忆驱动的信息感知模式。事实上许多行为定价的研究都是基于该混合框架的假设而展开的。例如，大量的文献提到外部参考价（从外部获得信息）影响内部参考价（从内部获得信息），从而影响感知价格，但这并不意味着消费者在决策时一半使用外部信息（能看得见的价格）一半使用内部信息（编码或回忆的价格）。当消费者在进行价格搜索和价格比较时，或者当他们没有很明确的参考价时，价格相关的决策就变得更加以外部驱动为基础。相反，当消费者以编码或回忆的价格为基础进行决策时，或者当消费者有更具体的内部参考价时，他们的决策是更倾向于回忆驱动的。Kim认为刺激驱动与回忆驱动对不同价格呈现方式下的购买意向有显著的影响。[85]

六、衡量能力

所谓衡量能力是指现实中人们做决策时不可能逐个比较各个可能方案的效用大小，而通常更倾向于通过对决策问题所提供的线索进行分析和判断。因为在不同的情况下，所能发现的线索是有差异的。这样，即使是同一问题也可能会出现不同的评价结果。有这样一个购买冰激凌的有趣实验：将两杯同一品牌的冰激凌，一份 7 盎司，装在 5 盎司的杯中，显得满满的；另一份 8 盎司，装在 10 盎司的杯中，看起来未装满。该实验将被试分为两组，要求他们进行分开判断，一组为第一杯估价，另一组为第二杯估价。实验显示，人们愿意花 2.26 美元买第一杯，而只愿意用 1.66 美元买第二杯。Hsee 等通过提出衡量能力假设对该现象进行解释。[86] 衡量能力假设是指被选择的两种物品（或决策方案）A 和 B，且 A 和 B 都分别具有一个容易衡量的特征（easy-to-evaluate，EA）和一个难以衡量的特征（hard-to-evaluate，HA）。对于两杯冰激凌而言，与杯子相比的相对份量是一个容易衡量的特征（EA），其真正的质量大小是一个难以衡量的特征（HA）。第一杯的 HA 比第二杯的差，但 EA 比第二杯的好。所以，当共同判断时，HA 占评价中的主要地位，选择第二杯；而当分别判断时，受 EA 的影响更大，所以认为第一杯的价值更高。这也就是说，在分别判断时，人们很有可能会为一个次等选择付出更高的代价。在另一类似的实验中，Hsee 等要求参与者假设他们在市场中买两本音乐词典，并且对它们进行评价。第一本词典有 20000 个词条和破损的外观，而第二本词典有 10000 个词条和完整的外观。参与者考查一种或两种词典，然后报告他们愿意支付的最高价。当参与者评价其中的一本词典时，对第二本词典比对第一本词典的估价更高（平均是 24 美元 vs 20 美元）。而当参与者同时评价两本词典时，他们对第一本词典比对第二本词典的估价更高（平均是 24 美元 vs 19 美元）。在两本词典的特点中，破损是容易衡量的特征，而词条的真正数目是难以衡量的特征。因此，在单独评价其中的一本词典时破损的外观显得更重要，而共同评价时词条数显得更重要。

Bertini 和 Wathieu 将衡量能力的概念运用到行为定价的研究中。[87] 如果消费者能很自信地判断分离定价中某一属性的价格，那么这一属性被认为是可衡量的，这种可衡量性往往和属性参考价的范围呈负相关关系。

七、享乐品与实用品

享乐品和实用品是市场营销和消费者行为研究中对产品或服务很常见的一种分类。Strahilevitz 和 Myers 认为，享乐品是指能让人在情感和感官上获得美、享乐等愉快感受的产品或服务，这类产品或服务通常能够给消费者带来快乐和享受，但不是必需的，如巧克力、冰激凌、假期、小说、电影、DVD 影碟等；而实用品则是指那些更加基于理性认知，能让人达到自己目标或者完成实际任务的产品或服务",这类产品或服务通常不会或者较少给消费者带来快乐,但他们是消费者日常生活或者工作所必需的,它们符合消费者的长期利益,如打印机、复印机、教科书、医疗服务,以及食品和衣物等生活用品等。[88] 具体到消费者的日常生活中,享乐品和实用品的关键区别之一是享乐品的重要性较低。在经典的马斯洛需求层次理论中,必需品是全人类维持生活都需要的,因此重要性远远高于享乐品。在资源有限的条件下,消费享乐品会让人有负罪感。[89][90] 但是,享乐属性和实用属性并不是同一个量表的两个极端,不同类型的产品或服务都或多或少具有这两种属性。学者们认为享乐品相对更多地具备享乐属性,而实用品相对更多地具备功能属性。

第二篇

价格框架效应

第四章　价格框架效应的研究概述

第一节　问题的提出

定价策略是企业参与市场竞争的重要利器。随着市场竞争的日益加剧，定价策略的重要性也日益凸显。从尾数定价到整合定价，再到分离定价，都反映出企业希望通过定价方式影响消费者的决策，提高利润，这也引起了学界的广泛关注。

在产品销售过程中，厂商常常会面临一些定价难题：一个商场的老板在制定促销价时，他在考虑是直接标出优惠的金额，还是用百分比来表示优惠的幅度；一个网络卖家正发愁是为一件夹克定价89元附加12元的运费，还是包括运费直接标价101元，如果夹克的价格为299元又会如何；一个旅行社在思考是给消费者一个包括门票、车费、住宿费的捆绑价，还是告诉消费者各个项目的收费标准；一个修理店老板在想是收取120元的材料费和180元的人工费，还是收取210元的材料费和90元的人工费更合适；一个汽车交易商正在和消费者做一笔以旧换新的生意，是选择在新车上体现一个好的交易，还是选择在旧车上体现一个好的交易，抑或在两个交易上都体现出中等好的交易。从这些定价难题中我们发现，许多企业在给产品定价方面面临两个选择：一是给产品贴上一个单一的整合定价标签；二是将产品的一系列收费项目单独列出，通过这种方式来反映产品价格的内在构成。

另外，为刺激短期内销售额的增加，基于价格的促销一直在稳步推进。在价格战略的使用中，商家往往聚焦于价格促销的使用，他们将主要的注意力放在如何根据实际情况的不同，设计出不同力度的折扣，如给消费者一定金额的优惠（立减 50 元）、赠送产品（买一送一）或是部分服务免费（免费停车）。不仅折扣的形式花样百出，制造商还在不断地加大折扣的力度。另外为了保持消费者对商店的忠诚度，零售商还会提供额外的价格刺激，进一步提高了价格促销深度（促销的货币价值）。提高促销深度对商家来讲是非常有吸引力的，因为产品的选择和促销深度是正相关的。但打折可能带来负面的影响：价格促销不仅会使消费者感知的品牌质量下降，还会使消费者养成等待降价的习惯，或降低消费者对品牌的价格预期等，这些都会使消费者未来的选择降低。为此，促销深度的把握应引起特别的关注。Delvecchio 等的研究发现，促销深度超过产品原价的 20% 会对促销后的品牌偏好产生负面的影响。[91] 因此，经理人员应权衡价格促销所带来的即时利益和随之产生的可能对消费者购买决策的负面影响。虽然折扣的形式花样百出，但是商家却很少考虑折扣的展现方式是否恰当有效。那么如何在保持价格促销深度一定的情况下，通过不同的价格呈现方式来提高消费者对交易的感知价值，从而增强其对产品的偏好呢？

评价消费者偏好通常的方法是假设个体有一个效用方程，这一方程由产品或服务的多个内在属性和维度决定，价格信息或者通过影响预算而间接影响消费者决策，或者在效用方程中作为一个独立可观测变量来影响消费者选择。另外，价格被视为获得某一产品或服务所付出的成本。尽管规范经济学的效用理论被用于处理各种营销问题，但心理学中有关价格的研究认为，价格在营销中所发挥的作用远大于规范经济学中对价格作用的预期。大量的研究已经表明，价格信息的呈现方式即价格框架对价值感知的影响巨大。价格对购买行为的影响是毋庸置疑的，价格线索在各种购买场景中广泛存在。建立在理性假设基础上的古典经济学认为不论价格以何种方式呈现，消费者对价格的感知是不变的，但古典经济学的定价方法正受到日益盛行的行为定价的研究的挑战，行为定价的研究考虑消费者对价格的心理反应和营销线索对价格感知的影响。行为定价的相关文献表明，消费者不仅将价格看作数字，还会赋予价格一些心理的注解，对价格的感知很容易受到情景线索（contextual cues）的影响。一些跟价格本身没有关系的媒介物会使消费者的偏好发生逆转。例如，同样的产品，有两个网络卖家 A 和 B，A 的报价为 198 元，但消费者购买该产品时可获 10 个积分。B 的报价为 201 元，消费者购买时可获 50 个积分。在没有积分的情况下，消费者会选择 A，但如果有一个跟购买目标没有直接关系的积分出现时，情况会大为改观，很多消费者会转向选择 B。这就是 Hsee 等所描述的媒介物最大化所起的作用,即当人们付出以获得期望结果,其即时所获得的回报往往不是其最终所获得的结果本身,那么这些回报就是媒介物。[92] 媒介物没有任何的内在价值,但可以用来换取所希望的结果。

研究者发现价格感知不是客观的,而是主观的。例如,根据古典经济学的定价方法,理性消费者认为诸如"原价15元,现价10元"的价格线索和"减价33.33%,现价10元"的价格线索的感知完全相同,因为这两种线索都告诉消费者必须支付10元。但研究表明大多数消费者偏好前者的定价表述,因为消费者更容易看出自己在该交易上节省了5元。价格线索的不同呈现方式造成消费者价格感知和选择的不同。Mazumdar和Jun发现消费者对多个降价(单个提价)的评价高于一个统一的降价(多个提价)的评价。[93] Heath等则发现对价格变化的评价取决于价格变化是以百分比还是以绝对值方式呈现。一些研究者发现消费者不会对价格信息进行准确加工,因此价格感知会受到回忆驱动的影响。价格呈现方式对价格感知的影响引起了研究者的广泛关注,Folkes和Wheat认为消费者的交易倾向和对价格促销的评价是情景依赖的。Janiszewski等和Lichtenstein等认为消费者对价格吸引力的评价依赖于价格与产品市场价取值范围的比较(如最低价与最高价等)。[94][95] Grewal等对价格的语义线索效应(effect of semantic cues)进行研究,发现用特定的词来描述价格会影响消费者的价值感知。[96] 最近,行为定价的相关研究表明偏好的转变可能由价格的呈现方式决定。

尽管效用理论认为消费者对产品的评价与判断跟价格呈现形式无关,但行为定价的研究中有关框架效应的文献认为价格信息呈现方式的选择实际上可能影响消费者的评价与判断,因此本篇研究的核心内容是价格框架对购买偏好的作用机制。具体而言,本篇着重研究以下三个方面的问题:在不同的信息感知模式下,认知需要在整合定价与分离定价感知过程中所发挥的作用;产品的价格衡量能力对分离定价的作用机制;产品的实用属性与享乐属性对捆绑定价的作用机制。

第二节 价格框架效应的相关研究

一、价格框架效应的表现形式

价格的不同呈现方式会引起消费者偏好与行为的变化,也称价格框架效应。这里所说的价格框架，广义上是指所提供的价格是如何与消费者进行沟通的，如：价格是否与某一参考价同时出现；产品的基本价和运费是否分开；捆绑产品的价格是否在给定总价的同时，再给出部分产品的价格；价格促销以数字还是比率形式出现，等等。常见的价格呈现方式有：得/失、金额/比率、正面/负面、最大化诉求/最小化诉求等不同的语义描述方式。关于价格框架并没有一个明确的分类，目前学者们研究较多的价格框架有如下几种。

（一）金额/比率

大量框架效应的研究关注金额和比率对价格感知和购买意愿的影响。Heath 等将价格变化中的降价和提价用心理账户中的"获得"和"损失"概念表示，研究发现，在绝对框架下，被试倾向于将提价和一个小的折扣分开（"混失"情况），而愿意将一个大的折扣和一个小的提价整合（"混得"情况）。但在价格用百分比框架表述时，在"混得"情况时相反，人们愿意将大的折扣和小的提价分开，而在"混失"情况时，不受表述框架的影响。Moon 等发现相对优惠比绝对优惠对消费者的决策起更大的作用。[97] 但是，当绝对优惠达到一定的值，相对优惠不再发挥作用，这时，对人们购买决策起决定作用的是绝对优惠量。Nicolao 和 Rino 认为在卡尼曼和特维尔斯基设计的"计算器"实验中，若将两种不相关的产品"计算器"和"夹克衫"换成两种强相关的产品，则以局部账户计算的相对优惠不再起作用，这时起主要作用的是绝对优惠量。Chatterjee 等继续了表述框架效应的实验，认为人们对"混得"情况和"混失"情况的整合与分离，受决策者认知需要的影响。[98] 他们的研究证明：高认知需要的被试在对经济结果进行评价时跟价格的表述框架无关；低认知需要的消费者在对经济结果进行评价时，易受价格表述框架的影响，当价格的变化以绝对值形式表示时，遵循渴望财富原则，但当价格变化以相对值即百分比来表示时，与渴望财富原则不符。Gendall 等对价格折扣的表述方式进行研究，他们发现对低价产品而言，价格优惠以绝对方式还是相对方式呈现没有什么差异，但对高价产品而言，绝对优惠的价格呈现比相对优惠的价格呈现更有效。[99] 由此他们得出，当价格变动以绝对值和百分比进行表述时，同样金额的提价或降价，人们会有不同的选择。这是因为人们在进行信息加工时，表现为"认知吝啬者"，当价格的变化以百分比来表示时，很多消费者并不会对经济结果进行精确计算，而是采用走捷径的方式利用直觉进行判断，只看表面的数值进行简单计算而作出购买决策。

（二）整合定价/分离定价与捆绑价/分标价

分离定价与分标价是有区别的。分离定价是指一种产品有基本价和附加价两个部分，如：网购和邮购中的产品价和运费、税费等附加价；修车服务中的零件费和人工费；医疗服务中的药费和诊断费；餐饮服务中的餐费和服务费。消费者购买某种产品时必须同时支付这两部分的费用，没有选择的余地。将产品的基本价和附加价两个部分一起计算，给定一个统一的价格叫作整合定价。分标价是指捆绑销售的多种产品的价格可以分开标示，消费者可根据需要选择除主产品之外的附属产品，如购买冰箱的消费者，可以选择购买制冰器和保险等附属产品，这些产品的价格可以分别标出，也可以和主产品一起给定一个总价。对捆绑销售的多种产品给定一个统一的价格叫作捆绑价。在研究过程中，许多学者对整合定价/分离定价与捆绑价/分标价的研究方法和概念进行了相互借鉴，从而形成了同一个领域的研究问题。因此，笔者也不会将这两者进行严格区分。

（三）货币效率/单位成本

Larrick 和 Soll 于 2008 年在《科学》杂志上发表文章《每加仑汽油所跑英里数的错觉》揭示了一种有趣的决策现象，MPG（miles per gallon，每加仑汽油所跑的英里数）和 GPM（gallons per 100 miles，每 100 英里所需的汽油）两种不同的表述方式会造成消费者对购车效能的判断有着截然不同的结果。[100] 当以 MPG 表述汽车的燃油效率时，人们倾向于低估燃油效率低的汽车提高 MPG 而带来的燃油节省。而当同样汽车的燃油效率以 GPM 表述时，上述偏差就被大大削弱了。以该研究为基础，人们又提出了类似于该框架效应的货币效率/单位成本框架效应的概念。货币效率框架是指单位货币可以购买的产品数量。例如，"10元钱100条短信""10元钱200条短信"等。这种价格呈现方式体现了消费者花费一定数量的货币能够获得多少数量的产品。而单位成本框架是指购买单位产品所需支付的货币数量，例如，"100条短信10元钱""100条短信5元钱"等。这种价格呈现方式体现了消费者获得单位产品所需支付的货币成本。于是经济意义上等价的价格变化可以用两种不同的方式来表述：根据货币效率框架，从"10元钱100条短信"降到"10元钱200条短信"；或者根据单位成本框架，从"100条短信10元钱"降到"100条短信5元钱"。从这两种价格呈现方式中我们不难看出，这两种定价方式的起始价、促销价和降价幅度其实都是相等的。例如在货币效应框架下，消费者 A1 目前的手机短信价格为"10元钱100条短信"，现在手机运营商做促销活动，促销价为"10元钱 200 条短信"。消费者 B1 目前的手机短信价格为"10 元钱 250 条短信",促销后,价格将为"10 元钱 500 条短信"。乍一看,消费者 A1 现在 10 元钱能多发 100 条短信(200 条－100 条＝100 条)。而 B1 现在 10 元钱能多发 250 条短信(500 条－250 条＝250 条)。B1 比 A1 省更多的钱。而在单位成本框架下,消费者 A2 目前的手机短信价格为"100 条短信 10 元钱",促销后其价格为"100 条短信 5 元钱"。消费者 B2 目前的手机短信价格为"100 条短信 4 元钱",促销后其价格为"100 条短信 2 元钱"。通过简单的计算,我们就可以发现,A2 发送 100 条短信节省了 5 元钱,B2 发送 100 条短信节省了 2 元钱,A2 比 B2 可以省更多的钱。而事实上 A1 和 A2 短信的原价和促销价都是相等的,而 B1 和 B2 的原价与促销价也是相等的。从这个简单的例子我们可以看出,"货币效率"和"单位成本"这两种价格呈现方式会因为框架效应而出现偏好逆转的现象。

(四)以旧换新的交易中,新产品价格和旧产品价格的分割

在耐用品领域,以旧换新是一种普遍流行的交易方式。在消费者总支出相同的情况下,到底是给旧产品定一个较低的卖价,同时给新产品定一个较低的买价,还是给旧产品定一个较高的卖价,同时给新产品定一个较高的买价,哪种方式对消费者更有吸引力呢?Purohit 首次在汽车以旧换新的交易中发现,在两个交易支付的实际价格相同的情况下,人们更偏爱旧车售价高的交易。消费者在旧车售价高比其售价低时,愿意支付更高的总价来实现新车交易。Zhu 等也进行了类似的研究,发现以旧换新的消费者比只购买新产品的消费者有更强的购买意向,在支付的绝对额相等的情况下,旧车折价越高,消费者从交易中所获得的愉悦感就会越大。他们的解释是,旧产品的出售往往代表一个旧账户将会被关闭,而新产品的购买代表一个新账户的开始,人们往往期望一个账户以收益结束,因为以收益结束的账户会给人们带来更大的愉悦感。因此,与新产品的买价相比,人们更关心旧产品的卖价。

二、价格框架效应形成的认知机制

(一)锚定调整

卡尼曼和特维尔斯基将决策分为两个阶段——编辑与评价。在编辑阶段,个体会依靠启发式加工来对信息进行处理。在这些启发式加工中锚定调整是引起价格框架效应的直接原因。所谓锚定效应是指在不确定情景下,判断与决策

的目标值或结果向初始值即"锚"的方向接近而使人产生估计偏差的现象。卡尼曼和特维尔斯基通过实验发现了这一现象,在实验中他们要求被试估计非洲国家在联合国所占的比例。他们通过转动幸运轮盘给定被试数值,实验的结果显示当从轮盘上得到数值10和65,并分别以此为起始点作出估计时,被试估计比例的中位数分别是25%和45%。虽然被试意识到轮盘上转出的数值是随机的,与面临的判断任务无关,但依然出现了目标值估计受锚定值影响的现象。卡尼曼和特维尔斯基在实验基础上提出了锚定调整启发式的概念,将锚定效应作为人们判断与决策中启发式策略的一种形式和机制。个体在采用锚定调整启发式对结果进行估计时,会以锚定值为起点进行调整而得到最终的估计值。这里所使用的锚定值可能由内部产生,如过去的经验或者是部分的计算结果;也可由他人提供,如制造商建议零售价。由于从锚定值向目标值所进行的调整往往是不充分的,因此常常会出现判断的偏差。很快,研究消费者行为的学者们对卡尼曼和特维尔斯基的研究成果进行了拓展。Northcraft和Neal发现在对房屋市场价进行评估的过程中,无论是非专业人员还是真正的房地产专家都会受到给定价目表所列价格的影响。[101] 他们将被试分别分配到以下四种实验情景中:情景一,给定价目表所列价格是实际评估价的88%;情景二,给定价目表所列价格是实际评估价的96%;情景三,给定价目表所列价格是实际评估价的104%;情景四,给定价目表所列价格是实际评估价的112%。除了价目表外,研究者还提供给被试诸如该房产和本地区已经出售的类似房产的相关信息,然后要求被试判断房屋的评估价,给出房屋的售价,并估计可能的买价和最低的出价。实验结果表明,在评估过程中虽然非专业人员比房地产专家受给定价目表的影响更大,但分析同时表明两组被试都锚定给定价目表所列价格为初始值,然后再根据一些额外信息对初始值进行了不充分的调整。

(二) 参考价

任何判断往往都需要比较标准,消费者对某一产品价格进行判断时,他们需要使用某一参考标准来判断价格是低、适中还是高。例如,消费者会认为定价为1000元的铅笔价格过高,因为他们知道一般情况下一支铅笔该卖多少钱。但消费者不知道一支专业的录音笔定价1000元,该价格是过高还是过低。因为,总体来讲他们对这类产品的价格并没有一个清晰的概念。参考价可以是内部的,也可以是外部的。内部参考价是存储在消费者记忆中的那些价格,消费者对那些经常购买的产品往往有清晰的内部参考价(如喜欢的某品牌的袋装咖啡等)。但更多的时候消费者并没有清晰的参考价(如电子琴等),在这种情况下，消费者的内部参考价很有可能逐渐被他所接收到的广告或其他市场线索提供的外部参考价改变，这就是许多企业使用对比价广告的原因。对比价广告将该产品售价和某一更高的外部参考价相比，这些外部参考价包括制造商建议零售价（MSRP）、竞争者价格、以前的价格。例如，制造商经常会给出高于某一产品售价的 MSRP，这给消费者带来此交易很划算的错觉。总的来说，广告参考价可以提高消费者的内部参考价。这些提高的内部参考价与更低的售价相比，给消费者带来产品便宜的感知。这意味着，通过提高外部参考价，零售商能提高消费者感知的交易价值。

一个交易的总价值或总效用可分为两部分：交易价值和获取价值。获取价值是由从产品或服务中所获得的总价值与经济支出之间的差额决定的，主要是指买方的净收益。一般认为，产品或服务的质量是获取价值最重要的决定因素。例如，无论你是花了 60 万元还是 100 万元购买一辆宝马汽车，它的质量不会因为你支付的价格不一样有所改变。从这个意义上来说，感知的获取价值在交易中是较少依赖情景线索的。相对于获取价值而言，感知的交易价值更容易受到外部参考价等情景线索的影响，营销者往往通过提高外部参考价来提高消费者感知的交易价值。参考价与实际支付价之间的差额越大，感知的交易价值越高，从而引起对某一交易更高的感知总价值。正如越来越多的行为定价研究的文献显示，价格信息的呈现方式对感知的交易价值的影响巨大。

（三）禀赋效应

如前所述，禀赋效应是指当某人拥有某物时，放弃该物所需要的金钱补偿比获得该物时所愿意支付的金钱数量多的现象。卡尼曼等设计了一个非常巧妙的实验，在实验中，将杯子放在 1/3 参与者面前，这些"卖家"被告知，他们拥有这些杯子。实验者将一系列可能的售价呈现给他们，从 0.50 美元到 9.50 美元（以 50 美分递增）不等，让他们说出是否愿意在某一售价上卖掉或者保留杯子。另外 1/3 的参与者——"买家"被告知，将给他们一定数目的资金，可以留着或用它来买杯子。实验者要求他们回答对杯子的价值（0.50～9.50 美元）的偏好。对于剩下 1/3 参与者——"选择者"，实验者呈现一张问卷，让他们在杯子和一定数目的资金之间作出选择。实验者也要求他们回答对杯子的价值（0.50～9.50 美元）的偏好。结果显示卖家卖杯子所要的均价是 7.12 美元，买家是 2.87 美元，选择者是 3.12 美元。买家和选择者对杯子的价值有着非常相似的评价，相比较而言卖家赋予杯子更高的价值，在类似的禀赋效应实验中卖家与买家的估价差别一般为 2∶1。这种禀赋效应表明，人们倾向于过高估计自己所拥有东西的价值。因为所有权框架创造的价值与在理性分析上产品带给个体的价值是不一致的，这也就是中国人常说的"敝帚自珍"现象。

卡尼曼认为禀赋效应产生的原因是"参考依赖（reference dependence）"和"损失规避（losses avoidance）"，被试获得产品后，参考点转移到拥有对产品的所有权，使得失去该产品的痛苦要大于获得该产品的快乐。禀赋效应的概念提出以后，许多学者从不同的角度对其进行了验证，并证明了它的存在，使其成为行为经济学领域较为重要的理论。Carmon 和 Ariely 认为产生禀赋效应的深层原因是买卖双方对产品属性的感知存在差异。[102] 因为买卖双方在给出新旧两种产品的期望价格时，会归因和自我解释，这种自我解释就体现在买卖双方对产品属性的评价上。他们用实验证明对于同一产品而言，由于买卖双方所关注的产品属性是不同的，双方对产品的估值存在差异。Nayakankuppam 与 Mishra 的研究也证明了这一点，他们发现，相对于卖方而言，买方对那些消极的属性会过低评价。[103] Purohit 用禀赋效应来解释在汽车以旧换新交易中人们为什么更看重旧车能卖出一个好价钱，从而将禀赋效应引入价格框架效应的研究中。Zhu 等对该问题也进行了深入的研究，得出相同的结论。

（四）认知损益平衡

认知损益平衡理论由 Johnson 和 Payne 提出，他们认为，人们在选择战略进行决策时，会考虑这一战略所获得的收益以及为此付出的成本，即人们在对信息进行加工之前会考虑付出的认知努力和决策之间的关系，在付出的认知努力少时，人们愿意付出决策不精确的代价。在付出的认知努力较多的情况下，人们对信息加工的精确度的要求也就较高。消费者面临价格信息时，并不是所有的人都会使用数学计算策略（如将基本价和附加价加总计算等），因为对于一些消费者来说使用这样的策略会使花费的成本大于从中获得的收益。进行精确的数学计算需要人们付出大量的认知努力，这就意味着认知资源的大量耗费。但人的认知资源和实体的资源有相似之处，如认知资源是有限的，甚至会出现认知资源枯竭的现象。

Morwitz 等的研究正是基于这一理论，提出消费者通常不会对分离定价情景下的基本价和附加价进行加总计算。因此消费者对分离定价产品感知的总价要低于整合定价情景下的总价，这种更低的感知价使得分离定价比整合定价更有吸引力。但基于同样的理论，Kim 却指出在网络购物环境下，整合定价比分离定价更有吸引力。他认为，花费认知资源最少的策略就是根本不去由基本价和附加价进行总成本的加总。设想同一种服装有三种定价方式：第一种，199.5元加上12元的快递费；第二种，199.5元加上6%的快递费；第三种，211.5元含快递费。在此情景中，即使消费者不使用任何数学计算来加总基本价和附加价,他们仍知道自己要支付的费用一定会超过 199.5 元。如果消费者不想使用认知资源来加总购买服装的总价,对他们来说最好的策略就是选择整合定价为 211.5 元的服装,因为这样做比对两个部分进行精确加总或者使用启发式思维去整合两个部分的价格所耗费的认知资源更少。

三、价格框架效应的影响因素

(一) 消费者特质

1. 认知需要

认知需要 (need of cognition,NC) 经常被用来评估学生对教师所给的教学材料的理解能力,研究发现 NC 得分高的学生比 NC 得分低的学生更容易理解那些难度较大的课程资料。但如果所给的材料都很简单,两者的理解能力没有差异。在广告背景下,NC 影响对信息和线索的关注程度、展开想象的程度和对幽默与复杂信息的反应。研究表明高 NC 的消费者可能遵循中心路线,通过对信息的深入加工和对信息表述方式的仔细评价形成态度和购买意愿。而且高 NC 的消费者喜欢有脑力刺激的信息加工过程,有更完美的知识结构体系,对含有更多细节和复杂信息的广告有更强的接受能力。那些低 NC 的消费者经常理解不了复杂信息背后的意思和逻辑,导致容易遗漏一些要点。一项关于广告的研究显示,一些广告试图采用幽默的手法来诱使消费者对产品有更正面的反应,这种做法对那些 NC 得分低的消费者比那些 NC 得分高的消费者更管用。

近年来,NC 也被渐渐引入价格框架效应的研究中。Chatterjee 等的研究表明,高 NC 的消费者不会受到框架的影响,低 NC 的消费者在绝对框架下不会受到框架的影响,但在相对表述即百分比框架下其价格感知会受到影响。Roggeveen 等认为高 NC 的个体还会考虑到当发现产品有缺陷要进行退货时,支付同样的金额所购买的产品,在整合定价情况下,被退还的现金可能更多,而在分离定价时退回的现金可能更少。[104] 因此,高 NC 的消费者面对整合定价产品或分离定价产品时有更精确的信息加工和更全面的思考。Cheema 认为,在面对分离定价时,高 NC 的消费者会考虑厂商的声誉,若低声誉的厂商收取较高的运费,会降低其购买产品的意愿,而低 NC 的消费者不受厂商声誉的影响。Burman 和 Biswas 经研究发现,当消费者感知附加价合理时,与整合定价相比,高 NC 的消费者比低 NC 的消费者对分离定价的产品有更高的价值感知和购买意愿。而当消费者感知附加价不合理时，会出现相反的结果。

2. 思维方式

思维方式可以分为整体思维和分散思维。整体思维是指个体在看待问题时更喜欢从整体出发，强调事物之间的联系和关系，习惯将环境中的所有信息全部知觉；而分散思维的个体习惯只关注环境中显著的，或者分离的信息。2007年，Choi 等根据前人的研究提出"整体思维-分散思维"模型的四个维度。[105] 其一，注意。整体思维的个体更倾向于注意到整个画面，而分散思维的个体更倾向于注意到画面中的某些个体。其二，归因。整体思维的个体在对他人的行为进行归因时，往往会考虑到环境因素的影响，而分散思维的个体在归因时只考虑他人自身的特点。其三，对变化的知觉。整体思维的个体认为事物间的交互关系使得每个事物都在持续地变化，而分散思维的个体认为事物的基本属性不随时间改变。其四，对矛盾的态度。整体思维的个体能够容忍两个明显相反的命题同时成立，并且寻求折中的答案，而分散思维的个体在遇到矛盾时，则倾向于在两者之间选择一个。McElroy 和 Seta 的研究发现，用整体/启发式加工更易引起框架效应，而用分析/系统式加工则较不易引起框架效应。[106] McElroy 和 Mascari 结合时间透视的视角进行研究，发现近期未来与个体的相关性更大，进而诱发分析式加工（analytic processing）而削弱框架效应；而远期未来导致整体加工（holistic processing），此时框架效应更明显。

3. 调节导向

动机导向在个体的行为决策中占有核心地位，而动机导向中研究最多的是自我调节理论，该理论将自我调节视为个体试图将自己的行为与关键的目标和标准相匹配的过程。Higgins 总结出两类不同的调节系统——提升导向型调节系统和防御导向型调节系统。提升导向型消费者重视收益情况，并以收益最大化为目标；防御导向型消费者重视损失情况，并以损失最小化为目标。[107][108] Aaker 和 Lee 的研究发现，损失性信息对于防御导向型消费者而言更有说服力，而收益性信息对于提升导向型消费者而言更有说服力。[109] Higgins 的调节匹配理论提出，如果不同调节导向的人们使用各自所偏好的行为策略，就会达成调节性匹配。[110] 经历调节适应后，个体对正在做或紧接着要做的事"感觉到正确"，个体原来认为正面的东西此时会变得更正面，个体原来认为负面的东西此时会变得更负面，从而增强人们的行为动机，提高了任务绩效和情绪体验强度，并对决策行为、评价态度等产生广泛的效应。自我调节理论在广告的研究中比较常见，但在定价领域仅有少量文献使用该理论探讨不同折扣的表述方式对价格感知的影响。Kramer 和 Kim 发现当优惠券被描述为获得折扣时比描述为损失减少时，消费者对交易有更高的评价和对优惠券有更高的使用意愿。[111] 对这种现象的解释是，消费者通常将优惠券看作一种潜在的获得，当信息的框定与消费者的感知一致时，信息加工的流畅度更高，因而增强了被框定为获得的优惠券的吸引力。一般来说，"省更多"被建构为获得，而"花费"被建构为损失。Xia 和 Monroe 的研究认为，"付更少"使消费者重视购买所付出的代价，但"省更多"使他们将注意力集中在从价格促销上获得的收益。[112]

（二）分离部分的属性

1. 功能性与担保性

Chakravarti 等以冰箱的购买为实验对象，在此实验中冰箱是核心产品，制冰器和保险为附属产品。分离定价鼓励和提醒人们对附加价进行信息加工，因此在分离定价下，个体对附加部分的加工努力程度明显高于整合定价。当分离部分是制冰器时，由于制冰器具有与消费相关的特性，人们在考虑它和核心产品的关系时，会与消费利益的增加相联系，因此不管制冰器的功效以正面框架还是以负面框架描述，都不可能使消费者的注意力转向关注核心产品的功能。但分离部分是保险时，会使人们注意到产品功能。保险部分用正面框架描述和用负面框架描述对消费者的评价和选择会产生很大影响。

2. 消费利益

Hamilton 和 Srivastava 研究总价在各个部分之间进行分配的方式如何影响消费者的偏好，他们认为消费者对分离定价的反应受到各分离部分产品感知消费利益（consumption benefit）的调节作用，消费者对那些产生较低消费利益部分比那些产生较高消费利益部分的价格更敏感。[113] 研究的结果表明，当消费者对同一个整体价中的各个部分进行评估时，他们更偏好那些低消费利益的部分定低价、高消费利益的部分定高价的分离定价。此外，像网络销售中的运费等附加费用的多少还会受到主产品价格、体积、重量以及运输距离等方面的影响。Roggeveen 等就认为对于一个价格较低、运费相对较高的产品，即使运费只能收回成本，采用整合定价也是明智之举，而采用分离定价则会使消费者觉得运费过高而放弃购买。对于价格较高的产品，收取相对较高的运费，消费者是可以接受的，并且分离定价还能创造一个更有利于零售商的价格感知。此外，还有一些特性如分离部分之间的相关性，也会影响框架效应。Nicolao 和 Rino 证明，若将"计算器"实验中的两种产品"计算器""夹克衫"换成两种强相关的产品,相对优惠框架效应不再起作用,这时起主要作用的是绝对优惠量。

3. 产品的价值

Roggeveen 等认为产品价值的高低会影响整合定价与分离定价的有效性。他们的解释是当产品较便宜时,若运费和产品价格捆绑,总的购买成本显得较为合理而且运费不显著。但当运费从较便宜的产品价格中分离出来时,运费相对于产品成本来说所占比例过高而更为明显。相反,对于一些价格昂贵的产品,当运费和产品价格捆绑时,总价会显得过高,消费者往往想要弄清楚他们在购买这一高价产品时,到底支付了多少运费。因此,当产品价格低时,整合定价优于分离定价;当产品价格高时,分离定价更有效。

4. 厂商声誉

许多网上零售商从运费和处置费等附加价上赚钱。正如 Suman 所说的,"shipping & handling"(运费和处置费,简称"S&H")是人们不想谈论的话题,但每一个零售商不管其收取的附加价公正与否,都会从"S&H"上赚钱。排名在前 50 位的网上零售商有近一半的利润来自"S&H"(Burman and Biswas,2007)。近 40% 的网上购物由于过高的"S&H"而被放弃(Suman,2002)。[114] 由此看来,消费者有足够的理由来怀疑厂商很有可能对运费收取高价从而在运费上赚钱,这使得厂商声誉有可能成为影响运费等附加价在总价中份额的重要因素。

Morwitz 等认为厂商可以将产品的售价分为基本价和附加价,将基本价设定在较低水平,而将附加价设定在相对较高的水平上,消费者购买的可能性将会增加。但该研究认为高声誉的厂商能够这样操作,而低声誉的厂商却不能这样做。由此可以看出,厂商声誉会影响分离定价中主产品和附属产品的价格如何在一定的总价中进行分割。Smith 和 Brynjolfsson 认为对厂商缺乏信任会使购买者增加对附加价的敏感度。Cheema 发现在线拍卖中,购买者在厂商声誉低时会更关注附加价,并根据附加价的高低来调整其出价以此抵消过高的附加价,但相同的情况在厂商声誉高时不会发生。当厂商声誉低时,购买者决策时会更仔细,在附加价高时,关注度更高,购买的可能性和支付意愿降低,决策者所花费的决策时间也更长。Carlson 和 Weathers 在检验消费者对分离定价中分离部分数量反应的研究中发现,当总的价格没有呈现时,对低信任度的厂商而言,价格分离部分多的比分离部分少的定价方式给消费者的感知公平和购买意愿都带来负面影响,而高信任度的厂商不会有差异。[115] 但当总的价格呈现时，不论厂商的可信度如何，价格分离的数量会正向影响消费者的感知公平和购买意愿。

四、价格框架对价格感知、价格预期和消费者选择的影响

锚定调整理论被广泛地用来解释消费者如何来调整其价格预期。当消费者接收到价格促销信息后，其价格预期修正的锚定调整过程可用如下公式来表示：

$$\text{RPE}_{ijt+1} = \alpha \text{PP}_{ijt} + (1-\alpha) \text{PE}_{ijt}$$

在上述等式中：

RPE_{ijt+1} 是指消费者 i 对品牌 j 在 $t+1$ 时点上未来购买中修正后的价格预期。

PP_{ijt} 是指被消费者 i 感知到的品牌 j 在 t 时点上的促销价。

PE_{ijt} 是指消费者 i 在 t 时点上进入商店时对品牌 j 的价格预期。

α 是指价格感知上的权重。

以前的研究假设对促销价的估计是精确的（如促销产品的感知价等于实际的促销价等），价格预期和促销价的权重在 0 和 1 之间，消费者应该很容易意识到更高深度的促销引起更低的价格（如 PP_{ijt} 在促销深度高的情景下比促销深度低的情景下更低等）。这一认知过程遵循锚定调整原则，更低的价格感知与更低的促销后价格预期相联系。所以，正如以前的研究结果所示，更大的折扣应产生更低的未来价格预期。因此，可以得出这样的结论：随着促销深度的提高，消费者未来的价格预期下降。

因为 t 时点上的价格预期 PE_{ijt} 是由 t 时点前观察到的价格反应所决定，现在的促销不会影响到 PE_{ijt}，所以，促销框架通过影响消费者感知的促销价 PP_{ijt} 和其权重 α 来影响未来的价格预期。促销框架通过三种方式影响消费者对折扣信息的加工过程，进而影响 PP_{ijt} 和 α。

首先，促销框架可能影响消费者是否会计算促销后的修正价（revised price）。研究表明虽然不是全部，但至少部分消费者会计算促销后的修正价。消费者会用一些比较笼统的价值类别如"大""小"等这样的词语来表示折扣力度，而不是将折扣值从基本价中扣除，再经过精确计算后得到折扣价。与此同时，研究者也注意到即使是在选择与判断任务中，对于数字信息，一些人还会进行精确编码。但是，消费者在许多情况下会忽视对价格进行调整。在类似的情景中，Morwitz 等（1998）的研究显示 23% 的被试不会将基本价和附加价进行精确加总，不管附加价是用百分比框架还是金额框架表示。[116] 这一发现

表明 77% 的被试会计算或估计总价。框架可能会影响折扣被转化为修正价的可能性，而不会使折扣被编码为笼统的分类或被彻底忽视。当消费者接触到促销信息时，需要消费者阅读原价、折扣，然后将折扣额从原价中扣除，减法是相对容易的任务，得到的结果精确度也更高。所以当价格折扣以金额方式呈现时，给定的数学计算任务更容易，消费者更有可能计算折扣价，结果也更精确。但相对于金额促销而言，百分比促销需要额外的信息加工步骤，百分比必须和原价相乘后才能得到折扣额。在这一计算过程中，除了需要额外的步骤外，乘法的信息加工过程难度也更大，使得百分比促销比金额促销的折后价计算更困难，这种困难使得消费者更有可能不会计算修正后的价格。

其次，如果计算修正后的价格，那么百分比促销所引起的信息加工的困难会减少对计算结果的自信。在这样的不确定情景下，现有的信息在评价中起主要作用。因此，当促销采用百分比框架时，计算修正后的价格的失败与更低的精确计算的信心使得赋予由促销形成的较低的价格感知的权重较小。

最后，当消费者试图计算修正价时，折扣框架会影响他们计算的精确性。某一给定框架所带来的系统偏差会引起消费者对促销价更高或更低的感知，从而使未来的价格预期更高或更低。大量的研究表明百分比框架会使得以百分比方式呈现的折扣力度被系统地低估。有关锚定调整的研究发现，面对新的信息时，对锚定值的调整往往是不充分的。与这一结论一致，Morwitz 等用锚定调整来研究人们如何加总基本价和附加价，发现在附加价用百分比表示比用金额表示时，消费者有更低的回忆价格，即会低估附加价。在对未来价格进行预期时，这意味着百分比框架比金额框架时的感知促销价 PP_{ijt} 更高。

以上讨论说明在对价格预期进行修正时，与金额促销相比，百分比促销和更高的感知促销价相联系。这表明价格促销以百分比表示比以金额表示时预期的未来价格更高。

框架与促销的深度是否有交互效应呢？在回答该问题之前，我们的逻辑暗示着金额框架比百分比框架引起更低的价格预期。但是，当促销的深度较低时，基础价和促销价之间的差距较小，这样由金额促销所带来的较精确的估计价格和百分比促销所引起的不充分的调整后价格之间的差异也很小。除此之外，对于小的折扣而言，在考虑价格预期时，将促销考虑进来，这样的心理努力和较小的获得相比显得不划算。所以当促销深度低时，对价格预期进行修正的可能性不大，这样就减少了框架对价格预期的影响。由此，我们可以推论，价格框架对价格预期的影响只会发生在高深度的促销中，而不会发生在低深度的促销中。

那么框架是否会影响促销中的现实选择呢？一方面，当消费者被问到对促销额度大小的总印象时，他们倾向于认为百分比促销比等量的金额促销有更大的感知促销额度。因此，当消费者不计算促销额度时，百分比促销会使消费者更可能选择促销产品。另一方面，当消费者有动机对促销额度进行计算时，对促销额度计算的困难会导致最终促销价结果的不确定。当获得利益相等时，相对于不确定的选项而言，人们更偏爱确定的结果。所以当消费者有足够的动机对促销价进行精确计算时，消费者会选择金额促销的产品。这两个相互矛盾的结果在某种程度上可以解释框架对选择影响研究的失败。但是，如果考虑促销深度对信息进行深度加工动机的影响作用，框架效应有可能会出现。

在以往的研究中，在刚接触到促销的那一刹那，消费者会更喜欢百分比促销。当消费者被驱动跳出这种"随便"加工而努力估计百分比促销中的促销额度时，他们会更系统地低估促销额度。促销深度被认为会影响消费者对百分比促销产品的促销额度进行估计的动机。由此，消费者选择金额促销的产品比百分比促销产品的可能性更高，因为消费者对修正后的价格更有把握，也不可能低估促销额度。相比之下，促销额度较小时，人们会认为百分比框架的促销额度更大。因此，框架对选择的作用取决于促销的深度。那么似乎可以顺理成章地推论出：促销深度与促销框架的交互影响消费者的选择。在促销期间，对于高深度的促销而言，消费者更有可能选择金额促销产品。但对于低深度的促销而言，消费者选择百分比促销产品的可能性更大。但 Delvecchio 等的研究却证明这一交互效应的作用不显著，说明框架不会影响消费者促销时的现时选择。

那么框架对促销后的选择有什么影响呢？通过前面的论述，我们发现，在高深度的促销中，与百分比框架相比，金额框架与更低的价格预期相联系。当促销结束，价格回到原来水平时，消费者可能面对比预期更高的价格。这种实际价格和价格预期之间的差异在金额框架的条件下比百分比框架条件下更大，由此引起更低的促销后选择。因为在低深度的促销中，两种促销框架所引起的实际价格与价格预期没有明显差异，所以两种框架所产生的促销后选择应该是相等的。因此，当促销深度高时，金额促销引起更低的促销选择。当促销深度低时，两种促销框架所引起的促销后选择没有差异。

这一研究发现，促销深度与促销框架对价格预期有交互作用。在高深度的促销条件下，金额框架比百分比框架产生更低的价格预期。但在低深度的促销条件下，两种促销框架的作用没有区别。这一作用在促销后的选择上仍然成立，金额框架比百分比框架所产生的促销后选择低。研究还发现，被试在对价格预期进行更新时，赋予促销价的权重在百分比促销时比金额促销时低。产生这些结果的内在机制在于，对所有的促销而言，对百分比促销进行认知加工的成本高于金额促销，导致价格预期更少地下调。这使得在高深度的促销的情景中，选择百分比促销的比选择金额促销的更多。

尽管高深度的促销有助于实现促销期间销售额上升的目标，但同时也会造成促销后品牌偏好的下降。为解决这一两难选择，经理人员经常采用更小幅度但更高频次的促销。可是，这种方法的吸引力是有限的，因为这种高频次的促销培养了消费者等待促销后再出手购买的习惯，从而降低了企业的获利能力。这一研究结果的管理含义在于当进行高深度的促销时，未来的价格预期和促销后的消费者选择可以通过使用百分比框架进行保护。此外，高深度、低频次的促销使品牌形象得到很好的保护。制造商在面向消费者的促销中，应采用百分比促销，并向零售商说明采用这一框架的理由，推动零售商在促销过程中也采用这种促销框架。作为其努力的一部分，制造商还应向零售商指出促销框架不会影响促销期间的消费者选择，因此，促销期间的零售额也不会因促销框架不同而受到影响。

五、国内学者关于价格框架效应的研究

张黎等对降价的表述方式对感知的降价幅度和购买意愿的影响进行了研究。他们的研究得出，对高价产品而言，降价幅度无论大小，降价的表述方式对感知的降价幅度和购买意愿都没有影响。但对低价产品而言，降价的幅度和降价的表述方式对感知的降价幅度存在交互作用。当降价幅度大时，相对数方式比绝对数方式使被试感到更大的降价幅度；当降价幅度小时，降价的表述方式对被试的降价幅度感知没有影响。张黎、涂艳苹和张实还认为思维方式会影响消费者对整合定价与分离定价的感知。[117] 他们的研究发现整体思维被试的回忆价格不受呈现方式的影响，而购买意愿随着价格的分散而下降。分散思维被试的回忆价格随价格的分散而改变，其购买意愿既受到价格分散程度的影响，又受到回忆价格的影响。李爱梅、凌文辁等通过实验研究也证实了相对优惠与绝对优惠对于人们对价格认知的影响，他们的研究表明在绝对优惠低时，相对优惠效应明显；在绝对优惠高时，相对优惠效应不明显。此外，相对优惠效应与绝对优惠效应受原始价格的影响。当产品的价格较低时，相对优惠效应更加突出；而随着产品价格的提高，绝对优惠和相对优惠之间的差距逐渐缩小直至相等；当购买的金额超过某一阈值后，优惠体验会出现相反的结果，这时，绝对优惠比相对优惠的优势更明显。白琳对促销中金额/比率陈述方式和调节匹配对消费者购买意愿的影响进行了研究，她发现信息陈述方式与消费者目标导向产生匹配，才能对消费者态度及其购买意愿产生积极的正面影响。[118] 郑毓煌、董越关于附属产品的特性对整合定价与分离定价选择的研究发现，当

附属产品是享乐品时,整合定价相比分离定价能够显著提高消费者购买捆绑销售产品的可能性和购买决策满意度;当附属产品是实用品时,分离定价相比整合定价更能够显著提高消费者购买捆绑销售产品的可能性和购买决策满意度。而附属产品免费定价对消费者购买捆绑销售产品的可能性和购买决策满意度都有很大的正向作用,不论附属产品是享乐品还是实用品。[119] 金立印等的研究表明,如果用货币效率框架呈现定价信息,消费者会错误地采用线性规则,从而在计算中出现系统偏差,导致消费者低估相对价格较高的降价幅度。[120] 但如果以单位成本框架呈现定价信息,则上述偏差会减轻。

第三节 研究现状的综合述评

围绕价格框架效应,学者们取得了丰硕的研究成果,但仍存在诸多不足。以往的研究者将主要精力放在研究各种不同的价格框架上,如整合定价/分离定价与捆绑价/分标价、金额/比率、货币效率/单位成本等,但他们对这些框架效应的形成机理和作用机制并不清楚。在对这些不同形式的框架进行探讨时,研究者更多地关注这些不同形式的框架是否会带来消费者偏好的逆转,及框架效应是否存在。但对这些框架效应存在的影响因素、形成的内在心理机制缺乏探讨。具体来说包括以下几点。

一、在价格框架效应的研究中,消费者特质对价格框架效应的作用被忽视

在前人的研究中,许多学者注意到框架效应出现的强弱程度具有可变性。Wang继续了"亚洲疾病"问题的研究,她通过改变患者的总数来研究不同版本的"亚洲疾病"问题,使总数介于6人到600人之间。其研究发现:当患者总数为600人时没有发现框架效应;当患者总数为少数时,被试明显喜欢选择冒险的方案。被试对该结果的解释是想给每个人一个平等的生存机会,被试关心的是公平性,这种关心在患者总数很少的情况下尤为明显。Kühberger(1998)通过实验发现,除框架之外还有其他变量(如个人的特征、标准与习惯等)对框架效应的强弱起调节作用。Levin在其最初的研究中发现个性特征和决策之间存在某种联系,他还呼吁学者们对个性差异变量引起的选择的不同进行研究。目前对于价格框架效应的研究,绝大部分集中在它对价格感知的影

响，对具体的问题研究并不深入。一些重要的影响因素，如决策主体——人的特质被忽视。实际上人的一些重要特质，如认知需要、调节导向在价格框架对价格感知影响的过程中起到非常重要的作用。但目前表述框架和这些因素的交互作用对价格感知的影响并不多见。虽然认知需要的研究已经被引入价格框架效应的研究中，但它在大多数的研究中处于一个辅助位置，学者们在研究其他主要问题，如折扣中的相对表述会违反心理账户的运算规则（Chatterjee，2000）、价格呈现方式与厂商声誉（Cheema，2008）交互作用对价格感知的影响时，才会附带对认知需要进行研究。因此个体差异对价格框架效应的影响应成为未来研究深入的一个方面。

只有少数的研究探讨 NC 对框架效应的影响。这些结论往往存在分歧甚至相互矛盾。一些研究认为高 NC 是框架效应产生的先决条件，而其他一些研究发现框架效应只发生在低 NC 的个体身上。Smith 和 Levin 认为 NC 得分高的个体比 NC 得分低的个体较少出现框架效应，原因是那些 NC 得分高的个体对每个选项进行了更深入的思考，提高了他们对选项进行重新框定的可能性，因此在实验中不受呈现框架的影响。Chatterjee 等也发现框架和 NC 具有交互效应，框架效应只发生在那些 NC 得分低的个体身上。相似地，Zhang 和 Buda 的研究也证明 NC 与广告信息框架的交互作用。[121] 框架效应影响广告对被试的吸引力以及被试的购买意愿和产品的感知功能，但框架效应只发生在那些 NC 得分低的被试中，对 NC 得分高的被试没有影响。研究表明，NC 对信息加工理论中的两个维度——动机和能力都有影响。高 NC 的消费者表现出比低 NC 的消费者更高的动机和能力。那些能对信息进行深入和有效加工的个体主要受信息内容和质量的影响，而较少被框架效应左右。当信息框架作为主要的方式诱发某种特别的反应时，这种框架效应在高 NC 的群体中会减弱。相反低 NC 的群体较少关注中心信息，而且不能或不愿花费足够的认知资源对信息进行详细加工。对于这样的消费者，像信息框架这样有创意的广告制作为他们采用边缘线索进行信息加工打开了方便之门。Putrevu 认为在其他条件相同的情况下，框架效应对低 NC 的消费者的作用要高于高 NC 的消费者。

二、一些重要的变量，如信息感知模式被研究者忽视，导致不同的研究者得出相互矛盾的结果

前面的文献研究表明，关于整合定价和分离定价哪一种方式更有吸引力存在两种流派的不同观点，一种流派认为整合定价更有效，另一种流派认为分离定价更有效。存在这种分歧的原因在于没有考虑一些重要的因素，如信息感知

模式、消费者的信息加工动机等。同时，框架与消费者反应之间的中介机制并不清楚，使得价格框架效应产生的路径机制并不明确。现有的文献虽然涉及有关认知机制如锚定调整、参考价、禀赋效应对价格框架效应的作用，但研究非常零散，也不全面。而对情感机制在价格框架效应中的作用鲜有文献涉及，今后的研究应探讨不同的信息刺激模式下，消费者对价格框架的反应以及价格框架产生的认知与情感变化对消费者反应的影响。

三、在分离定价中，产品属性对框架效应的影响还没有得到充分重视

虽然Chakravarti等对产品的一些属性，如功能性与担保性、感知的消费利益对于价格框架效应的作用进行了研究，但这些研究和产品所具有的诸多属性相比显得微不足道。产品的其他属性，如产品价格的可衡量性会影响消费者的选择性注意。分离定价中，在总价一定的情况下，总价在各个分离部分之间的分割会受到各分离部分可衡量性的影响。若某一部分的价格可衡量性高，厂商将这一部分定价过高，就会使消费者感知的交易价值降低，从而影响消费者的感知价值和购买意愿。实用性与享乐性是产品的基本属性，在捆绑销售中，交叉销售越来越受到重视，交叉销售中通常有实用品和享乐品捆绑销售。在捆绑产品的促销中，在给消费者总的优惠一定的情况下，强调优惠来自实用品或享乐品，对消费者的购买意愿会产生影响。探讨哪些产品属性会影响价格框架效应，成为今后又一重要的研究方向。

根据现有文献研究的不足，笔者在前人研究的基础上，对该领域的研究进一步深化，具体内容如下。

（1）探讨在不同的信息感知模式下，认知需要对整合定价与分离定价感知的影响。

（2）探讨在分离定价中，产品的价值衡量能力对分离定价效果的影响。

（3）探讨在捆绑定价中，产品的实用属性与享乐属性对捆绑销售的作用机制。分析当价格折扣体现在实用品或享乐品上时，消费者对不同定价方式的感知价值和购买意愿，并进一步挖掘这一反应产生的机制。

第五章 认知需要对整合定价与分离定价感知的影响

第一节 问题的提出

随着经济全球化的发展，许多企业已经能充分利用网络来创造竞争优势，有些企业更是直接经营网络企业。根据十多年前美国市场调查企业 Forrester Research 公布的研究报告，美国网上零售额在 2010 年增长了 12.6%，达到 1762 亿美元，由此预计从 2010 年到 2015 年，年增长率将继续维持在 10% 以上，2015 年达到 2789 亿美元。而智能手机的出现，则会使电子商务的发展大大超过这一预期。全球知名的市场研究机构 eMarketer 预测，2013 年美国智能手机普及率将过半，美国随即进入通过手机上网的时代。随着新技术在全球的迅速扩散，作为全球最大新兴市场的中国也将会紧随其后。以上种种现象说明，互联网市场在持续成长之中。

近些年来，我国互联网的飞速发展为网络购物的发展提供了基础。中国互联网络信息中心（CNNIC）在京发布的第 52 次《中国互联网络发展状况统计报告》显示，截至 2023 年 6 月，我国网民规模已达 10.79 亿人，互联网普及率达 76.4%，中国互联网应用正显示出网络消费快速增长的显著趋势。如何使用不同的营销战略促进网络消费，引起了企业界和学者们的共同关注。在 4Ps 战略中，价格战略最具有灵活性，因此很快成为研究者关注的焦点。在电子商务环境中,尤其是 B2C 情景下,买卖双方往往在有限而特定的信息条件下做决策。因此,如何选择或设计对企业有利的方式来呈现信息便成为一个重要的课题。信息呈现的方式会在无形中影响人类的行为意图或行为,关于这方面的研究已经在很多领域(如心理学、决策科学及组织行为学等)中进行。在这些文献中,一个广受关注的议题是,用不同的语义来表述逻辑上相同的事物,是否会影响人们的选择。

在线交易改变了传统销售方式中的价格结构,在线交易中普遍使用两种定价策略,一种是分离定价,即将产品的总售价分为两个部分:基本价(base price)和附加价(surcharge)。基本价是所购买的产品价格,附加价是指运费、处置费、保险、税收和其他费用。分离定价将两种价格分开呈现,如购买一套书:价格 115 元,运费 25 元。另一种定价策略是整合定价,即将两者合并,向消费者呈现一个总的价格,如购买一套书:价格 140 元(含运费)。从规范经济学的理性公理来看,价格的不同呈现方式不会影响人们的偏好,一个理性的消费者会根据总成本作出购买决策。但事实并非如此,现有的证据表明消费者的偏好受到价格以整合形式还是分离形式呈现的影响。研究消费者对整合定价与分离定价的感知不仅有助于丰富现有文献,更为重要的是其可以厘清消费者对整合定价与分离定价感知的内在心理机制。

最近的行为研究显示,价格信息的呈现方式即表达框架会显著地影响消费者的价格感知。Heath 等的研究认为,消费者的价格感知是框架依赖的。例如,消费者的行为会受到支出相对应的每一笔消费以及笼统账单的影响。还有一些研究表明,企业使用百分比的标价方式比绝对值的标价方式更能刺激消费者产生购买行为。将价格定在比某个整数少一分钱(如 2.99 美元而非 3 美元),会让消费者感觉更便宜。

关于整合定价和分离定价的选择有两种截然不同的意见,有学者认为整合定价比分离定价具有更大的吸引力,带来更高的购买意向。持这种观点的人以心理账户的计算原则为基础,将基本价和附加价看作为获得某产品而产生的两笔货币"损失",因此认为代表两笔损失整合的整合定价比分离定价有更大的吸引力。Kim 也支持这种观点,但他认为只有在具备下列三个条件的情况下,整合定价才更有效:一是附加价在视觉上比较明显;二是附加价的表述使得消费者比较容易进行信息加工;三是价格感知是刺激驱动而不是回忆驱动的。Harris 和 Blair 认为整合定价可以使消费者减少搜索成本和决策努力,因此整合定价比分离定价更具有吸引力。Schindler 等综合前景理论和感知公平得出在线零售商应避免在定价时将运费等附加价单独标示。Gilbride等关于混合捆绑定价的框架效应研究的结果显示整合的价格模式使被试最有可能选择捆绑产品，最不可能什么也不买。[122] 但分离定价使得被试有可能将捆绑产品中的各产品价格与其参考价进行对比来评价交易，造成人们对捆绑产品购买的减少。涂荣庭等认为，当消费者发现分标价产品的实际价格高于回忆价格时，会产生"受骗上当"的感觉，由此对消费者购后的态度和行为以及企业的长期利益都带来不利影响。[123] 另一些学者认为分离定价更能刺激需求。Morwitz等认为消费者在利用直觉对信息进行加工时，会将注意力集中在占支出比例大的部分即基本价（base price）上，而忽略附加价部分，因此回忆的总成本会被系统低估，分离定价更具吸引力。Chakravarti等的研究反其道而行之，他们不从获得产品时付出成本的角度来考虑消费者对产品的评价，而是从产品能给消费者带来利益的角度来研究消费者对产品价值的总体评价。他们将产品的利益看成价值曲线上的正面收益，根据前景理论中价值曲线是凹的（concave）和塞勒的心理账户中分离收益（segregate gains）能带来更高的心理价值的原则，认为当消费者面对分离定价产品时，分离部分带来的总收益大于整合定价时的总收益。而且，他们还认为若分离部分用可靠性的框架进行表述时，分离定价更有利于销售。分离定价的效果受到价格在主产品和附属产品之间分配的影响，若分配使得主产品相对于附属产品更有吸引力时，分离定价就会越有效。Hossian和Morgan通过在eBay网站上的真实拍卖实验发现，消费者将花在产品上的钱和运费分别放在不同的心理账户上，或者根本忽略了运输成本。因此，如果运费在合理的范围内，提高运费、降低起拍价能够吸引更多的买主，获得更高的拍卖收入。Clark和Ward也得出相似的结论，消费者由于受锚定和调整等直觉启发所造成感知偏差的影响，导致拍卖时忽略相对不太显著的运费等附加价。Xia和Monroe的观点与之相似，他们认为有限理性引起的消费者受锚定和调整等直觉启发所造成感知偏差的影响，导致忽略相对不太显著的运费等附加价，采用分离定价能增加消费者的购买意愿、感知价值和价格满意度。卖方可通过策略性地操纵附加价来吸引消费者，通过降低基本价，增加附加价，从而使价格更具吸引力。

可见，分离与整合哪一种定价策略更有效，目前存在很大的分歧。而事实上整合定价与分离定价两种策略在企业营销实践中广泛存在，因此不难预测其他因素对整合定价与分离定价的效果有重要影响。研究表明，一些重要的个体特质如认知需要、思维方式等会影响整合定价与分离定价的感知。因此本研究在前人研究的基础上,将会探索一个尚未被前人引起足够重视的而又对不同定价策略产生深刻影响的因素——认知需要,研究其对整合定价与分离定价的影响。

随着认知心理学的发展,学者们发现对个体决策和行为起关键作用的并非给定的信息,而是个体对给定行为的知觉、加工和解释。而个体对信息的知觉、加工和解释,不仅受外部刺激的影响还受消费者内在因素的影响,研究者认为认知需要是解释个体对信息产生不同加工结果的核心因素。因此,本章引入这一变量,考查在使用不同的价格策略时,认知需要对消费者的产品价值感知和购买意向的影响。Morwitz 等认为分离定价能降低消费者的回忆成本,因此分离定价能增加需求。但回忆价格决定价格感知的结论在许多研究中并未得到支持,Dickson 和 Sawyer 对超市购物消费者的价格回忆能力进行了研究,他们在产品被放入购物篮中的 30 秒钟内请被调查者回忆产品价格,结果有半数以上的被调查者不能准确说出。[124] 因此仅仅靠回忆价格进行价格感知的假设是站不住脚的,至少是不全面的。现实生活中的信息感知模式并不都是回忆驱动的,应该说在线环境中的价格感知以刺激驱动的特征更加明显,因为消费者在做购买决策时能够清楚地看到价格信息,原因是在此过程中,价格信息一直显示在购买者的电脑屏幕上。相反在传统的购物环境下,价格感知较少受到刺激驱动的影响。例如,在传统的邮购或目录购买中,产品的价格和有关的附加价几乎不可能出现在同一张纸上,除非消费者能够通过某种特殊的方式或技术同时看到基本价和附加价,否则,只有通过对基本价、附加价或者两者之和的回忆价格对价格进行感知。因为对信息的回忆取决于相对的显著性,最显著的价格信息最容易被回忆起来。这就如 Morwitz 等所认为的那样,由于占总价中最大部分的基本价最显著,因而更容易被回忆起来。所以这种带有偏差的回忆价格使得产品以分离方式定价时,总价被低估,导致分离定价比整合定价更有吸引力。在线购买情景中,消费者可以接触到大量的包括产品价格在内的信息,而且会在网上就不同的供应商提供的同一产品进行价格比较,适时下单,通过在线实现交易。Kim 认为在刺激驱动下,整合定价能带来更高的购买意向;而在回忆驱动下,分离定价能带来更高的购买意向。由此可见,由于信息感知模式不同,整合定价和分离定价带来的效果是有区别的,因此考虑将信息感知模式引入本研究中,探讨不同认知需要的个体在不同的决策情景下,对整合定价与分离定价产品的价值感知和购买意向。基于以上论述,笔者提出了如图 5-1 所示的研究框架。

第五章 认知需要对整合定价与分离定价感知的影响

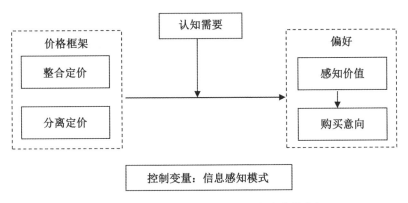

图 5-1 认知需要对整合定价与分离定价的感知

第二节 基本研究假设

很多学者从不同角度研究认知需要对广告有效性的调节作用。例如，低认知需要的人会更多地受到正面或负面信息表达方式的影响，而高认知需要的人受影响较小。Putrvu 等学者的研究表明，高认知需要的消费者更喜欢可以激发联想的信息加工广告，对复杂的信息有更好的接受度。而且这些消费者有着更复杂的认知结构，能够更好地理解广告中的视觉和文字信息，能在头脑中激发更生动的想象。但与高认知需要的消费者相反，低认知需要的消费者则更容易因信息过多而感到不适。根据 Kardes 的研究，当消费者的动机水平足够高时，会自发地对信息进行更多的推断，因此消费者对信息的推断程度和需要付出的努力存在相当大的个体差异。由此，我们也可以得出高认知需要的消费者其信息处理的动机高。

如前所述，Johnson 和 Payne 的认知损益平衡理论认为，人们在选择战略进行决策时，会考虑这一战略所获得的收益以及为此付出的成本，即人们在对信息加工之前会决定付出的认知努力和决策之间的关系，在付出的认知努力少时，人们愿意付出决策不精确的代价。在付出认知努力较多的情况下，人们对信息加工的精确度要求也就越高。

Morwitz 等通过研究发现有两个因素会影响人们对分离定价的信息加工和反应。其一，所需的认知努力。其二，消费者对分离定价进行信息加工的完整性和准确性动机。在人们通过回忆感知信息时，面对整合定价或分离定价产品，并不是每一个人都会将基本价和附加价进行精确加总，因为这样做需要大量的认知努力。因此那些付出认知努力少的低认知需要的消费者更倾向于使用直觉对价格信息进行加工。而依靠直觉启发思维的消费者在对分离定价的两个部分进行合并决策时，他们会避免在心理上进行复杂而精确的数学计算，给予附加价比基本价更高或更低的权重，但总体来讲，这种思维方式会使回忆的总成本小于两个部分数值上的相加。而且低认知需要的消费者还有可能彻底忽略附加价，这种情况下消费者根本就没有用足够的认知努力去关注附加价。这两种情况都导致更低的回忆总成本和更高的需求。高认知需要的消费者在对信息进行加工时会付出更多的认知努力，要求的价格信息更精确，他们会将基本价和附加价进行加总计算得到为购买某一产品所支付的总价。在这种情况下，消费者所回忆的总成本在分离定价和整合定价两种情况下是一致的。Roggeveen 等还认为高认知需要的消费者还会考虑到当发现产品有缺陷要进行退货时，支付同样的金钱所购买的产品，在整合定价情况下，被退还的现金可能更多。因此，高认知需要的消费者更偏好整合定价。无论消费者的认知需要是高是低，根据心理账户运算规则中"两失"情况，整合两个损失能带来更高感知效用的计算原理，人们更偏好整合定价。由上所述，可提出如下假设。

H1：当信息感知模式为回忆驱动时，价格呈现方式和认知需要对产品的价值感知和购买意向存在交互作用。

具体来讲有以下四点。

H1-1：高认知需要的消费者对整合定价比分离定价产品有更高的价值感知。

H1-2：低认知需要的消费者对整合定价与分离定价产品的价值感知没有明显差异。

H1-3：高认知需要的消费者对整合定价比分离定价产品有更高的购买意向。

H1-4：低认知需要的消费者对整合定价与分离定价产品的购买意向没有明显差异。

前面已经提到过，锚定调整（anchoring and adjustment）是指人们在进行判断时常常过分看重那些显著的、难忘的证据，甚至从中产生歪曲的认识，因而往往会造成判断与决策的偏差。锚定效应表明人们在进行判断时，常常依据一些典型特征和过去的经验对这些事件的发生确定一个锚定值，然后根据情况做一些调整，但调整的范围仍然在锚定值附近。事件越具有模糊性，人们越容易受到锚定效应的影响，从而出现非理性倾向。Morwitz 等在其实验中发现，采用分离定价时，只有 21.9% 的被试会进行精确计算，进而得出总价。23.2%

的被试会忽略附加价，他们对总价的估计接近基本价，而多达54.9%的被试对总支出的估计介于基本价和总价之间。由此Morwitz等认为，在整合定价与分离定价的感知过程中，消费者采用锚定与调整的启发式加工，在面对分离定价时，在对主产品和附属产品的加总过程中，往往会锚定主产品进行加工和调整，但这种调整通常是不充分的，因此会系统地低估总价；在面对整合定价时，对主产品价格的估计又会因锚定总价而进行调整，但这时的锚定调整往往会高估主产品的价格。因此，Morwitz等认为分离定价比整合定价更能刺激需求。

当决策类型为刺激驱动时，由于消费者可以对信息进行更长时间的加工和比较，因此高认知需要的消费者和低认知需要的消费者在感知成本上没有太大差异。Igou和Bless认为框架效应随着加工所付出的努力的增加而愈加明显，尤其是在个体需要比给定信息思考得更深远时。Cacioppo和Petty认为NC得分高的人比NC得分低的人对于书面信息给予更多的思考和分析。Bertini和Wathieu认为价格形式决定人们对价格信息进行加工的方式，分离定价时引起人们对产品的不同成分进行信息加工，这种信息加工使得附加部分在整个产品中的重要性在分离定价时比整合定价时更大。Hamilton和Srivastava也发现分离定价激发了消费者对分离部分进行信息加工，认为消费者更愿意购买分离部分高价值高价格、低价值低价格的产品。Cheema认为，在面对分离定价时若低声誉的厂商收取较高的运费，会降低高认知需要的消费者购买产品的意愿，而低认知需要的消费者不受厂商声誉的影响。由此可以看出，在刺激驱动下，高认知需要的消费者对附加价更加关注。那么在价格以整合形式出现时，高认知需要的消费者是如何判断基本价和附加价大小的呢？Burman和Biswas的研究发现当高认知需要的消费者在面对整合定价产品时，会利用锚定调整原则对总价在基本价和附加价之间进行分配。对基本价的估计由于受到"锚"（总价）的影响，使得估计的基本价高于实际的基本价，因此整合定价会降低产品对高认知需要者的吸引力，但低认知需要的消费者对整合定价的产品不会做类似的思考。Harris和Blair发现当消费者先遇到捆绑产品比其后遇到捆绑产品时更偏好整合定价，这种先入为主的效应在消费者信息加工的动机低时表现得更为强烈，因为整合定价可以使消费者减少搜索成本和决策努力。

Morwitz等从成本-收益框架的角度提出并不是所有的消费者会将附加价和基本价进行加总后得出总价，然后进行决策。因为大多数人是"认知吝啬者"，在对信息进行加工时，不愿付出更多的认知努力，他们对产品的回忆价格集中在基本价上，因此得出结论：分离定价比整合定价更具吸引力。Kim基于同样的理论框架，对该论点进行了驳斥。他认为上述观点在消费者对呈现出的价格信息不积极考虑运费和其他的经济损失时，也许是正确的。例如，在邮购或目录购买中，运费和产品的价格往往是在不同的页面上分开呈现的，使得消费者在做购买决策的那一刹会暂时忽略附加价。但如果消费者能够清楚地看到所呈现出的运费等附加价，要想消费者在做购买决策时忽略掉它们是非常困难的，这将会减少分离定价的有效性。相反，Kim 认为成本-收益框架能被用来预测整合定价比分离定价更有效。过去的研究认为并不是所有的消费者都会使用数学计算战略（将基本价和附加价相加），因为对一些消费者来说，使用这种战略所花费的成本大于从中获得的收益。但是，花费成本最少的战略根本就无须计算由基本价和附加价组成的总成本。设想从网上购买同一种电话，若其价格有三种呈现方式：第一，49.95 美元加上 3 美元的运费；第二，49.95 美元加上 6% 的运费；第三，52.95 美元包括运费。在该例中，即使消费者不想使用任何的数学计算来加总基本价和附加价，但他们仍知道自己支付的费用一定会超过 49.95 美元。如果消费者不想使用认知资源来加总购买电话的总价，对他们来说最好的策略就是选择定价为 52.95 美元的整合定价电话，因为这样做所付出的认知资源比两部分进行加总计算或者使用启发式思维去整合两部分价格所付出的认知资源更少。使用互联网进行价格搜索，消费者往往要对多个卖家的价格进行对比，如果卖家使用分离定价，消费者必须逐一加总后再进行比较。在这种情况下，对消费者而言，选择整合定价将会是花费最少努力的战略。另外，和传统购物模式不同的是消费者在网上购物根本不用自己去计算和加总基本价和附加价，网络卖家会为消费者提供这些数据。从这一论述中我们可以看出，低认知需要的消费者出于减少认知付出的需要会更愿意选择整合定价的产品。基于以上论述提出如下假设。

H2：当决策类型为刺激驱动时，价格呈现方式和认知需要对产品的价值感知和购买意向存在明显的交互作用。

具体来讲有以下四点。

H2-1：高认知需要的消费者对分离定价比整合定价产品有更高的价值感知。

H2-2：低认知需要的消费者对整合定价比分离定价产品有更高的价值感知。

H2-3：高认知需要的消费者对分离定价比整合定价产品有更高的购买意向。

H2-4：低认知需要的消费者对整合定价比分离定价产品有更高的购买意向。

第三节 研究方法

一、前测

为了确定实验所使用的产品刺激,我们依据在我国网络零售市场稳居第一的淘宝网对产品所进行的分类,将产品分为六大类。随后,我们在武汉某综合性大学采用随机抽样的方式,选取本科生 55 人(男性 27 人,女性 28 人),采用纸笔问卷的方式调查学生经常在网上购买的产品有哪些。结果有 78% 的学生选择购买书籍,因此决定使用书籍作为实验所使用的刺激物。在测试中我们还对产品运费的合理性进行了调查,结果显示,如果运费被控制在总价的 25% 以内,则被认为是合理的。

二、实验

1. 实验操控

本研究设计两组 2(呈现方式:整合定价 vs 分离定价)×2(认知需要:高 vs 低)组间实验,采用情景模拟的方式,包括三个部分内容(见附录中的研究 1)。

第一,情景材料。其内容如下。

最近学校对教材的购买进行了改革。要求在每学期的期末,下一学期的任课教师根据教学计划的安排指定每一门课的教材,学生可以得到下学期要使用教材的明细清单,并且可以选择自行购买或由学校统一订购。若学生自行购买,学校可以退还本学期的书本费。因为考虑到自行购买可能会节约一些开支,因此你决定下学期的全部教材都由自己购买。网上购物是在大学生中非常流行的一种购物方式,而你也有过在网上购买衣服、书籍等的经历。于是你登录了淘宝网,在该网站上你找到了自己所需要的全部教材。

第二,购物网页的截图。采用以下方法。

设计产品描述和价格信息的网页截图,有两个版本。一个版本是一套书(为了避免不同专业学生对书有不同的偏好差异,我们对它进行了模糊化处理)

的图片，图片右边是真实的价格广告和标签，价格呈现方式是整合定价（产品价格含运费）。另一个版本除了价格采用分离定价（产品价格和运费单独呈现）方式呈现外，其他信息和第一个版本完全相同。

第三，问卷。

问卷的第一部分是基本信息；第二部分是对两个因变量价值感知和购买意向的测量；第三部分是对认知需要的测量。对信息感知模式的操控参照Kim所使用的方法：在回忆驱动情景下，将上述情景材料和问卷发给学生，让学生观看购物网页的幻灯片，然后凭记忆填写问卷。在刺激驱动情景下，将情景材料与购物网页截图都打印在一张纸上，和问卷一并发给学生，学生在填写问卷的过程中一直持有所有信息。在两种不同的信息驱动中又将价格分别以整合和分离形式呈现给被试。

2. 样本基本情况

我们在上述大学中抽取8个学生背景相似的本科课堂，每个课堂抽出30人进行实验，共计240人参加实验。首先随机选取4个课堂学生，共120人用于回忆驱动情景，而其他120人用于刺激驱动情景。被试年龄17～22岁，年级为大一至大三，其中男性104人，占43.3%，女性136人，占56.7%。问卷采用当场填写、当场回收的方式，共收集问卷240份，回收率100%。由于有漏填和错填情况，因此将这些问卷剔除，共获得有效问卷224份，有效回收率93.3%。

3. 变量及测量

本研究的自变量为价格呈现方式，认知需要为调节变量，产品的价值感知和购买意向为因变量，信息感知模式为控制变量。价格呈现方式中的分离定价为：115元，运费25元；整合定价为：140元（含运费）。认知需要采用Cacioppo等于1984年修订后的18项认知需要量表进行测量，该量表由三位在心理学和消费行为领域有很高造诣的学者翻译成中文，然后由两位留学澳大利亚的高年级学生进行了回译。使用李克特九点量表测量（4＝完全符合，－4＝完全不符合），并对负面表述的语句采用反向计分的形式。认知需要量表的Cronbach's α系数在回忆驱动和刺激驱动下分别为0.846与0.862，有良好的信度。产品价值感知的测量参考Burman和Biswas所使用的方法，并进行了修改，用四个题项测量被试对产品的价值感知。对于购买意向则参考Kim所使用的方法，用两个问题测验被试。上述两个变量的测试都采用李克特七点量表

（1=完全不符合，7=完全符合）。为了进一步了解问卷的可靠性与有效性，还要做信度检验，量表的信度越高表示量表越稳定。在李克特量表中常用的信度检验方法为 Cronbach's α 系数，一般认为一份信度系数好的量表或问卷，其分量表的信度系数最好在 0.7 以上，如果在 0.6 到 0.7 之间，也可以接受和使用；如果是总量表，信度系数应该在 0.8 以上；如果信度系数在 0.7 至 0.8 之间，还算在可以接受的范围之内。为了验证样本数据的可靠性与有效性，本研究用 Cronbach's α 系数进行检验，结果如下：产品价值感知的 Cronbach's α 系数在回忆驱动和刺激驱动下分别为 0.800 和 0.866，购买意愿的 Cronbach's α 分别为 0.810 和 0.780，数据的信度是可接受的。由于产品的价值感知和购买意向都通过了信度检验，因此，我们分别采用简单均值法获得上述两个因变量的测量值。

第四节 研 究 结 果

一、实验1：回忆驱动情景

将参与回忆驱动情景的学生随机分成两组，每组 60 人。我们首先将一页为情景材料和另一页包括因变量的测量及 18 项认知需要量表在内的问卷发给被试，然后用幻灯片放映书的基本信息和价格，书本价和运费分开标示，放映时间 40 秒。另一组为整合组，和上述做法不同的是以包括运费在内的价格进行标示。放映结束后，我们要求被试凭记忆填写问卷，共回收有效问卷 116 份。将每一位被试的认知需要量表的得分加总，取其总分的中位数作为分界点，将被试分为高认知需要组和低认知需要组，高认知需要组（32.700）与低认知需要组（3.620）的平均得分有显著差异（$t=-14.572$，$p=0.000<0.01$）。因为因变量之间存在相关，所以首先采用多元方差分析来全面考查所有自变量对两个因变量的总体影响。随后针对每个因变量的一元方差分析可以使我们进一步了解自变量对每个因变量的影响。结果如下。

1. 多元方差分析结果

表 5-1 所示为价格感知和购买意向的多元方差分析，它被用来探讨价格呈现方式、认知需要的主效应以及两者的交互效应。

表 5-1　对价值感知和购买意向的多元方差分析

项目		参数值	F 值	显著性
价格呈现方式	皮莱轨迹	0.047	2.744	0.069
	威尔克拉莫达	0.953	2.744	0.069
	侯特凌轨迹	0.049	2.744	0.069
	罗伊最大根	0.049	2.744	0.069
认知需要	皮莱轨迹	0.036	2.051	0.133
	威尔克拉莫达	0.964	2.051	0.133
	侯特凌轨迹	0.037	2.051	0.133
	罗伊最大根	0.037	2.051	0.133
价格呈现方式×认知需要	皮莱轨迹	0.081	4.859	0.009
	威尔克拉莫达	0.919	4.859	0.009
	侯特凌轨迹	0.088	4.859	0.009
	罗伊最大根	0.088	4.859	0.009

从表 5-1 中可以得出：价格呈现方式为 $F(2, 114)=2.744$，$p=0.069>0.05$；认知需要为 $F(2, 114)=2.051$，$p=0.133>0.05$。所以，价格呈现方式和认知需要对产品价值的感知和购买意向的影响均不显著。而价格呈现方式×认知需要为 $F(2, 114)=4.859$，$p=0.009<0.01$，因此价格呈现方式和认知需要的交互作用对产品的价值感知和购买意向有显著影响。但价格呈现方式和认知需要究竟是对两个因变量都不显著，还是对其中的一个因变量不显著，则需要用一元方差进行进一步分析。

2. 一元方差分析

1) 对产品的价值感知

表 5-2 所示为价值感知和购买意向的一元方差分析，它被用来研究价格呈现方式、认知需要各自对感知价值和购买意向的影响，以及两者的交互作用对产品的感知价值和购买意向的影响。从表 5-2 中可以得出：价格呈现方式为 $F(1, 115)=3.968$，$p=0.049<0.05$；认知需要为 $F(1, 115)=3.548$，$p=0.062>0.05$。价格呈现方式×认知需要：$F(1, 115)=8.310$，$p=0.005<0.01$。所以，价格呈现方式对产品价值感知的影响显著，认知需要对产品价值感知的影响不显著，但上述两者的交互作用对产品的价值感知的影响显著。

第五章 认知需要对整合定价与分离定价感知的影响

表 5-2 对价值感知和购买意向的一元方差分析

项目	因变量	平方和	自由度	均方值	F 值	显著性
修正后的模型	感知价值	24.157[a]	3	8.052	6.229	0.001
	购买意向	22.287[b]	3	7.429	4.597	0.005
价格呈现方式	感知价值	5.130	1	5.130	3.968	0.049
	购买意向	6.308	1	6.308	3.903	0.051
认知需要	感知价值	4.587	1	4.587	3.548	0.062
	购买意向	3.592	1	3.592	2.223	0.139
价格呈现方式×认知需要	感知价值	10.743	1	10.743	8.310	0.005
	购买意向	8.729	1	8.729	5.401	0.022

a. 决定系数＝0.143（调整后的决定系数＝0.120）。
b. 决定系数＝0.110（调整后的决定系数＝0.086）。

图 5-2 表示高认知需要的消费者和低认知需要的消费者在面对整合定价与分离定价产品时有不同的价值感知，这一结果通过比较低认知需要组和高认知需要组在面对分离定价与整合定价产品时各自的价值感知均值得出。从图 5-2 中我们发现，对高认知需要的消费者而言，整合定价产品的价值感知均值（$M=4.226$）明显高于分离定价产品的价值感知均值（$M=3.155$，$t=-3.139$，$p=0.003<0.01$），假设 H1-1 得到支持。另外，从图 5-2 中我们还可以发现，对低认知需要的消费者而言，整合定价产品的价值感知均值（$M=4.007$）与分离定价产品的价值感知均值（$M=4.202$）没有明显差异（$t=0.707$，$p=0.772>0.05$），假设 H1-2 得到支持。

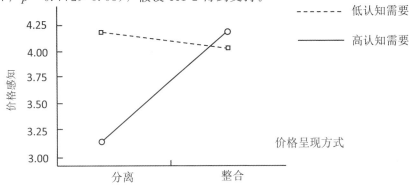

图 5-2 对产品价值感知的均值（实验 1）

2) 对产品的购买意向

一元方差分析（表 5-2）表明：价格呈现方式为 $F(1, 115) = 3.903$，$p = 0.051$，接近 0.05；认知需要为 $F(1, 115) = 2.223$，$p = 0.139 > 0.05$。价格呈现方式×认知需要：$F(1, 115) = 5.401$，$p = 0.022 < 0.05$。所以，价格呈现方式对购买意向的影响显著，认知需要对购买意向的影响不显著，而且上述两者的交互作用对购买意向的影响显著。

图 5-3 表示高认知需要的消费者和低认知需要的消费者在面对整合定价与分离定价产品时有不同的购买意向，这一结果通过比较低认知需要组和高认知需要组在面对分离定价与整合定价产品时各自的购买意向均值得出。从图 5-3 我们可以发现，对高认知需要的消费者而言，整合定价产品的购买意向均值（$M = 3.286$）明显高于分离定价产品的购买意向均值（$M = 2.23$，$t = -3.168$，$p = 0.03 < 0.05$），假设 H1-3 得到支持。另外，从图 5-3 中我们还可以发现，对低认知需要的消费者而言，整合定价产品的购买意向均值（$M = 3.081$）与分离定价产品的购买意向均值（$M = 3.167$）没有明显差异（$t = 0.221$，$p = 0.826$），假设 H1-4 得到支持。

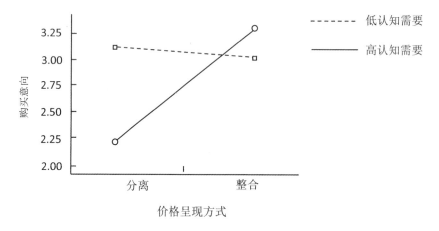

图 5-3　对产品购买意向的均值（实验 1）

二、实验 2：刺激驱动情景

实验 2 的做法与实验 1 基本相同，唯一的区别在于所使用的驱动方式不同，即在填写问卷的过程中，被试一直持有情景材料和产品的基本信息与价格信息，共回收有效问卷 108 份。高认知需要组（34.670）与低认知需要组（6.330）的平均得分有显著差异（$t = 15.239$，$p = 0.000 < 0.01$）。结果如下。

1. 多元方差分析结果

表 5-3 所示为价格感知和购买意向的多元方差分析,它被用来探讨价格呈现方式、认知需要的主效应以及两者的交互效应。从表 5-3 中可以得出:价格呈现方式为 $F(2, 106) = 1.699$,$p = 0.188 > 0.05$;认知需要为 $F(2, 106) = 0.561$,$p = 0.572 > 0.05$。所以,价格呈现方式和认知需要对产品的价值感知和购买意向的影响均不显著。价格呈现方式×认知需要为 $F(2, 106) = 1.485e^2$,$p = 0.000 < 0.01$。因此,价格呈现方式和认知需要的交互作用对产品的价值感知和购买意向有显著影响,但对两个因变量具体影响还需要用一元方差进行进一步分析。

表 5-3 对价值感知和购买意向的多元方差分析

项目		参数值	F 值	显著性
价格呈现方式	皮莱轨迹	0.032	1.699	0.188
	威尔克拉莫达	0.968	1.699	0.188
	侯特凌轨迹	0.033	1.699	0.188
	罗伊最大根	0.033	1.699	0.188
认知需要	皮莱轨迹	0.011	0.561	0.572
	威尔克拉莫达	0.989	0.561	0.572
	侯特凌轨迹	0.011	0.561	0.572
	罗伊最大根	0.011	0.561	0.572
价格呈现方式×认知需要	皮莱轨迹	0.742	$1.485e^2$	0.000
	威尔克拉莫达	0.258	$1.485e^2$	0.000
	侯特凌轨迹	2.883	$1.485e^2$	0.000
	罗伊最大根	2.883	$1.485e^2$	0.000

2. 一元方差分析结果

1) 对产品的价值感知

表 5-4 所示为价值感知和购买意向的一元方差分析,它被用来研究价格呈现方式、认知需要各自对感知价值和购买意向的影响,以及两者的交互作用对感知价值和购买意向的影响。从表 5-4 中可以得出:价格呈现方式为 $F(1, 107) = 2.576$,$p = 0.111 > 0.05$;认知需要为 $F(1, 107) = 1.100$,$p = $

$0.297 > 0.05$。价格呈现方式×认知需要为 $F(1, 107) = 281.021$, $p = 0.000 < 0.01$。所以,价格呈现方式和认知需要对购买意向的影响均不显著,但上述两者的交互作用对价值感知的影响显著。

表 5-4 对价值感知和购买意向的一元方差分析

项目	因变量	平方和	自由度	均方值	F 值	显著性
修正后的模型	感知价值	96.802[a]	3	32.267	94.859	0.000
	购买意向	82.496[b]	3	27.499	30.675	0.000
价格呈现方式	感知价值	0.876	1	0.876	2.576	0.111
	购买意向	1.732	1	1.732	1.932	0.168
认知需要	感知价值	0.374	1	0.374	1.100	0.297
	购买意向	0.232	1	0.232	0.259	0.612
价格呈现方式× 认知需要	感知价值	95.592	1	95.592	281.021	0.000
	购买意向	80.577	1	80.577	89.883	0.000

a. 决定系数 = 0.732(调整后的决定系数 = 0.725)。
b. 决定系数 = 0.469(调整后的决定系数 = 0.454)。

图 5-4 表示高认知需要的消费者和低认知需要的消费者在面对整合定价与分离定价产品时有不同的价值感知,这一结果通过比较低认知需要组和高认知需要组在面对分离定价与整合定价产品时各自的价值感知均值得出。从图 5-4 中我们可以发现,对高认知需要的消费者而言,分离定价产品的价值感知均值 ($M = 4.760$) 明显高于整合定价产品的价值感知均值 ($M = 2.700$, $t = 12.496$, $p = 0.000 < 0.01$),假设 H2-1 得到支持。另外,从图 5-4 中我们还可以发现,对低认知需要的消费者而言,分离定价产品的价值感知均值 ($M = 2.760$) 明显低于整合定价产品的价值感知均值 ($M = 4.760$, $t = -11.176$, $p = 0.000 < 0.01$),假设 H2-2 得到支持。

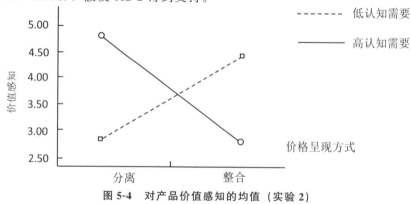

图 5-4 对产品价值感知的均值(实验 2)

2）对产品的购买意向

一元方差分析（表 5-4）表明：价格呈现方式为 $F(1, 107) = 1.932$，$p = 0.168 > 0.05$；认知需要为 $F(1, 107) = 0.259$，$p = 0.612 > 0.05$。价格呈现方式×认知需要为 $F(1, 107) = 89.883$，$p = 0.000 < 0.01$。所以，价格呈现方式和认知需要对购买意向的影响均不显著，但上述两者的交互作用对购买意向的影响显著。

图 5-5 表示高认知需要的消费者和低认知需要的消费者在面对整合定价与分离定价产品时有不同的购买意向，这一结果通过比较低认知需要组和高认知需要组在面对分离定价与整合定价产品时各自的购买意向均值来得出。从图 5-5 我们发现，对高认知需要的消费者而言，分离定价产品的购买意向均值（$M = 4.500$）明显高于整合定价产品的购买意向均值（$M = 2.518$，$t = 8.460$，$p = 0.000 < 0.01$），假设 H2-3 得到支持。

另外，从图 5-5 中我们还可以发现，对低认知需要的消费者而言，分离定价产品的购买意向均值（$M = 2.679$）明显低于整合定价产品的购买意向均值（$M = 4.154$，$t = -6.925$，$p = 0.000 < 0.01$），假设 H2-4 得到支持。

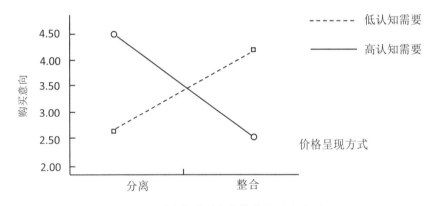

图 5-5 对产品购买意向的均值（实验 2）

第五节 研究结论及讨论

本研究通过实验的方法，分析了在回忆驱动和刺激驱动下，价格的不同呈现方式与消费者的认知需要对价值感知与购买意向的影响。结果表明：在回忆驱动情景下，价格呈现方式与认知需要的交互作用明显；高认知需要的消费者对整合定价比分离定价产品有更高的价值感知和购买意向。低认知需要的消费者对两种定价的价值感知和购买意向没有明显差异。但在刺激驱动情景下，高认知需要的消费者对分离定价比整合定价产品有更高的价值感知和购买意向，而低认知需要的消费者则相反。以上结论和相关文献中的结论存在一些差异。以往的研究认为，分离定价能降低消费者的回忆价格，因而能刺激需求。我们的研究则发现，这种结论对许多消费者并不成立。产生差异的最主要原因在于，以往的研究忽略了诸如认知需要等个体差异对框架效应的影响，如高认知需要的消费者在对产品进行评价与选择时并不受回忆价格的影响，心理账户使得高认知需要的消费者更偏好整合定价产品。产生差异的另一原因在于以前的研究忽略了不同信息感知模式对整合定价与分离定价的感知，只考虑了回忆驱动情景，而忽视了刺激驱动情景下的消费者有不同的信息感知模式。在刺激驱动情景下，若附加价在合理的范围内，高认知需要的消费者对分离定价产品的感知价格低，因此有着更高的价值感知和购买意向。而低认知需要的消费者由于信息非常透明，而且容易进行加工，此时他们主要受心理账户的影响，对整合定价产品比分离定价产品有着更高的评价。

虽然对营销者来讲，甄别消费者到底是高认知需要者还是低认知需要者，进而对其促销战略进行调整是比较困难的，但这一发现还是具有非常重要的现实意义。因为研究发现，当使用专业性的出版物、商业类和投资类的杂志时，营销者假设其目标客群是高认知需要的消费者。而较少文字描述的杂志，其目标读者大多是低认知需要的消费者。采用不同的媒介进行促销，在价格的表述方式上应该有不同的选择。而且要考虑，使用的媒介是让消费者产生回忆驱动购买还是产生刺激驱动购买，如电视购物广告、户外广告，以及网络广告中的旗帜式广告或漂浮式广告，是吸引低认知需要的消费者产生回忆驱动购买的理想促销形式，在这些广告中，使用分离定价策略更能刺激需求。而采用现场促销等刺激适时购买的促销方式时，整合定价策略更合适。在线营销中，若营销者的意图在于刺激高认知需要的消费者实现在线购买，会给他们提供大量的文本信息，这时采用分离定价是不错的选择。

我们的研究尽管揭示了整合定价和分离定价两种价格策略使用的边界，并得出了一些有趣的结论，但仍然存在一些不足。首先，没有像 Morwitz 等那样对回忆成本进行测量，因此无法更好地了解高认知需要的消费者如何进行更精确计算以及低认知需要的消费者如何通过直觉来感知价格的不同的信息加工形式。其次，由于认知需要的测量与情景的关联性不大，因此影响到被试对情景的投入度。最后，我们选择的是学生样本，其对价格的敏感性和购物习惯和其他消费群体可能存在差异。

今后的研究可以从以下方面展开。首先，在价格信息中除了整合定价或分离定价外，还可以考虑加入诸如折扣或最低价格保证等干扰因素后，消费者对整合定价与分离定价的感知如何。其次，可以通过网上拍卖等面板数据，探讨在现实的购买环境和大样本条件下，整合定价与分离定价对消费者带来的不同心理感知和行为影响。最后，在分离定价中，基本价和附加价如何在总体的价格中进行分配才能刺激需求，也是值得我们关注的课题。

第六章　产品的价格衡量能力对分离定价效果的影响

第一节　问题的提出

尽管已有研究对分离定价和整合定价情况下消费者的价格评估进行了对比，但总价在各个部分之间的不同分配可能影响消费者偏好的问题却未被充分重视。因此，我们的研究是想检验在总价一定的情况下，价格在不同的组成部分之间的分配是否会系统地影响消费者的偏好，消费者是否更喜欢某种形式的分离定价。

消费者经常遇到产品的价格以一个大的基本价和一个小的附加价形式呈现的情景，这种分离定价的方式在网络和目录销售中非常普遍，因为产品必须通过运输交付给消费者，运费的价格常常以产品基本价以外的附加价形式出现。过去企业往往热衷于使用单一的整合定价，但今天，我们看到分离定价不仅用在我们可以预测到的情景，如网络或目录销售中采用的"售价＋运费"，维修服务的"零件费＋维修费"，也出现在一些出乎我们意料的情景，如家具商店采用的"沙发＋沙发枕"，餐厅的"餐饮费＋服务费"，航空公司的"运费＋燃油附加费"等，都是分离定价在不同行业的运用。Chakravarti 等基于心理账户提出，不同的分标价方式会使消费者关注产品核心部分不同属性。对消费型特征（如冰箱的制冰机等）进行分标定价使消费者关注附属产品带来的消费利益，并提高对整体定价组合的评价，提高了分标价的效

第六章 产品的价格衡量能力对分离定价效果的影响

果。但对绩效型特征（如保险等）分标价会使消费者更关注产品的性能，凸显产品故障所带来的风险等，从而会降低分标价的效果。Xia 和 Monroe 的研究也发现，对于网络企业来说，对销售税进行分标定价比对运费进行分标定价更容易让人接受。

以前关于该问题的研究存在两种相互矛盾的观点。以 Morwitz 等为代表的研究激起了学者们对分离定价研究的兴趣。Morwitz 等研究消费者如何对金额方式表述的附加价（如 5 美元等）和百分比方式表述的附加价（如 50 美元的 10%等）进行信息加工。他们的研究发现，后一种方式因为需要更多的认知努力，使得消费者购买后一种标价产品的可能性低于前一种标价产品的可能性。而且，他们认为附加价对购买的影响小于基本价是因为，一方面消费者没有对附加价进行信息加工，另一方面锚定基本价，对附加价进行了不充分的调整。因此，将产品价格采用分离方式标价的卖家，其产品更受消费者青睐。Yadav 研究了消费者对分离定价进行处理的思维过程，发现消费者在评价一个产品组合时，会采用锚定调整的认知处理模式，先选择较为重要的部分进行评价，然后根据对次要部分的评价来调整原来的判断。[125] 但这种调整往往是不充分的，因为较为重要的部分对消费者的评价产生更大的影响。相反，另一些研究预测在分离定价中，消费者将更多的注意力放在那些相对较小的部分上。韦伯原理显示，在变化的绝对值相同的情况下，消费者可能对价格较低部分比价格较高部分的价格改变更敏感。相似地，参考依赖表明人们以偏离参考点的百分比而非绝对值来评价经济结果。因为前景理论中的价值函数在"获得"区域是凹向参考点的，当基本价为 10 元，5 元的折扣使得消费者认为比基本价为 100 元时有更高的价值，这说明同样多的价格折扣对金额相对较小的部分有更大的影响。Gaeth 等（1990）从信息整合理论的角度提出，消费者在对捆绑产品的总价进行评价时，通常会将主产品和附属产品的信息进行平均，并且有关附属产品的属性信息对捆绑产品的整体销售所起的作用远远超过其所占的百分比。[126]

以前的研究集中在组成部分的相对大小上，本章的研究则认为考虑各组成部分的属性是很重要的，组成部分属性的变化能够对分离定价中分离部分的感知起调节作用。这是因为，分离定价使消费者将各分离部分和其价格更清晰地联系起来，因而会激起消费者去比较各部分的感知利益，而不是各部分的加总利益，产品组成部分的特点比各部分的相对大小更能影响消费者的偏好。

根据 Bateman 等的理论，消费者在进行购买决策时，在可接受的范围内，有四个维度的认知目标：最大化精确度（accuracy）、最小化所需的认知努力（cognitive effort）、最大化辨明正当性的容易程度（ease of justification）、最小化可能造成的负面情绪（negative eomotion）。根据以上论述，建立如图 6-1 所示的研究框架。

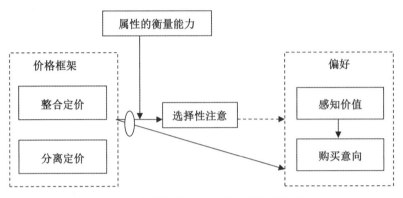

图 6-1 可衡量性对分离定价效果的影响

第二节 基本研究假设

为了解释价格呈现方式如何影响消费者的价值感知，可以使用一个简单的心理机制：消费者将每一属性的价格和其显示出的利益相联系。本章的研究认为分离定价到底对需求有正面还是负面作用，取决于能预测的环境。其关键在于：强调价格不同的呈现方式改变了消费者对产品各个属性所进行的信息加工，过去的研究将重点放在不同的价格呈现方式和价格信息本身的加工关系上。本次研究的出发点是消费者决策是目标导向的问题解决过程，将重点放在目标实现的标准上，在不牺牲精确度的情况下尽量减少认知努力。和这一框架相适应，我们假设消费者：一是根据和手头任务的关系，对产品的各个属性有一个主观的排序，如能清楚地区分核心和次要属性；二是根据呈现给他们的价格的个数，对同等数量的产品属性进行启发式评估。特别地，当价格以整合定价方式呈现时，消费者专注于核心属性并形成一个单一的评价判断。当价格以分离定价方式呈现时，多个属性的利益凸显，并且次要属性更加显著，而次要属性在整合定价中，消费者为了减少认知努力而常常被忽视。这一理论直观地显示出价格的重要功能是"表达"产品的利益。如果多个价格提醒消费者注意产品的多个属性，那么整合定价和分离定价在次要属性评价上的作用应该有所区别。对于一个有明显的核心属性和次要属性的产品而言，在使用分离定价时，对次要属性感知价值的变化将会极大地影响消费者的偏好。

分离定价使某些分离部分比在整合定价时更加引人注意，Chakravarti 等用实验方法对捆绑产品中的分离定价效应进行了研究,他们所使用的刺激物是捆绑一起销售的冰箱、制冰器和保险。研究发现,消费者在购买这一产品组合时,若保险的价格单独标出时,会激起消费者对产品可靠性的担忧。若制冰器的价格单独标出时,会激起消费者更多地关注制冰器所给自己带来的消费利益。Bertini 和 Wathieu 认为价格的呈现方式决定消费者对所提供的各个属性进行加工的深度。Hamilton 和 Srivastava 的实验表明,在汽车修理服务中,感知利益越高的部分,人们对它的价格越不敏感,所以对于汽车零部件和人工费,人们更关注人工费。他们的实验证明,无论修理的零部件是汽车的保险杠还是车前灯,人们对于人工费低的修车服务有更高的偏好。对于以整合定价方式呈现的产品,消费者聚焦于对核心属性的评价(如书籍、电影票等)。但是,产品若以分离定价方式呈现,会使消费者对各属性进行单独评价,导致原来被忽视的相对次要的属性受到更多的关注(如书籍的运费、订票的服务费等)。这种加工机制反映出并不是每一属性都同等显著,分开展现各部分的价格使得消费者会重新审视各个属性的感知价值。据此提出如下假设。

H3:在对总体的价值进行评价时,消费者对次要属性在分离定价中比整合定价中有更多的选择性注意。

H4:在对总体的价值进行评价时,消费者对次要属性的评价在分离定价中比整合定价中有更高的权重。具体内容有如下三点。

H4-1:当次要属性的价格高于预期时,被试更偏好整合定价。

H4-2:当次要属性的价格低于预期时,被试更偏好分离定价。

H4-3:当次要属性的价格等于预期时,被试对分离定价和整合定价的偏好没有显著差异。

在假设 H4 中有两点要注意。当价格以分离定价方式呈现时,偏好对次要属性的感知价值更敏感,应该设计出一个这样的实验:当次要属性具有吸引力时,由整合定价转化为分离定价有利于产品的价值感知;而当次要属性不具有吸引力时,由整合定价转化为分离定价不利于产品的价值感知。同理,当价格以整合定价方式呈现时,偏好对次要属性的价值感知不敏感,次要属性吸引力的变化对产品的评价没有影响或影响极小。

从上面的论述可知,分开定价会使得消费者对分离部分的每一属性进行评估,采用这一加工机制引出了一个问题:如何评价各个属性以形成总的判断呢?从规范经济学的角度来说,各个不同的属性感知的收益和损失可以互相补偿,最终对判断起作用的是总价。但是,目前关于信息整合的研究认为,属性的评估有不同的权重,属性的评价权重是由消费者选择性注意决定的,而选择性注意则由各属性的衡量能力决定。如果消费者能很自信地判断某一属性的价格，那么这一属性被认为是可衡量的（evaluable）。对这种判断的自信，依赖于参考价的精确性。比如说，当被认为可接受的市场价范围窄时，属性的衡量能力大。相反，若被认为可接受的价格范围宽时，属性的衡量能力小，因此属性的衡量能力和其参考价的范围负相关。在分离定价情景下，产品属性的衡量能力决定消费者的选择性注意，选择性注意越高，在整个评估中所占的比重越大；选择性注意越低，在整个评估中该属性所占的比重越小，据此提出如下假设。

H5：分离部分属性的价格衡量能力越强，消费者的选择性注意越高。具体内容有如下两点。

H5-1：提供次要属性的参考价时比在没有参考价时，消费者对次要属性的选择性注意更高。

H5-2：提供核心属性的参考价时比在没有参考价时，消费者对核心属性的选择性注意更高。

H6：分离部分属性的价格衡量能力越强，在对交易的总评价中，其权重越大。

H6 中的可衡量性与市场营销中的价格的不确定性、社会心理学中的线索有效性的意义相似。与最近实证研究的结果一致，消费者对一些边缘花费表现出过度反应。我们相信在很多购买情况下（如网络销售、目录销售等），一些次要属性比核心属性由于更容易被遇到和更具有同质性，因而更容易被评估。当这种情况发生时，就会使次要属性在整合定价中容易被忽视，而在分离定价中则被过分强调。

根据 H6 每一个价格可衡量性的条件对产品总的评价会产生不同的影响，当次要属性的价格逐渐提高，但产品总价保持不变时，会出现如下情景。

H6-1：如果只提供次要属性的价格范围，对产品总的价值评价会下降。

H6-2：如果只提供核心属性的价格范围，对产品总的价值评价会上升。

H6-3：如果核心属性和次要属性的价格范围都没有提供时，对产品总的价值评价会保持不变。

H6-4：如果核心属性和次要属性的价格范围都提供时，产品总的价值在期望价格水平达到最高。

H6-4 中的倒 U 形的关系遵循卡尼曼和特维尔斯基的价值函数理论：任何偏离期望价格的情况会引起一个属性上的损失和另一属性的获得，并且损失部分感知的价值高于获得部分。

第三节 研究方法

一、实验 1

为了验证假设 H3，设计了一个有 113 名被试参加的实验，要求被试根据所描述的情形进行选择（见附录中的研究 2）。情景材料呈现给被试在模拟的网购情景中，T 恤（核心属性）的价格加上送货服务（次要属性）成本，一种用整合定价的方式 95 元（第一种价格形式）表示，另一种将产品价格和运费分开的方式（第二种价格形式）表示，89 元的 T 恤加上 6 元的运费。对产品和送货服务的前测证明个体（37 人）感知到 T 恤比送货服务更重要 [76%，$\chi^2(1)=9.72$，$p=0.000<0.01$]。

在该实验中，收集在两种不同的价格形式下，被试对次要属性（送货）的注意有多少进行打分（1＝非常少，7＝非常多）。为了不让被试知道我们的实验意图，还要求被试评价送货服务的吸引力（－3＝毫无吸引力，3＝很有吸引力），并判断在日用品网络零售行业，将产品和送货分开定价的做法是否常见（1＝很常见，7＝很不常见）。

113 名中部某省大学生参加了本次实验，其中男性 44 人，占被试人数的 38.94%，女性 69 人，占被试人数的 61.06%。实验结果如表 6-1 和表 6-2 所示。

表 6-1　两种价格形式的选择性注意得分均值

项目	N	均值	标准差	均值的标准误
第一种价格形式	56	4.29	1.875	0.251
第二种价格形式	57	5.51	1.351	0.179

表 6-2　两种价格形式的注意得分独立样本 t 检验

项目	t	df	Sig.	均值差	标准误
第一种、第二种价格形式	－3.972	111	0.000	－1.223	0.308

从表 6-1 和表 6-2 中的数据可以发现，整合定价（第一种价格形式）中对次要属性的选择性注意均值显著低于分离定价（第二种价格形式）中对次要属性的选择性注意均值（$M_1=4.29<M_2=5.51$，$p=0.000<0.05$）。和假设 H3

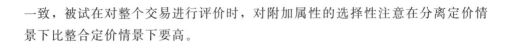

一致,被试在对整个交易进行评价时,对附加属性的选择性注意在分离定价情景下比整合定价情景下要高。

二、实验2

为了找到实验的刺激物,我们进行了一个有73人参加的前测,要求参加者填写一份有关网络购物的简短问卷:在网上购买一张歌碟加上运费或者一本书加上运费,对所购产品的每一属性(歌碟、书与各自的运费),参加者被要求估计三个市场价:最低价、最高价和期望价。期望价要求精确到某一具体的金额,而最高价和最低价提供了可接受价格的变化范围指标。为了支持不同属性价格可衡量性的比较,我们将每一价格段的变化量设为期望价格的一定比例。

根据前测,设计出了一个6(价格呈现形式:+3元/-3元,EP/EP,-3元/+3元,-6元/+6元,-9元/+9元,整合定价)×2(产品:书,歌碟)的组间实验。实验2(a)对价格呈现形式进行了操控:将分离定价表示为+3元/-3元,EP/EP,-3元/+3元,-6元/+6元,-9元/+9元与整合定价,做6个被试之间的测试(见附录中的研究2)。EP/EP是指书价的期望值/运费的期望值,即24元/4元;+3元/-3元是指书价比期望值上升3元,运费下降3元,即书价27元、运费1元。同理,-3元/+3元是指书价下降3元,运费上升3元,即书价21元、运费7元;-6元/+6元是指书价下降6元,运费上升6元,即书价18元、运费10元;-9元/+9元是指书价下降9元,运费上升9元,即书价15元、运费13元。在上面所有不同的5种分离定价中,两个属性总价格是相等的。另一个关于网络购碟的交易,其设计与网络购书基本相同(见附录中的研究2),只是歌碟价格的期望值变为15元,运费的期望值为4元,整合定价为19元。在两个交易中,都包括核心属性(书或歌碟)和次要属性(运费)。被试就三个测项打分:测项一,你认为这是一个好的购买(1=非常不同意,9=非常同意);测项二,你感觉这是一个划算的交易(1=非常不同意,9=非常同意);测项三,你将从这一卖家购买的可能性是(1=很低,9=很高)。测项一和测项二是在测试感知价值,测项三是在测试购买意向。在测试中,每一名被试只会看到一种交易中的一个情景,购书交易有164人参与,购碟交易有166人参与。由于测试产品的感知价值的两个测项和购买意向的一个测项信度系数较高(书:Cronbach's $\alpha=0.919$;歌碟:Cronbach's $\alpha=0.949$),说明这些测项可以合并处理,我们用三者的平均值作为被试对每一情况的偏好得分。

用这一情景实验来验证假设 H-4 的原理，具体如下：如果每一交易的总价保持不变，交易中某一属性价格的上升意味着另一属性价格同等数量的降低，通过测试不同的分离定价形式对产品评价的影响，我们就能证明在产品总评价中起决定作用的是价格衡量能力高的属性。

从前测中我们知道感知的运费价格变化小于书或歌碟的价格变化（和价格预期相比），书的价格与运费价格的变化均值分别为 $M_{book}=0.68$，$M_{Shipping}=0.53$，$t(72)=2.15$，$p=0.032$。而歌碟的价格与运费的价格变化值分别为 $M_{CD}=0.57$，$M_{Shipping}=0.42$，$t(84)=2.63$，$p=0.012$。因此，在给定运费比产品价格更容易评价的情况下，为了支持假设 H4，我们只需要证明随着总价分配在运费上的比例逐渐减少，人们对交易的总评价会提高。

第四节　研　究　结　果

从表 6-3 中可以看出，在总价一定的情况下，价格在两个属性之间的不同分割方式使得被试的偏好得分差异很大，如第一种价格分割方式和最后一种分割方式之间的差异。书：$M_{+3元/-3元}=6.51$ vs $M_{-9元/+9元}=3.63$，$t(55)=7.688$，$p=0.000<0.01$。歌碟：$M_{+3元/-3元}=6.88$ vs $M_{-9元/+9元}=3.15$，$t(55)=9.825$，$p=0.000<0.01$。从该表中我们还可以发现，随着将总价的更多比例分配在次要属性（运费）上，偏好的得分也逐渐降低。在接下来的分析中，我们将整合定价和不同分离定价形式下的偏好得分进行一系列对比，和假设 H4 一致，我们发现如下内容。

表 6-3　不同分离定价和整合定价情景下的偏好得分

分离定价形式	书			歌碟		
	价格属性		偏好得分（分）	价格属性		偏好得分（分）
	核心	次要		核心	次要	
+3元/-3元	27元	1元	6.51	18元	1元	6.88
EP/EP	24元	4元	5.83	15元	4元	5.11
-3元/+3元	21元	7元	4.37	12元	7元	4.46
-6元/+6元	18元	10元	4.23	9元	10元	3.85
-9元/+9元	15元	13元	3.63	6元	13元	3.15
整合定价	28元		5.79	19元		5.35

（1）当次要属性的价格高于预期时，被试更偏好整合定价（书：$M_{-3元/+3元}=4.37$ vs $M_{整合定价}=5.79$，$t(52)=-3.193$，$p=0.002<0.05$。歌碟：$M_{-3元/+3元}=4.46$ vs $M_{整合定价}=5.35$，$t(52)=-2.291$，$p=0.026<0.05$）。

（2）当次要属性的价格低于预期时，被试更偏好分离定价（书：$M_{+3元/-3元}=6.51$ vs $M_{整合定价}=5.79$，$t(55)=2.361$，$p=0.022<0.01$。歌碟：$M_{+3元/-3元}=6.88$ vs $M_{整合定价}=5.35$，$t(55)=3.770$，$p=0.000<0.01$）。

（3）当次要属性的价格等于预期时，被试对分离定价和整合定价的偏好没有显著差异（书：$M_{EP/EP}=5.83$ vs $M_{整合定价}=5.79$，$t(52)=-0.121$，$p=0.904$。歌碟：$M_{EP/EP}=5.11$ vs $M_{整合定价}=5.35$，$t(53)=-0.506$，$p=0.615$）。

总的说来，实验结果初步证明，可衡量性决定了在总价值的评估中，价格可衡量性高的属性所占的权重更大。在该实验中，可衡量性是通过操纵可接受价格的相对范围来测定的。但出现这一结果，有四种可能的解释。第一，人们在核心属性和价格之间的正相关关系推断，价格越高，质量越好，所以当核心属性价格高时，消费者的偏好越高。第二，被试对运费的关注可能是由运费过高引起的需求效应（如在实验刺激中运费高达 10 元或 13 元，有时甚至高于核心属性的价格）。第三，当被试先将核心属性加工为"获得"，而次要属性加工为"损失"时，"损失避免"也可成为实验结果的解释。这一结果可能是由两个属性价格的相对大小所引起的，绝对值相同的变化体现在金额相对较少的次要属性上，使得次要属性的变化更明显。为了消除这些可能的影响，我们在接下来的实验中直接操纵每一属性的参考价。

在前面的实验中，属性的价格是否容易评价是通过前测所获得的数据进行推断的。在接下来的实验中，通过变化价格范围来操纵可衡量性。我们希望通过这样的操纵来检验在不同的分离定价情景下，属性价格的可衡量性决定了属性在总价评价中的权重。为了实现这一目标，我们必须找到一类在两种属性上其可接受的价格范围都较大的产品。首先，我们选取了咖啡和咖啡伴侣作为实验的刺激物，在该产品组合中，咖啡为核心属性，伴侣为次要属性。实验采用 3（分离定价的形式：+5 元/-5 元，EP/EP，-5 元/+5 元）×4（价格可衡量性的提高：只有次要属性，只有核心属性，两种属性都没有，两种属性都有）的组间实验设计。第一个要素，分离定价的形式通过采用在前测中属性的期望价格和在期望价格上下各 5 元三种形式。第二个要素，可衡量性的提高，通过提供窄的参考价方式来实现操控：咖啡，45～48 元；咖啡伴侣，17～18 元（如附录中的研究 2）。共 360 名被试参加本实验，采用与实验 2 相同的方式，通过三个问项测试被试的偏好。其次，要求被试在对整个买卖的好坏进行评价时，对更关注伴侣还是咖啡的价格（1＝伴侣价格，9＝咖啡价格）进行评价打分。最后，被试要对在给定的价格刺激下其对购买决策的信心进行打分（1＝很没信心，9＝很有信心）。

样本情况：选取中部某城市一大学的本科生 360 人为被试，其中男性 226 人占 62.78%，女性 134 人，占 37.22%。发放问卷 360 份，回收有效问卷 316 份，有效回收率为 87.78%。

从收回的问卷中，我们首先将只有次要属性有参考价、只有核心属性有参考价和核心属性和次要属性都没有参考价的问卷找出，分别比较次要属性有参考价和无任何参考价的情况下被试选择性注意的差异以及主要属性有参考价和无任何参考价的情况下被试选择性注意的差异。结果如表 6-4 所示。

表 6-4 选择性注意均值

项目	N	均值	标准差	均值标准误
次要属性有参考价	81	5.41	2.143	0.238
无任何参考价	82	6.29	2.452	0.271

从表 6.4 中发现，对主要属性的选择性注意均值在次要属性有参考价时比无任何参考价时低（$M_{\text{secondary present}}=5.41<M_{\text{none present}}=6.29$），亦即对次要属性的选择性注意在次要属性有参考价时比无任何参考价时高。为了检验次要属性有参考价时的选择性注意均值和没有任何参考价时的选择性注意均值差异是否显著，我们进行了选择性注意独立样本 t 检验，结果如表 6-5 所示。

表 6-5 选择性注意独立样本 t 检验

项目	t	df	Sig.	均值差	标准误
次要属性有参考价与无任何参考价	−2.453	161	0.015	−0.885	0.361

从表 6-5 中发现，$t(161)=-2.453$，$p=0.015<0.05$。可以看出，两种情况下的选择性注意差异是显著的，假设 H5-1 得到验证。下面再来考查核心属性有参考价时和无任何参考价时的选择性注意情况，结果如表 6-6 所示。

表 6-6 选择性注意均值

项目	N	均值	标准差	均值差
核心属性有参考价	77	6.35	1.760	0.201
无任何参考价	82	6.29	2.452	0.271

从表 6-6 中可以看出,当核心属性有参考价时,对核心属性的选择性注意比在无任何参考价时高($M_{\text{core present}} = 6.35 > M_{\text{none present}} = 6.29$)。为了检验核心属性有参考价时的选择性注意均值和没有任何参考价时的选择性注意均值差异是否显著,我们进行了选择性注意独立样本 t 检验,结果如表 6-7 所示。

表 6-7　选择性注意独立样本 t 检验

项目	t	df	Sig.	均值差	标准误
核心属性有参考价与无任何参考价	0.172	157	0.864	0.058	0.337

从表 6-7 中可以发现,$t(157) = -2.453$,$p = 0.864 > 0.05$。由此看出,两种情况下的选择性注意没有显著差异,假设 H5-2 未获得支持。由此可以看出,假设 H5 得到部分支持。接下来,再考查属性价格的可衡量性对偏好的影响。

为了检验价格可衡量性的操控情况,我们分别做了两个有关决策信心得分的 ANOVA 分析,一个是在次要属性咖啡伴侣的参考价给出和未给出的情景,一个是咖啡的参考价给出和未给出的情景。结果如下面数据所示:伴侣为 $F(1, 314) = 16.841$,$p = 0.000 < 0.05$;咖啡为 $F(1, 314) = 7.586$,$p = 0.006 < 0.05$。从这些数据可以看出,和我们的预期一致,引起被试决策信心差异的唯一因素就是两个属性价格的可衡量性。

为了进一步明确操控的具体结果,我们分别对两个属性参考价给出和未给出时决策的信心得分进行了比较。独立样本 t 检验的结果为:伴侣,$M_{\text{present}} = 5.40$ vs $M_{\text{not present}} = 4.39$,$t(314) = -4.112$,$p = 0.000 < 0.05$;咖啡,$M_{\text{present}} = 5.24$ vs $M_{\text{not present}} = 4.56$,$t(314) = -2.774$,$p = 0.006 < 0.05$。分开比较的结果进一步表明,两种属性在给出参考价时比没给出参考价时,被试的决策信心更高。

测试偏好的三个问项的 Cronbach's $\alpha = 0.903$,信度较高,所以可将这些测项合并处理,我们用三者的平均值作为被试对每一情况的偏好得分。实验的四种情况下偏好得分情况如图 6-2 所示。

我们将四种价格可衡量性的情况分开进行趋势分析,和最初的预测相似,那些给出咖啡伴侣参考价的被试,在次要属性咖啡伴侣价格上升时,对产品的偏好降低($M_{+5元/-5元} = 6.41 > M_{\text{EP/EP}} = 5.32$,$t(50) = 3.622$,$p = 0.001 < 0.05$;$M_{\text{EP/EP}} = 5.32 > M_{-5元/+5元} = 3.25$,$t(53) = 5.674$,$p = 0.000 < 0.05$),假设 H6-1 得到支持。给出咖啡参考价的被试,则正好相反,对产品的偏好提高($M_{+5元/-5元} = 3.47 < M_{\text{EP/EP}} = 5.59$,$t(48) = -5.506$,$p = 0.000 < 0.05$;

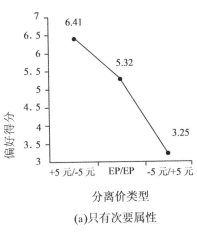

(a)只有次要属性

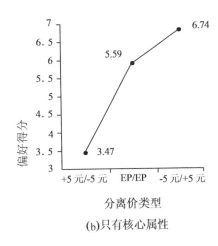

(b)只有核心属性

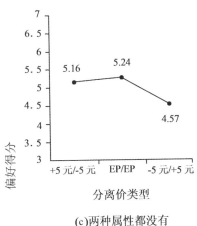

(c)两种属性都没有

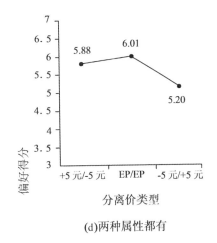

(d)两种属性都有

图 6-2　价格可衡量性对偏好的影响

$M_{EP/EP}=5.59<M_{-5元/+5元}=6.74$，$t(50)=-2.922$，$p=0.005$)，假设 H6-2 得到支持。在咖啡和伴侣的参考价都未给定的情况下，偏好无显著差异（$M_{+5元/-5元}=5.16<M_{EP/EP}=5.24$，$t(55)=-0.181$，$p=0.857>0.05$；$M_{EP/EP}=5.24>M_{-5元/+5元}=4.57$，$t(53)=1.233$，$p=0.158>0.05$)，假设 H6-3 得到支持。在咖啡和伴侣的参考价都给定的情况下，偏好得分先升后降（$M_{+5元/-5元}=5.88<M_{EP/EP}=6.01$，$t(52)=-0.323$，$p=0.748>0.05$；$M_{EP/EP}=6.01>M_{-5元/+5元}=5.20$，$t(47)=1.377$，$p=0.178>0.05$)，但这种趋势不具有统计学上的显著性，假设 H6-4 得到部分支持。但由于假设 H6 中的核心部分 H6-1 和 H6-2 得到支持，由此，H6-4 的检验结果并不影响实验的结论，假设 H6 得到支持。

第五节　研究结论及讨论

本研究的主要目的是要搞清楚价格形式对产品评价的影响,试图找到一个简单的机理来说明在什么情况下分离定价是有利的,什么情况下分离定价是不利的。本研究发现价格形式影响人们对产品各个属性的选择性注意,从而影响对产品的总体评价。整合定价使得人们对次要属性的信息加工不完全,相反分离定价使得消费者对次要属性有更高的选择性注意,使得在产品的总评价中,分离部分的感知价值占有更高的权重。这一研究结果的管理启示:在定价实践中,如果商家能够在产品的核心属性上给消费者更多利益或与竞争对手的产品有足够的差异化时,使用整合定价能使消费者将更多的注意力放在核心属性上,不会使消费者去关注那些相对无关紧要的次要属性,从而有利于产品的销售。若商家所提供的产品在核心属性上与竞争对手是同质的,但在产品的次要属性上能给消费者带来更多利益时,采用分离定价是更好的选择。

研究还发现,在分离定价中,对各属性分别进行评价后,在形成总价值的过程中,消费者的评估发生了偏差,人们会给予那些容易评估的部分更大的权重。分离部分属性的价格衡量能力决定消费者的选择性注意,分离部分属性的价格衡量能力越强,消费者的选择性注意越高。选择性注意越高,在衡量产品的总价值时所占有的权重就越大。

这一结果对于营销管理的启示:对于一些价格衡量能力强的属性,应该提供给消费者更高的交易价值。这一目标可以通过两个途径实现:第一,分离定价中,在总价保持不变的情况下,减少分摊到价格可衡量性高的属性部分,增加分摊到可衡量性低的属性部分;第二,通过操纵属性的可衡量性来实现消费者合理的价值感知。在消费者对分离部分属性的价格不了解的情况下,若分离属性的价格有竞争力时,我们通过提供较窄的参考价范围来提高属性的价格可衡量性,使消费者在对总价进行评估时将更大的权重放在这些属性上。若分离属性的价格没有竞争力时,我们可以通过扩大参考价的范围来降低属性的价格可衡量性,使消费者在对总价进行评估时忽略或减少放在这些属性上的权重。在一些次要属性的价格可衡量性明显高于核心属性的产品销售中,次要属性的价格高低对消费者的感知价值和购买行为有着决定性的作用。特别是随着网络零售的日益流行,看似不起眼的次要属性价格如运费成为消费者选择或放弃的关键因素。

今后的研究方向应关注中国人对价格信息的加工有哪些特点，在价格信息的加工过程中，中国人的哪些社会特质和情感特质会影响消费者对价格的感知，开展行为定价的比较研究，对目前的定价实践有着更强的指导意义。另外，在研究属性价格可衡量性对偏好影响的过程中，还可以考虑其他因素如属性质量的可衡量性与价格呈现方式的交互作用对偏好的影响。

第七章　产品的实用属性与享乐属性对捆绑销售的作用机制

第一节　问题的提出

捆绑销售是广泛应用于营销实践的销售模式，它将多个产品捆绑后一起销售。多个产品捆绑销售在许多行业盛行，如家电行业、快餐行业、汽车行业和电信宽带业务等。在电信行业，捆绑销售战已经拉开了序幕。电信行业和网络服务业务普遍采用捆绑销售的原因在于捆绑销售能为信息产品创造"整合经济（economies of aggregation）"。捆绑定价策略被许多厂商采用，厂商常常用这种定价模式来制造和竞争对手的差异，或向市场推出新产品，或用于节省促销成本，或对那些本来只想购买一种产品的消费者进行交叉销售。捆绑销售可分为纯粹捆绑销售和混合捆绑销售两类。在纯粹捆绑销售中，产品只能捆绑进行整体销售。而在混合捆绑销售中，消费者可以选择单独购买也可以选择捆绑购买。产品捆绑销售时往往会在价格上给消费者一个低于单独购买总价的折扣价，这种定价方法被称为"价格捆绑"，折扣价经常被框定为下列三种情况中的一种。

（1）联合，整合定价：同时购买产品 A 和 B，支付 X 元。

（2）联合，分离定价：同时购买产品 A 和 B，支付 A 产品 Y 元，支付 B 产品 Z 元。

(3) 牺牲者，分离定价：以正常价购买 A 产品，只需为 B 产品支付 W 元。

在最后的一种价格形式中，产品 B 就是"价格牺牲者"。营销者必须选择哪一种产品为"牺牲产品"。过去的相关研究主要考查捆绑产品的价格框定对捆绑产品感知的影响，没有对"牺牲定价"框定效应进行研究。

捆绑销售中，交叉销售是商家经常使用的一种销售战略。尽管捆绑销售的经常是那些有互补或相关关系的商品，在营销实践中，不相关产品的交叉捆绑销售越来越普遍。汽车交易商将汽车内的皮具上光等汽车内饰保养服务与轮胎的担保服务进行捆绑，游轮企业将旅游观光和职业培训捆绑，旅行社推出治疗与度假捆绑的健康旅游服务项目。这种交叉捆绑销售在网络零售中更为常见，技术的进步使即时捆绑销售不同类型的产品成为可能。例如，网上零售巨头亚马逊通常建议人们购买不相关的捆绑产品，这样可以获得优惠的价格。令人感兴趣的问题是，价格的优惠体现在某一种产品上的价格呈现形式是否比体现在另一种产品上的价格呈现形式更能促使消费者购买捆绑产品呢？比如：你正在购买用于学习的台灯，价格是 50 元；到商店后你发现该商店将台灯和声卡捆绑销售，而且声卡也正是你想要的，它可以让你玩起游戏来更刺激。当然，两种产品一起购买，你可以获得 10 元的优惠。卖家可能告诉你，如果买台灯的同时买声卡，则声卡可以优惠 10 元，即将这 10 元的优惠框定为声卡上的节省；卖家还可能告诉你，如果你在买台灯的同时买声卡，台灯就可以优惠 10 元，即将这 10 元的优惠框定为台灯上的节省。根据这两种价格的框定，在捆绑产品卖价一定的情况下，将优惠框定为台灯上的节省还是框定为声卡上的节省更能使消费者购买捆绑产品呢？

以前关于捆绑产品的定价源于传统的经济学，学者们用"消费者剩余转移 (transfer of consumer surplus)"来解释捆绑销售如何诱使消费者购买额外的产品。假设消费者购买快餐食品时，他愿意支付 1.5 美元买一个汉堡，1.5 美元买一杯饮料，50 美分买一包炸薯条，他愿意为这三样产品支付 3.5 美元。如果将每一种产品的价格定为 1 美元，消费者将会只买汉堡包和饮料，不会购买炸薯条。但如果将三种产品捆绑以 3 美元出售，在消费者没有机会选择购买单一产品的情况下，他会选择购买捆绑产品，从而在此过程中购买了他原本不会买的炸薯条。通过捆绑销售，将汉堡和饮料上的剩余价值转移到薯条上，抵消了购买薯条所造成的额外开支。

一些研究认为捆绑销售会给消费者带来成本或收益，使得消费者在权衡两者的关系之后决定是否购买捆绑产品，因此这里的成本或收益决定了捆绑产品对消费者的吸引力。

从成本方面来看，与单独购买产品相比，捆绑销售限制了消费者选择的自由，从而使捆绑产品的吸引力下降。例如，Kinberg 和 Sudit 认为在旅游业，尽管捆绑销售的产品减少了消费者的旅游成本，但较低的选择自由降低了总体产品对消费者的价值，并且对捆绑产品采用的折扣销售可能减少了企业的利润。[127] 另外，产品捆绑销售会造成浪费的高风险。例如，Venkatesh 和 Mahajan 发现那些买完票后不确定是否会去看演出的消费者购买各种音乐会门票所组成的套票的可能性低，原因是买回套票以后，一些演出他们根本就不会去看，造成很大的浪费，从而降低了捆绑产品的价值。[128]

从收益方面来看，产品捆绑销售比单独销售情况下，消费者感觉到的产品之间功能上的不相容性所带来的风险降低。例如，Harris 和 Blair 通过实验发现，对于功能上相容性风险的担忧使得消费者更有可能选择捆绑产品，尤其是那些对产品缺乏了解的消费者。同时，捆绑销售还可以给消费者带来减少搜索努力等好处。Guiltinan 的研究指出捆绑销售最适合于那些不愿付出搜索努力的消费者。[129]

随着捆绑销售在营销实践中的广泛应用，许多行为学的研究开始关注消费者如何对捆绑产品进行评价。例如，Johnson 等发现如果捆绑销售产品的价格信息以捆绑形式呈现，会提高消费者对捆绑产品的总体评价。[130] 与之类似，Mazumdar 和 Jun 研究价格上升的整合效应与分离效应，发现与提供一个整体的上涨价格相比，将捆绑销售各部分价格上涨情况分别呈现的方式会产生更多的负面影响。关于捆绑产品价格框架的研究目前有两种矛盾的结果，Yadav 提出一个权重加法模型来解释消费者对捆绑产品进行评价的认知过程，认为当价格折扣体现在捆绑产品中那些更核心或更为消费者偏好的项目上时，捆绑产品更有吸引力。另一种观点以"参考依赖（reference dependent）"对捆绑产品进行评估，认为将折扣体现在价值方程比较陡峭的部分，也就是价格低的项目上，更能增强捆绑产品的感知价值。这一流派通常用前景理论来解释捆绑产品的价格框架效应，这些研究总的观点是捆绑折扣的不同呈现方式会导致不同的价值感知。为了说明这一现象是如何发生的，仍以之前提到的快餐购买为例。根据参考依赖模型（reference dependent model），Janiszewski 和 Cunha 认为，相对于消费者的汉堡包和炸薯条内部参考价分别为 1.5 美元和 50 美分而言，卖价为 1 美元的汉堡包可以使消费者获得 50 美分的收益，而卖价为 1 美元的炸薯条会使消费者遭受 50 美分的损失。这时，在捆绑产品购买中，消费者只需支付 3 美元就可以买到价值 3.5 美元的商品，消费者购买捆绑产品节省了 50 美分。商家强调这一节省来自负面价值的产品上（如购买汉堡包和饮料，那么在炸薯条上可节省 50 美分）比强调节省来自正面价值的产品上（如购买炸薯条

第七章 产品的实用属性与享乐属性对捆绑销售的作用机制

和饮料，那么在汉堡包上节省 50 美分）更能使消费者购买捆绑产品。因为 50 美分损失的弥补比 50 美分收益的增加给消费者带来更高的心理价值。还有一些研究检验了消费者如何对捆绑销售的各产品的信息进行整合。消费者可能发现对捆绑产品进行评估是很困难的，尤其是捆绑销售产品的项目多或者消费者对这些项目不熟悉时。为了解决这一难题，消费者可能采用直觉加工对信息进行合并，如采用锚定调整策略来对产品的价值进行评估。

一些研究还认为当产品采用混合捆绑销售，即消费者既可以购买捆绑产品又可以购买单独销售的产品时，评价的顺序会影响消费者对捆绑产品的评价。Yadav 在实验中改变捆绑产品中各产品的评价顺序，发现最先被评价的产品在对整个捆绑产品的评价中所起的作用最大（锚定调整的启发式判断）。Janiszewski 和 Cunha 发现在对捆绑产品的评估中，对放在页面左边的项目比放在右边的项目的评价在总评价中的影响更大。Harris 和 Blair 的研究发现，当消费者对捆绑产品和分开销售产品进行评价时，消费者先评价捆绑产品时比其后评价捆绑产品时，最终选择捆绑产品的比例更高。对能够减少搜索努力的捆绑产品的偏好高于不能减少搜索努力的捆绑产品，尤其对那些信息加工动机低的消费者而言更是如此。

通过以上对一些研究成果的梳理，我们不难发现在控制价格折扣绝对水平的情况下，价格框架会影响捆绑产品促销的吸引力。但这些研究都集中在互补产品或相关产品上（如计算机和打印机等），这些产品的价值和重要性不同。尽管这些研究使消费者如何评价捆绑产品向前迈进了一大步，但它们仅限于那些在价值或重要性上或两者都有很大差异的互补或相关产品的捆绑，而没有涉及那些价值、重要性相似但无关的捆绑产品的价格框架。我们目前的研究集中于捆绑产品在价值和地位（核心产品或非核心产品）上是无差别的这一情景，正如前面提到的台灯和声卡的关系一样，在这里我们只考虑产品的一个维度——是享乐性还是实用性。尽管在交叉销售中的无关产品可以都是享乐性，或者都是实用性，或者是两者的结合，但在这里我们关注一个享乐品和一个实用品的情景，因为消费者通常会买两种产品来平衡某种消费目标的冲突。在捆绑产品价格折扣的框架中，在总折扣量不变的前提下，折扣可归入享乐品，也可以归入实用品。这就引出一个问题：价格以什么方式呈现，才能让消费者的感知价值最高，购买意向最强。据此提出的本章的研究框架如图 7-1 所示。

引起不同产品评价系统变化的维度之一是购买的动机是享乐驱动还是实用驱动。总的来说，人们从购买和消费享乐品中获得快乐、幻想和兴奋。而购买实用品是为了满足基本需求，或者有助于完成某项任务。

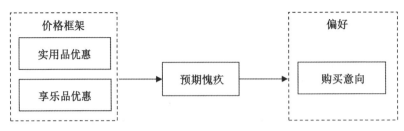

图 7-1　实用属性与享乐属性对捆绑销售的作用机制

第二节　基本研究假设

一、局部心理账户

行为经济学对参考效应进行研究的最经典例子是卡尼曼和特维尔斯基设计的"计算器"实验，实验情景如下：假设你到离家最近的一家商场去买两种产品——夹克衫和计算器。这家商场夹克衫的售价为 125 美元，计算器的售价为 15 美元。当你正准备购买时，遇到你的一位朋友，他告诉你离这儿驱车 20 分钟的另一家商场也有同样的两种商品出售，夹克衫的价格相同，但计算器的售价为 10 美元。请问：你愿意去那家商场购买吗？实验结果表明，68% 的被试选择开车到那家商店购买。但如果情景不变，只将夹克衫和计算器的价格颠倒，即离你家最近的商场，夹克衫的售价为 15 美元，而计算器的价格是 125 美元。这时你的朋友告诉你驱车 20 分钟的另一家商场也有同样的两种商品出售，夹克衫的价格不变，计算器的售价为 120 美元。请问：你会去那家商场购买吗？实验结果表明只有 29% 的被试选择开车到那家商店去购买。同样是多开 20 分钟的车，在购买计算器上节约 5 美元，但为什么消费者的选择会有如此大的差异呢？卡尼曼和特维尔斯基将这种偏好的逆转归结为人们在决策过程中使用了"局部心理账户（topical mental accounting）"。传统的经济理论认为，人们的决策依据是总账户。该实验中人们使用的局部账户其参考点为计算器的原价，使得大多数消费者认为第一种情况下节省了 33.3%，而第二种情况下只节省 4%，因此第一种情况的优惠幅度大，值得驱车去购买。人们在面对一次购物旅程中要购买多种产品时，通常会使用最小账户、局部账户和综合账户来衡量一次交易所带来的效用。最小账户是指两项选择的差额，而不论其初始状态如何，如在该实验中的最小账户就是 5 美元。局部账户是指人们会将一次购物过程中所购买的各种产品进行单独的"收益"与"损失"计算，在该"计算器"实验中，人们决策的依据是计算器上节约的金钱占计算器价格的比重，而不会考虑到这一优惠和总价之间的关系。而总账户包括所有其他要素，如目前的财富、将来的收入和有价证券可能带来的收益等，在该决策中，消费者主要考虑的总账户是计算器和夹克的总价。

二、产品之间的关系与账户的使用

在绝对优惠相同的情况下，人们什么时候使用局部账户，什么时候又会使用综合账户呢？Nicolao 和 Rino 就语义关联在消费者接受某一价格折扣中所发挥的作用进行了进一步研究。他们将产品按语义分为弱相关和强相关：弱相关的产品如山地滑雪板和录像机、传统 T 恤和照相机、运动鞋和手表等；强相关产品如山地滑雪板和越野滑雪板、传统 T 恤和休闲 T 恤、运动鞋和休闲鞋等。研究发现当产品强相关时，只有少数人选择到另一家商场购买。这是因为当产品高度相关时，人们倾向于使用总账户而非局部账户对交易进行评价，这会使得以百分比显示的相对优惠变小。而当某一产品和不相关的产品一起出售时，大多数人会选择开车 20 分钟到另一家商场购买，这是因为在产品不相关的情况下，人们使用了局部账户，感知的优惠幅度更大。

我们这里所研究的主题是一种享乐品和一种实用品捆绑销售的情况，两种产品没有互补等相关关系，因此有足够的理由表明在购买该捆绑产品对价格信息进行加工时会使用局部账户。也就是说，人们对捆绑产品的价格信息进行加工时，当某一优惠被单独列出（如培训和度假中强调度假费用优惠一半等），消费者对交易进行评价时，考虑的是捆绑产品中每一产品各自的"得"与"失"，而由此诱发的情感反应也是独立的（如度假费用优惠一半引起购买享乐品的愧疚感减少等）。

三、享乐与愧疚

虽然享乐品能够给消费者带来快乐，但是消费者在购买享乐品时更容易感觉到付钱的痛苦甚至产生负罪感。Prelec 和 Lowenstein 提出"付钱的痛苦（pain of paying）"这一概念，指出消费者通常觉得花钱购买享乐品时会比购买实用品时更加容易感觉到"付钱的痛苦"。Giner-Sorolla 提出把钱花在享乐品上而不是实用品上经常会被人们觉得是浪费甚至会使人产生愧疚感（guilt）。[131] 有关消费者选择的研究也证明享乐品比实用品更与愧疚感相联系。由于享乐性消费常常容易使人产生愧疚感，因此人们会采用自我控制。所谓自我控制即人对自我行为的控制，分为外部承诺（如答应帮朋友买东西等）和内部承诺（如要求自己到某时完成某任务等）。自我控制是有成本代价的，在消费活动中，自我控制将会使消费者运用意志力，且付出心理成本。运用意志力是痛苦的，会使人沮丧，减少总效用。相反，实用品往往是必需的或者符合消费者的长期利益的，因此消费者在购买实用品时不太会感觉到付钱的痛苦或者有负罪感。

有关消费行为决策的研究表明，消费者往往会为他们的决策和选择寻找理由，尤其是在决策遇到困难时（如面对两个具有同样吸引力的选项等），或者决策可能与个人价值观产生冲突时。郑毓煌（2007）提出消费者在面临实用品和享乐品的两难选择时，很可能采用一个"理由启发式"的决策过程。由于享乐性消费会带来愧疚感，因此需要更多的理由，减少购买过程中的愧疚可增强享乐品购买的可能性。例如，送给别人的礼物通常都是一些享乐品，因为这些享乐品是礼物接收者平时不经常为自己购买的。在这种情况下，购买或者选择享乐品是为了别人的快乐而不是为了自己，消费者就不会觉得有愧疚感和难以辩护。当面临一系列未来决策时，因为人们更容易乐观地相信他们将会在未来选择符合自我控制目标的产品，从而为他们现在选择享乐品提供理由，所以他们会更倾向于在近期决策中选择享乐品。

Kivetz 和 Simonson 的研究也显示出消费者可能已经意识到自身有一种对实用品过度消费和对享乐品消费不足的倾向，使得他们在消费时要优先购买享乐品，从而实现对实用品和享乐品消费不平衡的管理。[132] 在他们的实验中，消费者更愿意接受享乐品而非现金作为奖励，尤其当获奖金额较小的时候。但即使在消费者已经意识到享乐性消费不足的情况下，预期愧疚和后悔仍然会阻止他们进行享乐性消费。其他学者的研究进一步发现，一些消费者在没有正当理由进行享乐性消费或放纵时，他们的愉悦体验会减少，甚至没有。

引起社会价值观冲突的消费决策是将钱花在享乐品而非实用品上。而这种放纵自己将钱花在享乐品上的行为被认为是浪费的，由此产生愧疚和预期后悔，这种愧疚和后悔在决策前后都有可能发生，因此除非消费者有好的理由支持其行为，否则享乐性消费不可能发生。一些研究探讨了享乐性消费比实用性消费更需要理由的原因，总的来说享乐品在马斯洛的需求层次中比实用品排在更低的位置，所提供的功能性利益也较少。在大众文化中，伦理规范被广泛接受，从而形成努力工作与节俭消费的价值观。而享乐性消费违反了这一伦理规范，尤其是在用于这一消费的金钱并不是通过努力工作而赚得时。

享乐性消费能够给人带来心理和生理上的愉悦体验，而实用品不具备这一

第七章 产品的实用属性与享乐属性对捆绑销售的作用机制

功能,所以消费者会有目的地去寻找一些理由,让他们既能进行享乐性消费,又能减轻这种放纵消费行为所产生的冲突与愧疚。有很多理由可使愧疚减少,如更高的努力水平、向慈善机构捐赠、道德性行为等。Kivetz 和 Simonson 考查消费者在企业忠诚计划活动中使用积分兑奖的情况,他们发现消费者更有可能用积分兑换享乐品(如坐游艇、保养按摩等)而非实用品(如现金、必需品等)。这是因为他们在获取这些积分时许多次不厌其烦地在付款台前刷积分卡,于是他们认为获得这些积分自己付出了很大的努力,正是付出努力劳动这一理由抵消了选择享乐品而非实用品所产生的负疚感。消费者在工作上的努力(工作自我控制的成功)让消费者拥有消费的自由,即消费者认为工作努力使得自己有理由去放纵消费和享乐。Kivetz 和 Zheng 还发现,在需要付出努力完成某项任务时,当感知到的努力更高和获得优秀反馈时,消费者更倾向于选择享乐品而非实用品。这一观点在 Xu 和 Schwarz 所进行的焦点小组访谈中得到了证实[133],当被问到"你们什么时候会放纵自己"时,访谈参与者的回答为"考试后""完成任务后",或者是在一些特殊事件发生时,如"毕业""生日"等,但在放纵方式的选择上存在性别差异。例如,男性会选择在比较好的餐馆大吃一顿,或者到酒吧去喝酒。女性则选择按摩、吃冰激凌或打保龄球。他们说没有好的理由很少会放纵自己,因为这样做会产生愧疚和后悔等负面情感。同时,他们还承认当用于消费的金钱是不劳而获时,他们不太可能放纵自己而进行享乐性消费,因为他们觉得此时的享乐性消费没有正当理由(如当被给予的财力资源有限时等)。这就意味着消费者会认为"不劳而获"的放纵比"挣得"的放纵给人带来较少的愉悦感。与此类似,Strahilevitz 和 Myers 发现向慈善机构捐赠最好和享乐品或非必需品捆绑而不要和实用品捆绑,因为人们喜欢从自己的利他行为中获得奖赏,而享乐性消费就是对这种利他行为的回报。这些发现都暗示着消费者相信他们需要理由进行享乐性消费,从而在决策、消费和消费后的评价阶段所体验到的愧疚和后悔等负面情感最少。

因此享乐和实用这一区分是影响交叉捆绑销售的一个重要因素,但目前关于捆绑定价的模型并没有涉及该问题的研究。和这些理由类似,价格折扣也容易为人们购买享乐品提供理由,减少愧疚感。由此我们预测将捆绑价格描述为享乐品上的节省容易为消费者购买捆绑产品提供理由。但若表现在实用品上,不会为购买捆绑产品提供理由,从而不能有效地促进消费者购买捆绑产品。基于以上论述提出如下假设。

H7:捆绑产品的价格折扣体现在享乐品上比实用品上使消费者有更少的预期愧疚。

H8：捆绑产品的价格折扣体现在享乐品上比实用品上使消费者有更高的购买意向。

H9：预期愧疚在价格框架与消费者的购买意向之间起中介作用。

第三节 研究方法

一、实验刺激物的选择

Khan 和 Dhar 在其研究报告中多次提到三类组合，即台灯和声卡、课本和巧克力、课程培训和旅游度假三对实用性和享乐性捆绑销售产品或服务[134]，而且在 Levav 和 McGraw 发表在 *Journal of Marketing Research* 的研究报告中也使用旅游度假代表享乐品，所以我们选择台灯和声卡、课本和巧克力、课程培训和旅游度假三对产品或服务进行前测。产品或服务的实用性和享乐性并不是产品或服务的两个极点，大多数产品或服务既有享乐性的一面，也有实用性的一面，因此我们决定采用 Voss 修正后的关于产品或服务实用性/享乐性 10 项量表[135]，对三对产品或服务进行测量。我们首先对该量表进行了翻译，然后请两位分别在英国和美国多年的非该研究领域的教师对 10 对词语进行回译，核对后进行调整。其中测量实用性的有 5 对，即有效果的/无效果的（effective/ineffective）、有帮助的/无帮助的（helpful/unhelpful）、功能性的/非功能性的（functional/not functional）、必需的/非必需的（necessary/unnecessary）、实用的/非实用的（practical/impractical）；测量享乐性的项目同样也有 5 对，即无趣的/有趣的（not fun/fun）、枯燥的/使人兴奋的（dull/exciting）、让人不高兴的/让人高兴的（not delightful/delightful）、不会让人激动的/让人激动的（not thrilling/thrilling）、不让人觉得享受的/让人觉得享受的（unenjoyable/enjoyable）。我们选取我国中部某综合性大学本科生 20 人作为样本，其中男性 8 人，女性 12 人。采用问卷调查方法，按照 10 项量表的项目顺序，用 9 分量表对三对产品或服务进行打分，即"有效果的"1 分，"没有效果的"9 分，一直到"不让人觉得享受的"1 分，"让人觉得享受的"9 分，实用性越强，得分越低，享乐性越强，得分越高。发现无论是在信度还是享乐性与实用性差别的显著性上，课程培训和旅游度假都是表现最好的，这对产品或服务的信度测量结果如表 7-1 所示。

表 7-1　课程培训与旅游度假的享乐/实用属性测量的信度

项目	Cronbach's α	N	项数
课程培训	0.820	20	10
旅游度假	0.759	20	10

从表 7-1 中我们发现，课程培训的享乐性/实用性的 Cronbach's α 为 0.820，旅游度假的享乐性/实用性的 Cronbach's α 为 0.759，都大于 0.7，证明所获得数据的信度是可以接受的。接下来我们再比较其均值，如表 7-2 所示。

表 7-2　课程培训与旅游度假的享乐性均值

项目	N	均值	标准差	均值的标准误
课程培训	20	3.83	0.916	0.205
旅游度假	20	6.35	0.745	0.167

从表 7-2 中我们发现，旅游度假的享乐性均值高于课程培训的享乐性均值。为了弄清两个均值的差异是否显著，还进行了独立样本 t 检验，结果如表 7-3 所示。

表 7-3　课程培训与旅游度假的享乐性均值独立样本 t 检验

项目	t	df	Sig.	均值差	标准误
课程培训与旅游度假	−9.564	38	0.000	−2.525	0.264

从表 7-2、表 7-3 中可以清楚地看出，旅游度假的享乐性均值为 6.35，显著高于课程培训的享乐性均值 3.83（$p=0.000<0.05$）。

为了对课程培训与旅游度假这对产品或服务的吸引力进行比较，我们对此进行了前测，选择我国中部某城市某大学的一个本科班 30 人作为前测被试，其中男性 11 人，女性 19 人。课程培训与旅游度假的吸引力均值如表 7-4 所示。

表 7-4　课程培训与旅游度假的吸引力均值

项目	N	均值	标准差	均值的标准误
课程培训	30	6.57	1.870	0.341
旅游度假	30	6.70	1.915	0.350

从表 7-4 中我们发现，课程培训的吸引力均值和旅游度假的吸引力均值非常接近，为了检验它们的差异是否显著，还进行了独立样本 t 检验，结果如表 7-5 所示。

表 7-5　课程培训与旅游度假的吸引力均值独立样本 t 检验

项目	t	df	Sig.	均值差	标准误
课程培训与旅游度假	−0.273	58	0.786	−0.133	0.489

从表 7-4、表 7-5 中发现课程培训的吸引力均值为 6.57，与旅游度假吸引力均值 6.70 没有显著差异（$p=0.786>0.05$）。

无论是从信度还是从享乐性均值与吸引力均值，我们都发现课程培训和旅游度假是一对非常理想的实用品和享乐品代表，因此选择它们作为实验刺激物。

二、实验操控

为了验证假设 H7、H8 和 H9，我们设计如下情景材料（见附录中的研究 3）。

小齐是一名大三的学生，他想利用这个暑假去参加一项课程培训，以便今后有更清晰的职业规划。于是他开始在网上搜索相关信息，某机构组织的"未来领导者训练营"引起了他的兴趣，他们提供的培训课程不仅包括知名教授的管理讲座，还包括几次模拟的商业活动。更难得的是培训结束后，将组织学员到离该城市不远的某著名风景区度假，度假时间和培训天数一样。当然学员也可以选择只参加课程培训或风景区度假中的一项。他们还提供了清楚的报价：往返车费由组织该活动的机构承担，培训费用（包括课程费、食宿费）和度假费用（包括门票费、食宿费）都是 800 元。但如果你同时参加两项活动，将给予风景区度假折扣 400 元。

接下来假设两个问项：问题一，如果同时进行课程培训和风景区度假两项消费，并在度假费用上节省 400 元，你觉得对自己的消费行为所产生的愧疚感可能是（　）。用 9 点量表进行打分，1＝一点也不愧疚，9＝非常愧疚。问题二，你购买这一套餐服务并获得 400 元风景区度假优惠的可能性是（　）。1＝一定不会购买，9＝一定会购买。

另一个版本的情景材料和这一情景材料内容基本一致，只是将给予"风景区度假折扣 400 元"换成"课程培训折扣 400 元"。所用的问项也一样，只是将问题中的"在度假费用上节省 400 元"和"400 元风景区度假优惠"换成"在课程培训上节省 400 元"和"400 元课程培训优惠"。

样本情况：我们从我国中部省份的几所高校中选择本科生 120 人作为实验样本，由于有错填和漏填情况，我们将这些样本排除掉，获得有效问卷 102 份，有效率为 85%。有效问卷的这些本科生的年龄在 19～23 岁，其中男性 48 人，占 47.1%，女性 54 人，占 52.9%。

第四节 研究结果

为了验证假设 H7，我们首先对折扣体现在享乐品和实用品上而购买捆绑产品的预期愧疚进行单因素 ANOVA 分析，结果如表 7-6 所示。

表 7-6 预期愧疚的 ANOVA 分析

项目	平方和	df	均方	F	显著性
组间	17.777	1	17.777	4.419	0.038
组内	402.302	100	4.023		
总数	420.078	101			

从表 7-6 中我们发现，$F(1, 101) = 4.419$，$p = 0.038 < 0.05$，表明将折扣体现在享乐品上和实用品上所产生的预期愧疚有显著的差异。但两种情形下到底孰高孰低，还要计算其预期愧疚均值，结果如表 7-7 所示。

表 7-7 预期愧疚均值

项目	N	均值	标准差	均值标准误
折扣体现在实用品上	49	3.61	2.281	0.326
折扣体现在享乐品上	53	2.74	1.677	0.230

从表 7-7 中可以看出，当折扣体现在享乐品上时，预期愧疚的均值为 2.74，小于折扣体现在实用品上的均值 3.61，但这种差异是否具有统计学意义，还要进行独立样本 t 检验，结果如表 7-8 所示。

表 7-8 预期愧疚独立样本 t 检验

项目	t	df	Sig.	均值差	标准误
预期愧疚	2.196	100	0.031	0.876	0.399

从表 7-8 中我们发现，$p = 0.031 < 0.05$，差异具有显著性，说明折扣体现在享乐品上比实用品上使消费者的预期愧疚显著更低，从而表明将折扣体现在享乐品上可以降低消费者的预期愧疚，假设 H7 得到支持。

为了验证假设 H8，我们首先对折扣表现在实用品上和享乐品上的购买意向进行单因素 ANOVA 分析，结果如表 7-9 所示。

表 7-9　购买意向的 ANOVA 分析

项目	平方和	df	均方	F	显著性
组间	22.402	1	22.402	6.100	0.015
组内	367.245	100	3.672		
总数	389.647	101			

从表 7-9 中我们发现，$F(1, 101) = 6.100$，$p = 0.015 < 0.05$，表明将折扣体现在享乐品和实用品上，消费者的购买意向有显著的差异。但两种情形孰高孰低，还要计算两种情形下的购买意向均值，结果如表 7-10 所示。

表 7-10　购买意向均值

项目	N	均值	标准差	均值标准误
折扣体现在实用品上	49	4.57	1.926	0.275
折扣体现在享乐品上	53	5.51	1.908	0.262

从表 7-10 中可以看出，当折扣体现在享乐品上时，购买意向的均值为 5.51，大于折扣体现在实用品上的均值 4.57，但这种差异是否具有统计学意义，还要进行独立样本 t 检验，结果如表 7-11 所示。

表 7-11　购买意向独立样本 t 检验

项目	t	df	Sig.	均值差	标准误
购买意向	−2.470	100	0.015	−0.938	0.380

从表 7-11 中我们发现，$p = 0.015 < 0.05$，差异具有显著性，说明将折扣体现在享乐品上比实用品上使消费者的购买意向显著提高，从而表明将折扣体现在享乐品上可以提高消费者的购买意向，假设 H8 得到支持。

为了验证假设 H9，根据温忠麟等对中介变量的处理方法[136]，以价格框架 X 为自变量，预期愧疚 M 为中介变量，购买意向 Y 为因变量做线性回归分析。三者之间的关系如图 7-2 所示。

在图 7-2 中，首先，以价格框架 X 为自变量，以购买意向 Y 为因变量做线性回归，建立回归方程 $Y = cX + e_1$。在该回归分析中，由于自变量 X 为分类变量，因此，我们要将 X 用哑变量来进行统计上的处理。设将折扣体现在享乐品上时 $X = 0$，将折扣体现在实用品上时 $X = 1$。其次，以价格框架 X 为自变量，以预期愧疚 M 为因变量，建立回归方程 $M = aX + e_2$。最后，建立以 X 和 M 为自变量，以 Y 为因变量的回归方程 $Y = c'X + bM + e_3$。使用 SPSS 17.0 做三个线性回归，结果如表 7-12 所示。

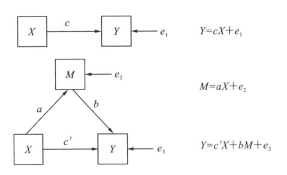

图 7-2 预期愧疚的中介作用

表 7-12 线性回归结果

回归系数代码	标准回归系数	t 值	Sig.
c	−0.240	−2.470	0.015
a	0.206	2.102	0.038
b	−0.284	−2.968	0.004
c'	−0.181	−1.899	0.060

从表 7-12 中我们发现，$c=-0.240$，$t=-2.470$，$p=0.015<0.05$，说明 X 和 Y 之间的线性关系显著。X 取值为 0 至 1，越靠近 0 购买意向越高，越靠近 1 购买意向越低，也就是说将捆绑产品的折扣体现在享乐品上比体现在实用品上时，消费者有更强的购买意向。$a=0.206$，$t=2.102$，$p=0.038<0.05$，说明 X 和 M 之间的线性关系显著，而且 X 取值越靠近 0，预期愧疚 M 越小；越靠近 1，预期愧疚 M 越大。也就是说将捆绑产品的折扣体现在享乐品上比体现在实用品上时预期愧疚低。上述结果进一步支持了假设 H7 和假设 H8。$b=-0.284$，$t=-2.968$，$p=0.004<0.05$，相关性显著，说明预期愧疚和购买意向负相关，预期愧疚越高，购买意向越低；预期愧疚越低，购买意向越高。$c'=-0.181$，$t=-1.899$，$p=0.060$。虽然 $p>0.05$，但和 0.05 非常接近，在模拟现实购买活动实验中，这一结果也是可以接受的，因此相关性仍是显著的。将捆绑产品的价格折扣体现在享乐品上，使预期愧疚减少，从而使购买意向增加。这一结果证明预期愧疚在价格框架和购买意向之间起中介作用，由此假设 H9 得到支持。

第五节　研究结论及讨论

本章的研究旨在验证在进行捆绑销售的过程中是否存在将折扣进行不同形式的框定会影响到消费者购买捆绑产品意愿的现象，即将折扣框定为捆绑产品中某一产品上的节省是否比框定为另一产品上的节省使得捆绑销售更有效果。我们将捆绑销售中的产品区分为两类——享乐品和实用品，研究发现将额度相等的折扣体现在享乐品上比实用品上，捆绑产品的购买行为更有可能发生。将折扣体现在享乐品上时，为购买该产品提供了理由，该理由使得消费者在购买捆绑产品时的愧疚感减少。但是，由于这种购物中的愧疚感和实用品没有关系，所以若将折扣体现在实用品上，对提高捆绑产品购买的可能性没有额外的作用。购买享乐品所产生的预期愧疚在价格框架和捆绑产品购买的可能性之间起中介作用。

尽管关于捆绑定价的研究大部分集中在如何刺激互补产品的购买上，但我们的研究证明捆绑定价将能有效地实现对不同目标的产品（如订书机能实现方便更好地完成学业的目标，巧克力能实现体验快乐的目标等）进行整合销售。这一研究结论对营销实践的意义表现在多个方面。

（1）最直接的意义在于零售商可以将享乐品和实用品捆绑销售，并将折扣体现在享乐品上，通过这种方式来增加享乐品的销量。与此类似，礼物是消费者为别人购买的，消费者觉得花很多钱是应该的，但如果花很多钱为自己购买享乐品时，消费者在心理上是不能接受的。那些销售礼物的营销者可以在消费者购买礼物时为消费者自己购买的那部分产品给予及时的折扣。例如，企业可以做这样的促销：给你爱的人买一束玫瑰花，可以半价得到为自己购买的6朵百合花。因为为别人购买礼物不会引起愧疚，因此需要很少理由或者不需要理由。将这些产品（礼物）和愧疚减少的产品（为消费者自己买的产品）捆绑，并将折扣体现在消费者自己享受的产品上，这样可以提高捆绑产品的销量。

（2）营销者可以通过强调捆绑在一起的产品能实现不同的实用或享乐目标，提高消费者对捆绑产品的购买率。例如，汽车的防盗系统和汽车的上漆保养计划。虽然这两个功能看起来都像是实用性的产品或服务，但如果企业宣传汽车的上漆保养，会使汽车亮丽如新，看起来更"炫"，而不是宣传上漆保养的防锈和防掉漆功能，并将捆绑的折扣体现在上漆保养上，这样会大大提高捆绑产品的销量。

（3）我们的研究结果和心理账户理论一致，消费者在心理上将金钱分为不同的账户，其花费和预算保持一致，金钱不能在不同的账户间自由流动。

未来的研究应集中于两个方面。一方面，探讨消费者如何对折扣进行重新框定。这就是说，在特别偏好某种享乐品的时候，为了找到说服自己的理由，人们更有动力对信息进行重新框定，将总体的折扣算在享乐品上。另一方面，尽管我们为了突出以理由为基础的信息加工效应，而将研究局限在一个享乐品和一个实用品捆绑销售的情形上，但这一研究结果仍可以延伸到其他不同形式的捆绑产品销售上。今后的研究应进一步检验具有不同的价值、吸引力和中心地位的产品捆绑销售时，产品的享乐/实用属性与价格框架的交互作用。

第八章 价格框架效应研究的结论与展望

第一节 研 究 结 论

价格是企业4Ps营销组合中最具灵活性的要素,价格战略也成为商家竞争的利器。不仅价格的额度会影响消费者对交易的感知,价格的呈现方式也会影响消费者对交易的感知,从而决定消费者的偏好与选择。笔者以行为决策理论和信息加工理论为基础,从认知与情感视角,探讨了价格框架效应对消费者偏好的作用机制。关于价格框架效应的研究结论包括以下四个方面。

一、价格呈现方式对偏好的影响

笔者从实证的角度验证了价格的不同框架会对消费者偏好产生影响。消费者在对价格进行评价与判断的过程中,并没有遵循传统的规范经济学理性"经济人"假设,即只要为获得某一产品或服务所支付的总价相同,不论价格以何种方式出现,消费者的偏好不变。本研究发现,消费者并不能通过精确地计算为某一产品或服务所支付的总价而进行客观地判断与选择。消费者在价格感知的过程中往往会受到一些跟价格高低本身没有关系的情景线索的影响。消费者在价格信息的处理过程中会受到诸如锚定调整、心理账户、成本/收益权衡,以及主观权重等认知偏差的影响,使得他们对价格的感知往往是主观的,在不同的价格框架下对客观上数量相同的价格有不同的感知。这一结论与相关行为定价的研究结果一致。此外，本研究还印证了偏好建构理论，即消费者往往不存在恒定不变的偏好，他们的偏好是根据情景因素建构的，消费者对同一产品的偏好会因为其价格框架的不同而发生变化。

二、认知需要对整合定价与分离定价的影响

对整合定价产品与分离定价产品的偏好受消费者信息加工动机即认知需要的影响，但这种影响在不同的信息感知模式下不同。具体来讲，在回忆驱动的信息感知模式下，认知需要与价格框架存在明显的交互作用。高认知需要的消费者对整合定价产品比分离定价产品有更强的偏好，而低认知需要的消费者对两者的偏好没有显著差异。在刺激驱动的信息感知模式下，高认知需要的消费者对分离定价产品比整合定价产品有更强的偏好，但低认知需要的消费者正好相反，对整合定价产品比分离定价产品有更强的偏好。这一研究结论和以往关于整合定价与分离定价的研究结论有差异，以往的结论大多认为分离定价使消费者忽略相对不太重要的附加价，从而更能刺激需求。产生差异的原因在于以前关于整合定价和分离定价的研究只考虑了整合与分离两种价格框架对于消费者选择的影响，既没有考虑不同的信息感知模式，又没有考虑消费者不同的信息加工动机，因而其结论是非常笼统的。

三、分离定价中产品的价格衡量能力对分离定价效果的影响

笔者通过研究发现，价格框架通过影响选择性注意，进而影响消费者对产品的总体评价与偏好。相对于整合框架而言，分离框架使消费者对次要属性有更多的选择性注意，进而在对产品的总体评价中，次要属性的交易价值占有更高的权重。在总价一定的情况下，次要属性的交易价值越高，消费者对产品的总体偏好越强；次要属性的交易价值越低，消费者对产品的总体偏好越弱。这一研究发现与 Chakravarti、Bertini、Wathieu，以及 Hamilton 和 Srivastava 的研究结论一致。在形成总价值的过程中，人们对各分离部分的评价存在偏差，对较容易衡量的属性往往会给予更高的权重。其形成机制是属性的价格衡量能力越强，消费者的选择性注意越高，在总价值中的权重就会越高，这时消费者的偏好取决于价格易衡量属性的交易价值。易衡量属性的交易价值越高，偏好越强；反之易衡量属性的交易价值越低，偏好越弱。

四、产品的实用属性与享乐属性对捆绑销售的作用机制

实用品与享乐品捆绑销售过程中,在支付的总价不变的情况下,将价格优惠体现在享乐品上比体现在实用品上更能增加消费者的购买意愿。产生这一效果的机制是价格折扣会成为人们购买该捆绑产品的理由,会减少由于购买享乐品而带来的预期愧疚;而价格优惠体现在实用品上时,不会使预期愧疚减少,捆绑产品的吸引力也就会大大降低。

第二节 研 究 启 示

上述研究结论对于卖家如何进行价格沟通有较大启示。基于上述结论,笔者提出如下建议供卖家在陈述价格信息时参考。

一、价格信息的呈现方式应引起足够的重视

卖家往往将过多的精力集中在通过各种价格优惠,给消费者带来"量"上的好处方面做文章,而忽略了在"量"一定的情况下,不同的价格呈现方式也会影响消费者对价格的感知和产品的偏好。商家价格促销的手段层出不穷,如折扣、买赠、优惠券、返券等,可谓花样百出,但越来越精明的消费者显然并不买账,他们还在等待更低的价格出现。于是商家之间的价格战愈演愈烈,价格一降再降,很多商家抱怨生意难做,赚钱越来越困难。但本研究结果表明:价格的感知往往是主观的,很多时候跟价格高低本身并无多大关系。价格信息的不同呈现方式会影响到消费者对价格高低和优惠程度的感知,进而影响消费者的偏好和选择。因此商家在制定价格和进行价格调整时,一定要考虑价格信息的呈现方式对消费者价格主观感受的影响,从而不需要以牺牲经济利益为代价就可以达到预期的促销效果,达到事半功倍的效果。

二、采用不同的媒介进行价格促销时应使用不同的价格表述形式

在对价格进行加总的过程中,大多数人表现为"认知吝啬者",他们不会

对各项支出进行精确的加总。在传统的目录邮购中，产品价格和运费往往不在同一页纸上，这种做法使得购买者采用回忆驱动的模式对价格信息进行加工。这样人们在将产品价格和运费进行加总计算出自己要付出的总价时，通常会低估总价，这是因为在回忆驱动的信息加工模式中，锚定调整等直觉信息加工模式占重要地位。在对价格进行加总的过程中，人们不愿付出更多的认知努力，他们通常锚定最重要的部分然后进行调整，但这种调整通常是不充分的，所以像运费这种占比重较小的部分常常被低估甚至被忽略，因而分离定价更有吸引力。但在日益流行的网络购物中，各部分的信息同时呈现在消费者眼前，人们更倾向于采用刺激模式对价格信息进行加工，像运费这样的花费项目很难被忽略，而且各个网络卖家会将总价计算好呈现在消费者面前，这时应采用整合定价或给出产品价以宣称免运费的价格呈现方式。因为如果各部分的价格分开标出，根据心理账户原理，消费者看到自己要为多项产品或服务买单时，会感到更贵。

三、在分离定价中根据各个分离属性的价格可衡量性来决定总价在各部分之间的分割

很多时候，商家不得不采用分离定价的方式，那么总价在各部分之间如何进行分割才会对商家更有利呢？其实，各个分离属性的价格可衡量性起着决定性的作用。若分离属性有明确的内部参考价或外部参考价，那么这一属性的价格可衡量性就高。反之，若没有明确的内部参考价或外部参考价，那么这一属性的价格可衡量性就低。商家在对产品进行分离定价时，应将更多的部分分配在价格可衡量性低的属性上，而将较少的部分分配在价格可衡量性高的属性上。对于网络卖家而言，运输服务相对于产品本身而言，其价格的可衡量性更高，因为从相同的发货地到目的地之间的运费几乎是透明的。消费者往往会因为自己在运费上多出了几块钱而放弃购买，即使他们可能在产品价格上支付更少。医院的收费中，通常是药价很贵，而专家号的挂号费很便宜，这种价格结构使得患者的抱怨增加。其原因是现在医院开的许多药，人们会在药店或网上查到相关价格，因此其价格的可衡量性高，患者会感觉自己花了大量的冤枉钱。而相反，医院的专家其专业程度和临床经验应该是难以比较的，因此其价格的可衡量性低。所以医院正确的做法应该是增加在专家所付出的专业性和技术性劳动上的价格分割，减少在药品上的价格分割。

四、在捆绑销售中价格优惠应体现在享乐品上而非实用品上

捆绑销售的现象在生活中屡见不鲜,消费者购买捆绑产品时,常常能获得更优惠的价格,而有关优惠信息的出现方式的选择也大有讲究。当捆绑销售的产品明显包括实用品和享乐品时,应将优惠体现在享乐品上而非实用品上,这样会使消费者减少由于购买享乐品所带来的愧疚感,使他们更有可能购买捆绑产品。而当产品都是实用品或享乐品时,商家应在产品的描述中,使用不同的语句,将其中的一种操纵为较为享乐性的产品,另一种操纵为较为实用性的产品,而且告知消费者他们在享乐品上获得了价格优惠,这样也能增加捆绑产品的销售量。

第三节 局限性及进一步研究的方向

虽然笔者深入研究了价格促销信息的框定对偏好的作用机制,并提出了其在营销管理实践中的应用方法,但还存在一定的局限性,以下是对本研究的局限性所进行的归纳,并提出了未来的研究方向与思路。

一、研究的局限性

1. 研究的内容较窄

由于篇幅的限制,只对促销信息框架效应中的一种——价格框架效应进行探讨。而且在价格框架效应的研究中,只探讨了整合定价和分离定价这两种价格框定形式产生框架效应的机制,其中重点讨论价格框架所带来的认知反应和情感反应,以及这些反应所带来的偏好与选择的变化。此外,仅限于特征框架的研究,对其他两种框架效应——风险选择框架效应和结果框架效应没有进行探讨。行为定价的内容非常庞杂,对其他方面如左位数效应、参考效应、媒介物最大化等都没有展开具体研究,而目前对这些效应发生机制的研究并不多,这就使得不能在一个全面研究的基础上构建出一个行为定价的模型。

2. 研究方法具有一定的局限性

本研究大多采用实验的方法，这将无法避免地存在其固有的先天不足的问题。比如在实验的设计中，大多会模拟真实的购买场景，要求被试阅读给出的情景材料，作出判断和选择，而实际的购买场景往往更复杂而且充满变数。虽然我们采取了一些控制措施来避免被试在选择时出现误差，但这种方法无疑有待进一步改进。

3. 样本的选择问题

本研究实验中的被试都是在校大学生，虽然大学生的心智比较成熟，他们也有类似的产品或服务的选择与购买经验，但不可避免地忽略了许多其他消费者的特征，如他们的年龄、家庭生命周期、职业和收入等人口统计特征比较接近，而在实际的购买情景中消费者的这些特征可能是千差万别的，这使得本研究结论和实际的购买情景可能会存在一定的偏差。

4. 国内关于行为定价的研究非常少见

本研究以西方消费者行为文献和营销实践为基础，进行了国内消费者对价格框架的反应研究。由于东西方文化存在差异，那么我国的消费者在对价格信息进行处理时是否会与西方国家的消费者存在差异呢？另外本研究只从消费者的角度来考虑框架效应影响，并没有到我国企业去调研它们的促销实践，因此本研究提出的一些价格促销信息的呈现策略有待进一步检验。

二、研究展望

为了进一步完善和拓展本研究工作，未来的研究可以从以下方面着手。

1. 进一步拓展和深化研究的内容

国外关于框架效应的研究较为丰富，价格领域框架效应的研究近几年来也越来越受到学者们的关注。但我国目前关于行为定价的研究明显不足，而具体到价格框架的研究方面，研究者更是少之又少。今后可以在更广泛的领域展开研究，比如，就影响价格框架效应的个体差异而言，个体的思维方式、调节导向等都会对价格促销信息的加工和感知产生影响，可以针对这些消费者的个体差异展开研究。同时，价格信息的框架有很多不同的形式，目前只有少量研究涉及诸如金额与百分比等形式的价格框架，还有其他许多的价格框架形式值得关注，比如，可以就比较有中国特色的"折后折"与一次性折扣等价格框架形式展开深入探讨。然后，在这些研究的基础上，形成价格框架效应的作用机制框架或行为定价的一般模式图。

2. 进一步完善研究的方法

实验研究和基于实际购买数据的模型检验是行为研究领域中两个比较常用的实证研究方法。在本研究中，我们通过实验的方式验证了价格框架效应对消费者偏好与选择的作用机制。这种自我报告的数据，由于个人因素、情景因素和环境因素的影响，容易产生共同方法偏差。也就是说，由于同样的数据来源或评分者、同样的测量环境、项目语境以及项目特征所造成的预测变量与效标变量之间的人为共变性。它是源于诸如抽象水平、问卷特定条目内容、问卷类型、反应形式、一般测试环境等测量方法而不是研究构想的一种变异。因此，今后的研究方向是将自我报告数据和非自我报告数据进行整合，以实现研究方法的创新。具体来说，可以利用网上拍卖所得到的面板数据等探讨在大样本条件下和现实的购买情景下，消费者的偏好与选择如何。在消费者网购飞速发展的背景下，探讨企业在网络环境下如何与消费者进行价格信息的沟通，以及在此过程中不同的价格框定形式给消费者偏好带来的影响。

3. 进行价格框架效应的跨文化研究

中国人和西方人由于所处的消费文化环境不同，经济发展水平不同，人与人之间的关系不同，这些差异一定会使得中国人和西方人即使面对同样的价格信息时，其认知反应和情感反应也会不同，价格框架效应表现出的结果可能会有差异，这也将是一个非常有趣的研究方向。

4. 价格框架效应的脑神经反应研究

基于脑神经反应的行为研究已经成为决策领域一个日益壮大的研究分支，大脑是个体进行信息加工和决策形成的物质基础。大脑的不同半球负责处理不同的信息，不同框架的信息也会激活大脑所对应的不同区域，一些有关脑神经的研究也为框架效应的产生提供了初步的依据，未来价格框架效应在这一领域中的研究一定会引起越来越多的学者和厂商的关注。

第三篇

框架效应与心理账户对消费者响应的作用机制

第九章 媒体新闻框架对消费者品牌态度的影响

第一节 问题的提出

产品伤害危机事件是指偶尔出现的,并被广泛宣传的关于某产品有缺陷或对消费者产生危险的事件。[137] 事实上,每家企业都不可能做到尽善尽美,因此产品伤害危机几乎是每家企业无法避免的一个问题。企业一旦面临了严重的产品伤害危机,就很有可能要经历一次重大灾难。例如,大家熟知的"三聚氰胺"奶粉事件,对于奶粉行业的所有品牌来说都是一次重创,引起了消费者的信任危机和恐慌。为了帮助出现产品伤害危机的企业更好地应对消费者的质疑、进行形象的修复,近年来有许多关于该领域的研究,并且取得了丰硕的成果。在大量的研究中,主要集中于探索产品伤害危机事件下,应对方式对企业(如品牌资产[138])或消费者(如感知危险[139])的影响。现如今媒体新闻报道大大影响着社会的舆论导向,媒体报道的不同方式可能对消费者产生不同强弱的影响,从而影响着产品伤害危机事件后消费者品牌态度的变化程度,可能是轻微的负向变化,又或是非常严重地削弱消费者品牌态度。对于同一件负面事件,不同的媒体会站在不同的角度报道,从而产生不同的负面信息,使个体形成不同的认知。这种因媒体新闻的表述不同,而产生的消费者对同一件事情的认知差异,就可以被称为媒体新闻对消费者产生了"框架效应"。关于框架效应,目前国内外学者的研究成果丰硕,其中也有包括负面信息框架效应的研究。但是在作为典型负面事件的产品伤害危机事件中，媒体新闻框架效应如何影响消费者品牌态度，现存的研究却还无法给出确切的答复。显然，在产品伤害危机事件发生之后，消费者了解事件进度的一种快速高效的方式就是通过媒体的报道，因此消费者品牌态度在他们通过媒体新闻了解事件进展的过程中，也必然受到各种不同报道方式的影响，即受到不同类型或是不同程度的框架效应的影响。本章希望通过研究在产品伤害危机事件发生之后，媒体新闻框架在影响消费者品牌态度的过程中，这中间可能存在的调节因素，进一步从负面事件信息传播框架的角度研究消费者态度的变化情况。从理论角度，能够为今后负面信息框架效应的研究起到启发式的作用，可以进一步在本研究的基础上拓宽，探究除品牌态度以外的其他可能受框架效应影响的诸多因素。从实践角度，为企业和社会在面临不同危机事件时，如何有效地利用媒体新闻渠道传播危机信息以及后期的形象修复提供理论基础。

综合来看，目前关于企业负面事件的研究中，有大量基于产品伤害危机事件的分类研究，可辩解型和不可辩解型两种类型是国内学者常见的研究类型，并在这些情况下探讨了危机事件对应对方式、购买行为、品牌忠诚等的影响。[140] 产品伤害危机事件作为负面事件，往往发生后，消费者会主动搜索与危机事件相关的信息，评估应该对该事件负有责任的一方[141]，即进行归因。而在危机情景下，不仅企业需要从产品伤害危机爆发的根源进行控制，采取积极措施，同时还需要媒体给予积极的响应，尽量客观正向地报道该事件，才能减少消费者的责任归因。[142] 在产品伤害危机事件频频发生的如今，如央视"3·15"晚会上曝光的某企业食品产于核辐射区域，此事件引起了社会不小的轰动，更是引起了消费者的指责。在这个事件不断发酵的过程中，媒体新闻显然扮演了不可或缺的角色。媒体新闻的出现，大大缩减了消费者自己去了解产品信息的付出成本，所以消费者总会倾向于选择这种即时的渠道来获取信息。

因此，在危机事件发生后，消费者或多或少都会受到媒体信息的影响，并依靠这些信息来形成或改变对危机品牌的认知。这种依靠媒体新闻框架来了解品牌的行为，就可以说消费者是受到媒体新闻框架影响的。在探究信息框架对企业形象修复的影响时，杜志刚等分别通过信息来源、信息类型和信息的参考点探究了消费者在产品伤害危机事件发生之后对企业会发生何种程度的态度改变，证明了信息框架对大众接受和使用信息有影响。[143] 但是产品伤害危机情景下，媒体新闻的负面报道框架也有不同的类型，如偏向于指责企业道德的失德型媒体新闻框架，和偏向于指责企业能力的失能型媒体新闻框架。以往的研究大多是基于负面信息的能力型框架展开的，对于道德型的负面信息框架的影响还有待进一步研究。这些负面信息框架在负向影响消费者品牌态度的过程中，受到哪些因素的调节作用呢？哪些原因使得消费者在基于媒体新闻框架进行事件判断时，品牌态度受到了显著的削弱？若是某种负面信息框架会使得消费者对品牌抱有更消极的负面态度，那势必使得企业处理危机事件的过程变得更加棘手。因此，本章将探讨产品伤害危机事件下，消费者品牌态度受哪种框架影响更为显著，哪些因素又会使得媒体新闻对消费者的框架效应更为明显。

第二节　文献回顾与模型构建

关于框架效应的研究最早源于卡尼曼和特维尔斯基对"亚洲疾病"问题的研究，证明了在正面和负面的不同信息表述情况下，人们会对事实上结果完全相同的两件事情作出不同的决策，因此在这种情况下，人们受到框架效应的影响，导致自己不再是完全依据事实的理性决策者了，而会对信息的价值产生差异认知，从而态度和决策也会受到影响。近年又有研究进一步指出积极的框架和消极的框架会对公平判断产生影响。[144] 研究发现相比于消极的框架，在积极的框架下公众更倾向于公平程度更高的判断，同时公平判断原则的偏好也受到具体任务和情景的影响，研究者通过实验设计了选拔、计算机、培训、加班四种情景来验证。Cassotti等进一步研究发现，当公众拥有积极的情绪时，影响公共决策的框架效应能够被削弱甚至被消除。[145] 因此说明在企业发生消极事件后研究框架效应更具有修正性、启发性的意义。框架效应在心理学领域早已有过许多研究，而在营销学领域常常基于信息框架效应展开研究。相对于积极的事件，大量的研究更倾向于在消极的事件背景下，展开信息框架效应的研究，由于危机事件发生后，企业不仅要自身作出积极的回应，更要利用可靠的信息来源、高效的信息类型和参照点等因素，来管理和操控积极的信息框架，以最大限度地提升企业形象。因此，在企业负面事件发生的背景下，企业可以通过操控信息框架来最终减少消费者对企业的归因，这些研究都对企业的决策起到了指导性的作用。但是基于负面事件本身，媒体会产生差异性的报道方式。这些多种多样的报道，使消费者在一定程度上受到了不同框架效应的影响，即对于同一事件，消费者产生了不同的情感或判断，消费者品牌态度也会受到不同程度的影响。那么，这种危机事件情景下的信息框架会如何影响消费者品牌态度呢？同时，每一位消费者对于信息处理存在不同的倾向，也就是说有些消费者可能特别容易受到这种框架效应的影响，而有些则不然。因此不同类型的媒体新闻框架对消费者品牌态度的影响，是否会受到这种个体信息处理方式的调节呢？我们通过引入消费者认知需要来解释。

通过前面对已有文献的梳理可以发现，在产品伤害危机情景下，媒体新闻报道对于消费者品牌态度存在一定的框架效应。本章的研究在假定这种媒体新闻框架会对消费者产生影响的前提下，探讨在不同的危机报道方式下，这种影响的强弱受哪些因素调节。

本章将探讨媒体对企业危机事件的失能描述和失德描述，对消费者品牌态度是否能够形成较强（较弱）的框架效应，这两种框架所产生影响的差异又是来自哪些因素，并且受到哪些因素的调节。基于此，从企业的角度引入危机严重程度作为第一个调节变量，探讨它在这个过程中起到怎样的调节作用；再从消费者角度，引入认知需要作为第二个调节变量，探讨它如何调节这种负面影响。综上所述，得出本章的研究框架及主要变量如图9-1所示。

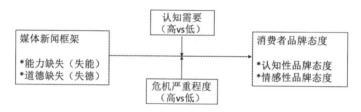

图 9-1 研究框架及主要变量

第三节 本研究的相关概念界定

一、框架和新闻框架

关于框架的理论研究最早出现在戈夫曼于1974年出版的《框架分析》一书中。在该书中戈夫曼对框架进行了清晰阐述，他认为框架能够快速地帮助人们了解周围的环境，并将其转化成自己的主观思想，形成自己的认知。[146] 从社会学的角度，戈夫曼对框架展开了研究，认为框架的产生一部分原因是个体过去的经验，同时也受到社会文化意识的影响。卡尼曼和特维尔斯基在前景理论中也表述了关于框架的观点，认为人们需要借助框架来理解自己周围的环境，进而对事物形成认知。

新闻框架就是给框架加上了一个限定条件，被看作一种信息框架。

第九章 媒体新闻框架对消费者危机品牌态度的影响

Tankard 指出，在新闻框架这一概念中的主要内容是"框架"。[147] Entman 则将新闻框架看作一种动作[148]，把一件事情进行框架，就是新闻通过将事实进行选择后再突出强调某些部分，即挑选认为需要的东西，在新闻中特别凸显出来。如果将新闻所报道的信息用框架理论来解释的话，我们可以这样理解：新闻是将真实的信息进行筛选，然后强调或重组一部分事实后所形成的一种框架，它会影响信息受众者对信息的解读和认知。因此新闻所呈现出的是一种构建的、有局限性的真实。[149] 现在的新闻框架研究认为，如今产生的不同新闻框架是由于新闻"框定"了部分事实，将一部分事实进行"筛选"，然后再重组或强调后进行报道。由此可以看出，新闻对于同一个事件的不同报道方式，并不是说新闻失去了真实，而是产生了不同形式的"真实"，因此人们对同一事实的认知会有所差异。

二、失能和失德

失能和失德，常常是在企业发生负面事件后对企业的批评，我们可以看作两种不同的评判角度。企业的危机事件可能是由于提供产品的能力不足，如没有控制好生产流程，某一环节存在纰漏导致出现产品质量问题；也可能是由于企业的道德问题，如为了降低成本使用有毒产品等。[150] 因此，消费者同样会从能力和道德两个维度来评价产品伤害危机事件：失能型（如产品质量不好、企业技术不好而导致的危机事件等）、失德型（如缺乏基本道德、只顾一己私利而导致的危机事件等）。理论上可以将这两种危机事件定义为，企业因缺乏兑现或履行其向消费者作出的承诺的能力而形成的危机（失能）；企业因与消费者或社会中建立的道德标准相冲突而形成的危机（失德）。[151]

基于这种标准，将影响消费者的媒体新闻框架划分为失能型框架和失德型框架，即可以分别解释为，在产品伤害危机事件发生之后，媒体新闻更多地指责企业的能力缺失，以此可能让消费者理性归因于企业能力不足；或是媒体新闻更多地指责企业的道德问题，以此可能让消费者感性归因于企业道德缺失。当然一件危机事件的发生往往可能既存在道德问题，又存在能力问题，本章正是对媒体新闻将事实框定后产生的不同框架进行探讨。

三、认知需要

如前所述，认知需要是个体进行思考活动的倾向，是人格特征的一种，它是指个体在对信息加工时是否会进行周密的思考并在这个过程中获得的满足感，反映了个体从事并享受思考活动的倾向性，很大程度影响着个体提取和判断信息的深度和广度。Cacioppo认为其实质在于不同的个体的认知动机存在差异性。高认知需要者更注重信息的本质，愿意付出更多的精力去加工信息，并更为全面地分析处理信息，形成一个相对客观的认知，因此当高认知需要者接收到信息时，会进行较为深入的思考，并收集一些相关资料来更加全面地理解信息和分析结果，更多地依靠自己对信息进行理解。低认知需要者则反之，他们在获得信息后，不太愿意花费很多精力去加工信息，而是更多地依赖其他人、启发式认知或者社会比较过程[152]，由于更多的是依赖外界，而不是通过自身努力去分析处理信息，低认知需要者的认知更容易受外界信息的影响。由此可以发现，认知需要体现为个体对信息的加工是精细还是粗糙。

四、消费者品牌态度

态度在心理学和营销学领域都是十分重要的概念。在营销学中，消费者态度是指在特定的情景下，消费者对于特定客体的习得性倾向，这种倾向能够引导消费者对该客体形成相对稳定的积极或消极的行为方式。[153] 而学界对于态度的定义更偏向于从其构成和作用机制出发，因此对态度有更为全面的观点，认为它是包含认知因素、情感因素和行为倾向的持久系统。由此可见，认知、情感和行为综合形成了消费者态度。从态度的作用机制上看，消费者是通过认知经验和情感体验，形成对品牌的评价，进而产生购买或不购买的行为，因此可以说消费者的购买完全是在良好的情感和认知的情况下，才会作出的行为选择。[154] 所以危机事件一旦发生，第一时间首要考虑的是应该如何挽救消费者的情感和认知，尽量减少公众的负面情绪，为企业思考采取何种应对方式、进行消费者购买意愿的修复争取时间。所以，考虑危机事件发生后的短期内媒体新闻框架的影响，本章将通过认知性、情感性两个维度来衡量消费者品牌态度。

第四节 理论推演及假设提出

一、不同的报道框架引起消费者品牌态度的差异

Pulling等（2006）将企业负面信息分为与企业道德相关的负面信息和与企

业产品相关的负面信息两种。媒体对产品伤害危机的信息报道很显然是一种负面的报道,因此我们在企业负面信息的分类基础上,将媒体新闻的报道框架分为失德型框架和失能型框架。当然,有时一件危机事件的发生可能同时表现为道德和能力的缺失,但是根据媒体新闻框架的相关研究,媒体会选择性地报道并凸显一部分真相,由此形成了消费者作为判断依据的框架。这种信息框架效应在某种程度上显著的影响性,在学者汤志伟等的研究中也进一步得到了证明。[155] 研究表明,在正面信息框架中,个体决策过程满意度和决策结果的自信度显著高于负面信息框架。通过实证研究的方法指出,在面对危机事件时,判断会容易受问题表述方式的影响。而关于失德和失能两种不同类型的负面事件的研究中,也发现违背情感道德(对应失德)比能力缺失(对应失能)更容易产生严重和持久的影响[156],此后也有研究进一步证明了诚信型负面事件会导致消费者对企业产生更为显著的失德、失信的认知,综上所述,作出以下假设。

H1:在产品伤害危机情景下,相比于媒体新闻的失能型框架,失德型框架对消费者品牌态度的影响更大。

二、认知需要的调节作用

认知需要可以用于研究个体对信息加工的过程,能够用于分辨消费者处理信息时不同的倾向性。由于高认知需要者愿意并且享受收集信息的过程,因此会更加广泛地收集信息,并深入积极地加工所获得的信息,会付出更多努力来形成全面的认知。而低认知需要者会回避信息收集、深加工的过程,因此相比于高认知需要者,更容易忽略一些信息,也更需要依靠外界的力量来辅助自己获取一些表面、常规的信息。关于认知需要的影响研究,主要集中在态度改变和以信息加工为基础的决策这两个方面。从改变个体态度的研究方向,孙瑾和张红霞(2012)的研究证明了消费者处理信息的这一差异,会造成其认知态度的差异,研究表明相对于高认知需要的消费者,低认知需要的消费者更喜欢品牌名称的暗示性。[157] 品牌名称的暗示性也是在向消费者传达着某种隐含信息,由此说明信息在影响消费者决策的过程中,显然受到认知需要的调节作用的影响。从改变个体决策的研究方向,程燕蓉(2013)在针对大学生群体受正向框架影响的研究中发现,认知需要对该消费群体的购买意向有显著影响,低认知需要的消费者的购买意愿明显高于高认知需要的消费者。[158] 由此我们可以发现,认知需要无论是在影响消费者态度还是决策两个方面，都有显著的影响。

而在框架效应下，认知需要的调节作用也是十分显著的。已有的研究表明，在正向框架下，认知需要对个体决策结果的影响显著，但是对于高认知需要者，负向框架效应的影响却不如低认知需要者显著。认知需要和框架条件在分别作为因变量时，不考虑交互作用，对个体的决策都有显著影响。[159] 同样有学者对企业的负面事件从道德角度进行了探究，发现认知需要在道德型负面事件中的调节作用[160]，进一步证明了认知需要不同的消费者对负面信息的反应存在较大差异，并且低认知需要的消费者更容易受到道德问题的影响。本章基于产品伤害危机情景下，即考虑媒体新闻的负面框架效应的情况下，高认知需要者信息加工有更多的思考和逻辑判断，而低认知需要者更为感性[161]，因此认为高认知需要者受到的框架效应不如低认知需要者显著，提出以下假设。

H2：在产品伤害危机情景下，相比于高认知需要的消费者，低认知需要的消费者的情感性品牌态度受失德型媒体新闻框架的影响更大。

三、危机程度的调节作用

Vassilikopoulou 等（2009）将危机的严重性定义为危机造成的人、动物以及环境的伤亡数量和程度。当消费者无法确切掌握危机所造成的这些数据时，他们就会推测其严重性。因此，在不能通过数据量化的危机事件中，对于不同的消费者而言，他们所认为的严重程度也有可能不同。危机事件的严重程度越高，消费者会感受到更大的风险，企业的品牌资产就会受到更大的负面影响[162]，与此同时，对于消费者而言，危机越严重，其感知的风险越大[163]，也会对其购买意愿产生显著的负面影响。所以，当发生危机程度不同的事件时，企业和消费者都会受到不同程度的影响。[164] 在企业负面事件曝光对消费者信任影响的研究中，我国学者徐彪的研究实验同样将严重程度作为一个调节变量，证明了无论在何种类型的负面事件中（如诚信型、能力型等），只要事件严重程度越高，消费者信任的各个维度就都会受到更显著的损害。因此，在危机程度较高的情景下，消费者品牌态度也可能受到明显的影响。综上所述，作出以下假设。

H3：相比于较低程度的危机，在危机程度较高的情景下，消费者品牌态度受媒体新闻框架的影响更明显。

第五节 实　验　设　计

一、前测实验设计

前测实验的目的在于：设计并检验实证研究中产品伤害危机的情景，高严重程度和低严重程度的控制，以及设计媒体新闻框架，控制媒体新闻的失能型报道方式和失德型报道方式。

根据假设，实验情景是2（高程度危机 VS 低程度危机）×2（失能型媒体新闻框架 vs 失德型媒体新闻框架）。实验的第一步是确定产生危机的行业。实验参考《产品伤害危机中企业反应策略对媒体报道的影响——多案例交叉验证》中[165]，所选择的行业，通过研究各行业合计148个产品伤害危机事件，总结出经典的8个案例，最终从社会关注度和案例分析的角度，选择了3个具有代表性的行业——"食品制造业""乳制品制造业""酒、饮料和精制茶制造业"。由于食品、饮品等与消费者的健康息息相关，很容易引起媒体的关注和消费者的舆论，因此，笔者设计了一个与饮料行业相关的情景，更容易引起受调查者的情景联想。

实验的第二步是危机的构造。由于需要构造的是一个关于产品伤害危机的媒体新闻报道框架，即消费者最终应该是受媒体新闻报道形成的框架所限制的，因此，并没有选择某个经典的品牌案例作为蓝本，来构思危机情景。因为，这样容易让消费者引起联想，并通过除题目设计的情景之外的影响因素来判断，如消费者自身对该事件的认知，容易将该事件自动匹配到自己认知结构中已存在的企业品牌身上，并通过自己的经验来判断，可能就会削弱题目中所设计的情景本身对消费者的影响状况。综上所述，笔者选择的是自己分别构造饮料行业的高、低产品伤害危机情景。通过万广圣等学者的分析结果，我们可以发现无论是媒体还是消费者更加关注对人的健康产生危害的危机，因此，我们也将危机设置为对人健康可能造成安全隐患的两种情况。但是此外还考虑到，消费者可能会过多地关注自身健康，可能将一些并不严重的身体症状也视为严重的健康威胁，从而判断该危机非常严重，为了区分危机严重程度，在低危机情景的构建中，笔者选择突出强调"轻微过敏"，并与高危机情景中的"严重腹泻、呕吐"形成较大的反差与对比。

实验的第三步是考虑媒体新闻框架的类型构造。为了防止消费者受自己原有的认知影响而对情景中所提到的品牌进行过于主观的判断,笔者选择将情景描述得更像一则新闻,并参考了新华网、新浪网、《南方都市报》中关于危机事件的报道,进行自己的语句组织,旨在让文字更便于理解、客观。对于失能型和失德型两种媒体报道框架的构造,笔者分别通过指责企业由于受到"技术限制"产生危机和指责企业为获取利益"降低成本、违规"这样的关键字眼,让消费者能有判断的依据。根据上述思路和构造方式,设计了四种问卷进行检测。

二、前测实验过程及结果

前测实验问卷共回收了 $4 \times 10 = 40$ 份,为了打破地区、年龄层的局限,通过网络实时发放问卷,并保持与被调查者的沟通。对于高程度危机事件,通过李克特七点量表收集的平均分为 $6.7 > 4$,表示该危机程度较高(大家默认 7 分为饮料造成的死亡)。对于低程度危机事件,收集到的平均分为 $3.3 < 4$,表示大家认为该危机程度较低。而对于失能型媒体新闻报道和失德型媒体新闻报道所产生的框架效应,准确率达到了 100%,大家均作出了正确的判断。因此可以肯定,四种情景下的媒体新闻报道框架操作成功。

三、正式实验设计

正式实验通过网络发放问卷的方式进行,共回收了 164 份问卷,剔除无效问卷(缺项、极端值)后,剩余有效问卷为 138 份问卷,有效率为 84.1%,其中男性为 66 人,占 47.8%,女性为 72 人,占 52.2%。实验情景是 2(媒体新闻框架:失能/失德)$\times 2$(产品伤害危机程度:高/低),被试随机填写其中一种情景的问卷。为了不受品牌名称的干扰,实验情景设计中均为"某饮料品牌"。

首先在问卷的最上端,设计的是一则新闻情景。有"以下是一则新闻,据媒体新闻报道……"等字眼。通过新闻报道的口吻,将产品伤害危机事件进行描述。先说明了危机事件的经过,然后通过深入调查的方式道出产生这次危机的根本原因。整个新闻的描述,将对被试形成一种框架。阅读完背景信息后,被试将进行问卷答题,问卷是由 Freedman 的成熟品牌态度量表(认知性 & 情感性)和 Cacioppo 等于 1984 年修订后的 18 项认知需要量表构成的量表型问卷。

四、正式实验检验

(一) 媒体新闻框架与消费者品牌态度

将实验组分为失能组和失德组,通过弗里德曼经典的 ABC 态度模型,运用 ANOVA 分析得到结果见表 9-1。在失德操控组,被试产生的品牌态度均值为 $M_{失德}=1.60$,在失能操控组,被试产生的品牌态度均值为 $M_{失能}=2.85$,"1~7 分"表示"非常不满意~非常满意",通过均值可以发现品牌态度受到不同媒体新闻框架的影响,且受失德型影响显著。通过单因素方差分析,$F=52.881$,$p=0.000<0.01$,说明失能型和失德型两种媒体新闻框架对消费者品牌态度的影响具有显著差异。H1 得到证明。

表 9-1 媒体新闻框架对消费者品牌态度的影响分析

	平方和	自由度	均方	F	p
组间	54.219	1	54.219	52.881	0.000
组内	139.442	136	1.025	—	—
总计	193.661	137	—	—	—

(二) 认知需要的调节作用

将实验组以认知需要数据结果的中位数为中点,分为高认知需要、低认知需要两组,通过 ANOVA 分析得到:高认知需要组均值为 $M_{高认知需要}=2.44$,低认知需要组均值为 $M_{低认知需要}=2.01$。通过单因素方差分析,检验消费者品牌态度受认知需要的调节作用得出 $F=7.008$,$p=0.009<0.01$,说明认知需要不同的消费者受到框架效应的影响存在显著差异。并通过对认知需要不同的两种人产生的品牌态度均值比较 $M_{低认知需要}<M_{高认知需要}$,说明低认知需要的消费者,其品牌态度受到的框架影响更大。通过单独检验其品牌态度中的情感性维度所受的影响,得到结果见表 9-2。发现其情感性品牌态度的均值 $M_{高认知需要}=2.37$,$M_{低认知需要}=1.87$,进行显著性分析 $F=6.005$,$p=0.016<0.05$,H2 得到证明。这说明认知需要不同的消费者在受到框架效应影响时,其产生的品牌态度差异很有可能来自其情感性维度的变化差异。

表 9-2　消费者品牌态度受认知需要的调节作用分析

分类	平方和	自由度	均方	F	p
组间	8.877	1	8.877	6.005	0.016
组内	201.029	136	1.478	—	—
总计	209.906	137	—	—	—

（三）危机程度的调节作用

将实验组根据已设计好的危机情景分为高危机组和低危机组，检验这两种情形下消费者品牌态度的差异，通过 ANOVA 分析得到结果见表 9-3。在高危机情景下 $M_{高危}=1.92$，在低危机情景下 $M_{低危}=2.50$。通过单因素方差分析消费者品牌态度的情况得出 $F=8.786$，$p=0.004<0.01$，说明危机程度对消费者品牌态度的影响有显著差异。并通过均值比较，$M_{高危}<M_{低危}$，说明危机程度越高消费者品牌态度越差。H3 得到证明。

表 9-3　消费者品牌态度的差异分析

分类	平方和	自由度	均方	F	p
组间	11.752	1	11.752	8.786	0.004
组内	181.910	136	1.338	—	—
总计	193.661	137	—	—	—

第六节　结论、启示与展望

一、结论

本章探究了在产品伤害危机情景下，媒体新闻框架对消费者品牌态度的影响。本章的研究对现有的产品伤害危机相关研究而言是一次新的拓展，同时也拓展了信息框架对公众的影响研究。

第一，本章以前人对框架效应的研究作为基础，进一步进行了信息框架效应的探索，并以产品伤害危机这样的负面事件为背景，在此情景下探究新闻媒体对同一件危机事件的不同报道方式，究竟是否会对消费者品牌态度产生影响。通过实证研究再次验证了之前学者们的研究结论，消费者确实会受到信息框架的影响，同时还进一步证明，在失能型、失德型两种不同的媒体新闻框架下，消费者所受的影响存在显著差异，即消费者品牌态度受失德型框架的影响更大。说明媒体对同一事件两种不同的报道角度，确实能够影响消费者对于危机事件的感知，并影响消费者品牌态度不同程度的变化。

第二，将信息框架的研究进行了进一步细化，在之前学者们将负面事件进行分类的理论基础上，进一步细化媒体新闻框架，得出了新的分类研究方法。可以作为此后信息框架研究的一种分类参考依据。

第三，在危机事件背景下，创新性地进行了消费者品牌态度与框架效应结合的研究，将信息框架效应的研究进一步细化。在探讨调节因素的过程中，从消费者个人的角度引入了认知需要的调节作用，证明了低认知需要的消费者，其情感性品牌态度更容易受框架效应的影响，也更容易受失德型媒体新闻框架的影响。随后又从外在危机的角度，引入了危机程度的高低来作为第二个调节变量，证明了危机程度越高的情况下，消费者品牌态度更容易受媒体新闻框架的影响。对于之后研究产品伤害危机情况下，消费者品牌态度受何种因素影响提供了启发式的基础。

二、管理启示

本章的研究对发生危机事件后的企业，如何在第一时间通过媒体新闻的这一传播信息的途径来快速防止危机事件的严重发酵，提供了有价值的参考借鉴。具体内容如下。

第一，产品伤害危机事件是目前许多企业很难避免的负面事件，有时候产品伤害危机比产品失败的影响还要严重。所以这一事件发生后，企业会通过各种渠道来挽救自己的形象，也会作出很多举动以再次赢得消费者的信任。但是这些所有后期的修复性工作，前提必须是以该危机事件没有严重发酵为基础的。如今媒体新闻往往在一定程度上影响了公众的舆论导向，因此能够控制甚至利用好媒体新闻这一传播信息的渠道也就至关重要，并且能够对后期的企业形象修复打下良好的基础。研究发现，失德型报道框架容易使消费者品牌态度受到更大程度的负面影响，因此企业应该以此为鉴，最大限度地避免企业经营发展过程中由于失德引起的危机事件。因为企业能力的缺失，还能够获得消费者的原谅，但道德的缺失却很难再赢得消费者的信任了。若一旦有道德缺失的事件发生，企业不仅难以修复自己的形象，今后也难以在行业中生存下去，无法再持续地发展下去。但有时，若由于企业的管理不力，某些企业人员私自的、缺乏道德的行为引起了企业危机，企业应在查清之后，立即向公众承认错误，通过一些大型媒体，控制危机信息的传播，更应该通过正当的途径，来控制那些通过个人道德问题来指责企业道德问题的媒体。所以产品伤害危机事件发生后，企业应该关注的不只是自身的修复行为和消费者，也要关注媒体的一举一动。

第二，危机事件发生后，并不是所有控制媒体的方法都是可取的，也要根据企业的实际情况来制订计划。本章通过研究证明危机程度很高的时候，更应该去控制那些指责企业道德问题的媒体，通过媒体发声的方式来间接引导消费者，就不至于引起消费者对企业产生非常强烈的道德谴责。但针对企业存在的众多消费者之间的个人因素差异，如本章所研究的认知需要差异，发现一部分消费者基本不怎么受媒体新闻框架的影响。这样的情况下，高认知需要的消费群体只会更关注事实本身。那么，当企业本身发生的危机事件其实更多的是在于能力问题而非道德问题时，可能不管媒体如何报道甚至煽风点火，高认知需要的消费群体都不会受太大的影响，而是会针对企业的事件本身，可能更倾向于选择原谅由于能力问题而引起的产品伤害危机事件。而对于低认知需要的消费者，企业便可以通过媒体新闻框架去影响这样一部分消费群体。那么这所有的一切得以实现的前提就是，企业一定要严格控制自己的产品质量，并且有正确的价值观，不要因为一时的利益去做违背道德事情，那样无论企业采取何种措施，都会对消费者品牌态度产生很大程度的损害，消费者也很难对企业再次信任了。

综上所述，企业首先要严格把关产品从生产到销售的各个环节，尽量不引起严重的道德型危机事件，而当能力型危机事件发生后，企业也同样可以通过巧借媒体的方式，将事实的真相展现给消费者，让消费者对危机事件作出更客观的判断，为企业的各种补救措施奠定一定的信任基础。

三、研究局限与展望

所有的探索性研究都存在一些无法避免的局限性，本章的研究同样也存在不足之处。首先，本章的研究所有的问卷设计都是在已定的、由实验者所控制的情景下进行的，虽然这些情景都经过了前测检验的验证，证明其符合所需设定的要求，但是对于高危机、低危机事件背景的设计，仍然没有将这种危机程度进行量化计算，因为大家对于危机程度的感知都是存在差异的。比如本章的研究设计的事件背景，为了控制实验其他因素的一致性，低危机情景设计的是"轻微过敏"，高危机情景设计的是"严重腹泻、呕吐"，这两种症状在大部分人看来还是有轻微和严重的差异的。但是对于某些过敏体质的消费者来说，轻微过敏可能就是非常严重的身体症状。由于这种身体损害程度的无法量化,实验可能存在一定误差。其次,通过网络发放问卷的方式,大部分的被试都是18~25岁的本科生,很少考虑到其他年龄层和其他受教育程度的消费者,被试类型不够多样化,因此研究结果可能不具有太强的普适性。最后,本章的研究在测量消费者的认知需要时,并没有考虑性别对认知需要的影响,而是将所有的样本统计之后取中位数,将被试类型分为高认知需要和低认知需要,而实际上认知需要体现了消费者对信息加工的深浅程度,这个因素可能还会受性别的影响。

本章基于学者们对信息框架、负面信息、产品伤害危机事件等的研究,将它们有机地结合起来,进一步深入探索。但产品伤害危机情景下,之前的文献很少有对媒体新闻框架进行研究,更没有将媒体新闻框架与消费者品牌态度结合探讨其如何产生影响。在未来的研究中,可以以此研究为基础,进一步在危机背景下,对信息框架进行展开性的研究,以及一些负面的信息框架通过何种中介作用于消费者品牌态度,对消费者决策判断的影响又是何种内化机制在起作用,这些因素都还有待进一步研究。如何让信息框架不只是局限于负面事件的研究,而是进一步升华,并通过新的分类研究方法探讨其影响,也是非常有价值的研究方向。

第十章　企业社会责任活动宣传框架对消费者购买意愿的影响

第一节　问题的提出

通过对企业社会责任（corporate social responsibility，CSR）的调查研究发现，企业实施CSR活动有助于其塑造良好的企业形象，提高企业声誉以及对消费者购买意愿和行为产生积极的影响。因此，越来越多的企业致力于实施CSR活动，以此来获取良好的声誉和形象。但是近几年来，消费者对企业实施CSR活动目的的质疑声越来越强烈，尤其是随着产品伤害危机事件的增多。比如"三聚氰胺"奶粉事件、某企业"瘦肉精"事件，不仅给社会造成了恶劣的影响，在给企业带来经济损失和信任危机的同时也大大打击了消费者信心。危机发生后，相关企业一般都会采取一系列的措施来弥补产品伤害危机带来的影响，但结果不尽相同。蒙牛在"三聚氰胺"奶粉事件后积极从事奶源地建设、关爱奶农等方面的CSR活动让其在危机后五年连续销量排名行业第一；然而在某企业"瘦肉精"事件后，该企业为当地慈善总会捐款10万元的CSR行为却不被公众接受，愿意继续购买该企业产品的消费者占比不到10%，企业甚至落得"炒作""伪善"等骂名。

通过以上案例发现，产品伤害危机事件后的CSR活动不一定能够帮助其修复企业形象，相反，这些CSR活动甚至可能使企业雪上加霜，名誉受损，无法改变消费者对企业的印象和购买意愿,同时也会对企业带来不利的影响,挫伤企业继续实施 CSR 活动的积极性。那么,产品伤害危机事件后的企业通过何种措施让 CSR 活动带来积极的影响和效应成了亟待解决的问题。针对消费者对 CSR 活动的评价和企业期望的结果不一致等问题,Wagner 等(2009)第一次提出了企业伪善感知的概念,从消费者角度出发,认为消费者感知到企业的"实际自我"有别于其宣传的"自我"。[166] 当消费者感知到企业在实际经营中的行为与其宣称的主张有别,企业只是利用 CSR 活动来获取某种利益时,消费者就会认为 CSR 活动是一种伪善活动,所以才会出现企业做好事却不得好报的情况。[167] 那么,是否是因为在实施 CSR 活动时出现了问题,才导致消费者的认知出现了偏差呢?现有的研究没有给出相应的答案。

为此,本章立足于产品伤害危机事件后,实证研究 CSR 活动宣传如何影响消费者对企业伪善的感知,进而影响消费者购买意愿。

第二节 文 献 回 顾

一、CSR

关于 CSR 的研究,国内外的学者在这一方面已经取得了大量且显著的成果。美国学者 Sheldon 认为,CSR 应该与企业的经营活动相结合,在关注利润的同时也要关注利益相关者,同时 CSR 中包含有道德的因素。[168] 受西方学者在 CSR 方面研究的影响,以及对企业可持续发展的思考,国内企业在 CSR 方面的意识逐渐加强,因此学界对我国 CSR 问题的研究越来越多。金立印关于 CSR 的研究指出,消费者更容易信赖和认同积极参与公益事业、勇于承担经济责任以及保护消费者权益和投资回馈社会的企业。[169] 钱瑜指出,履行 CSR 的企业更容易获得消费者支持,实现长期盈利。[170] 从国内外的研究可以得出,企业和社会是不可分离的,企业与其利益相关者共生。[171] 企业在生产经营过程中想要持续健康的发展,不仅要对基本的经济发展负责,同时也要积极承担社会责任。

通过以上研究发现,CSR 已经成为越来越多企业不可或缺的发展战略[172],实施 CSR 活动有助于提高企业声誉和品牌影响力,让企业更具有竞争力。西方学者证实了 CSR 活动通过品牌形象、忠诚度等中间变量影响消费者的购买行为。Sen 等研究发现,CSR 活动能够直接影响消费者的购买行为,但是受到消费者对企业的信任和支持程度的限制；在这之后，更多研究发现限制条件还与企业形象的匹配度、产品质量等有关。[173]

综合发现，此前的研究只选取了 CSR 活动的某一方面来研究其对消费者响应的影响，未能展现 CSR 的丰富内涵，因此笔者从宣传的角度来研究其对消费者购买意愿的影响。

二、感知伪善的相关研究

一般来说，当人们听到的声明和观察到的行为之间出现了不一致时，就会感知到伪善，那么当消费者发现企业宣称的理念与其实际的行为不一致时，消费者就会认为企业伪善。牟宇鹏等的研究发现，消费者在以下三种情况下会感知到企业伪善：一是 CSR 活动与企业的能力不匹配时，二是企业的响应行为与企业一直以来的形象或主张不一致时，三是 CSR 活动与相应事件不符合时，同时企业的宣传强度和主动性不当也会进一步强化消费者的感知。[174] 近些年来，学者们越来越多地关注企业伪善问题，试图解释企业"言行不一"对消费者的 CSR 感知、态度，以及购买意愿的影响。Wagner 等首次研究了消费者对企业的感知伪善，他们的研究表明，消费者对企业的感知伪善会影响其对企业的看法，进而影响对企业的态度、购买行为等。樊帅等的研究进一步表明，不一致的 CSR 信息会增强消费者感知企业伪善的程度。[175] 汪志刚等指出，企业在实施 CSR 活动时，应当作出合理的规划，不可过度宣传，避免消费者感知到伪善。[176] 因此，企业必须采取有效的策略来改变消费者的认知，降低消费者对企业的感知伪善。

有研究表明，沟通策略会影响 CSR 信息的传递，当沟通不当时，容易引起公众的误解和造成信息的不对称，增加企业被感知到伪善的可能性。[177] 因此企业应该在进行 CSR 活动宣传的时候采取适当的方式以降低消费者的感知伪善，从而正面影响消费者的购买行为以及对企业的认知。

三、CSR 对消费者购买意愿影响的研究

随着国内外对 CSR 的重视程度越来越高，关于 CSR 对消费者购买意愿影响方面的研究也随之增加。一些学者认为，企业在实施 CSR 活动时，要想获得消费者回报，就必须与其营销目标人群保持高度一致。Sen 和 Bhattacharya 率先提出消费者对 CSR 支持的概念，并将其看作 CSR 对消费者购买行为影响的重要调节变量。

研究发现，消费者是在意企业履行CSR的[178]，当其感知到的CSR水平越高时，购买意愿会增强；同时CSR会提高消费者对企业的评价、品牌信任、忠诚度等，正面的CSR活动能够提升消费者对产品质量的感知，进而正向影响消费者购买意愿。[179] 因此，学者们认为，CSR显著影响消费者购买意愿。当消费者了解到企业正在进行CSR活动时，对该企业产品的购买意愿会提高。Mohr和Webb的研究表明，CSR水平的高低显著地影响消费者购买意愿。当CSR水平高时，消费者购买意愿增强，当CSR水平较低时，消费者购买意愿削弱。另外，当企业实施的CSR活动刚好是消费者所支持、关注的领域，将对消费者购买意愿产生更大的作用。[180] 国内学者也在此方面进行了实证研究，周延风等发现，不管是保护环境、善待员工，或者是一系列慈善捐赠的CSR行为，对消费者购买意愿都有正向积极的影响。[181]

四、关于CSR信息来源的研究

金立印指出，消费者接触到客观事实型的信息，比接触到主观评价型的信息更容易对相应的产品或品牌形成清晰的认知。[182] 企业的CSR活动信息会通过不同的渠道、不同的方式进行宣传，如企业发言人、企业官网、行业网站、媒体报道等，根据框架效应理论，消费者对不同方式宣传的反应是不一致的。通过行业网站、媒体报道等得知CSR活动信息时，消费者认为其更加公正、客观，从而对活动的真实性更加确信，消费者购买意愿会随之提升。当通过企业发言人或者企业官网了解到CSR活动信息时，该信息的公正度、客观性有所下降，消费者可能认为企业在自说自话，从而产生负面的感知，对消费者购买意愿产生消极影响。笔者将消费者获取CSR信息来源作为调节变量，来探讨其对CSR活动宣传和消费者感知伪善之间的调节作用。

第三节 关键概念的界定与研究框架

一、关键概念界定

（一）CSR

1924年，美国学者Sheldon（1924）第一次提出CSR的概念，即企业不能把获取利润作为生产经营的唯一目的,还必须关注利益相关者的利益,关注社会的需求,承担社会责任。企业的经营活动和社会是密切相关的,企业在谋利的同时应该致力于增进社会福祉。Davis 认为,CSR 是企业在经营活动过程中与其直接经营利益不相关的那一部分。[183] Carroll 认为企业不仅要创造利润、承担经济责任,还要承担法律、道德、博爱和慈善的责任。[184] 经过几十年的研究,尽管不同学者对 CSR 的定义各不相同,但都是基于一个观点,CSR 的重要性越来越被重视,企业要实现可持续的成长和发展,在企业承担经济责任的同时,还需要承担法律、伦理、慈善等各类责任,以对社会作出更大的贡献。

(二)企业伪善

伪善原意是指在舞台上扮演角色[185],社会心理学家最早提出了个人道德伪善的问题,认为"言行不一"会使人产生伪善的感觉。那么人们感知到伪善大多是因为其听到的宣传和实际观察到的行为之间出现了距离,觉得不一致而产生的。从营销角度出发,当企业宣称的理念和实际行为不一致时,就会被大众认为是虚伪的;同样地,企业对其社会责任的宣传与其履行的结果之间出现了偏差,就会被大众认为实施 CSR 活动的目的是出于自身利益,如获取品牌声誉、销量、利润等[186],则企业会被认为是伪善的。

Wagner 等于 2009 年首次提出企业伪善的概念,他们认为,组织和人一样,言行一旦出现了不一致,就会被感知伪善,那么企业的言行不一致(企业宣传的 CSR 理念与实际行为之间的不一致)会使得消费者感知到伪善,这就是企业伪善。近年来,在 CSR 实践中,企业伪善已经成了一种不容忽视的现象,学者对它的关注度越来越高。[187] 部分学者研究表明,企业"言行不一"会对消费者 CSR 感知、态度和购买意愿产生负面影响。也有研究发现消费者不关心 CSR 活动,认为其是企业为了自身利益或是为了塑造企业形象而不是真心承担社会责任,由此产生企业伪善。

(三)消费者购买意愿

消费者购买意愿指的是消费者在未来购买某个品牌的产品和抵制转向其他品牌的倾向[188],这种倾向性受到内外部环境的影响,如自身需求、产品性能、品牌形象、忠诚度等。近年来,随着消费者对 CSR 的关注度提高,CSR 对消费者购买意愿也产生了影响作用。研究发现,CSR 水平、履行方式等都对消费者产生不同程度的影响，消费者购买意愿也随之变化，一般来说，高水平的 CSR 会增强消费者购买意愿。CSR 也会通过影响消费者对企业的评价、信任、忠诚度等，进而影响消费者购买意愿。

当企业遭遇了产品伤害危机，消费者购买意愿会受到巨大影响，企业在这时想要消费者仍旧愿意购买该企业的产品或服务，就必须采取一定的措施。实施 CSR 活动是越来越多企业采用的手段，但是什么样的 CSR 活动才能够正向影响消费者购买意愿却是需要探讨的。此前的研究发现，当企业的 CSR 活动宣传和实际履行结果一致时，消费者感知到其是真诚的，消费者购买意愿会得到提高，这时 CSR 对消费者购买意愿的影响通过了消费者感知这个中介因素。本章的研究即是通过感知 CSR 活动伪善进而影响消费者购买意愿。

二、研究框架

首先，探讨 CSR 活动宣传与消费者购买意愿之间的关系，企业进行社会责任的宣传是为了让大众了解到其在承担社会责任方面的努力，以此来影响消费者对企业的看法，促进消费者购买意愿。那么，怎样进行 CSR 活动宣传才能有效地提高消费者购买意愿呢？

其次，探讨 CSR 活动宣传与消费者感知伪善之间的关系。我们将 CSR 活动宣传方式分为具体和抽象两种，具体的 CSR 活动宣传是否会让消费者了解到企业在履行 CSR 的过程中的更多信息，更能感知到 CSR 的真实性，降低消费者的感知伪善；相反，抽象的 CSR 活动宣传是否会让消费者觉得企业履行 CSR 的过程遮遮掩掩，不能很好地感知到企业履行 CSR 的真实性，增强消费者的感知伪善。

再次，探讨感知伪善与消费者购买意愿之间的关系，如果消费者对企业感知到伪善，认为其进行 CSR 活动不完全是为了增进社会福祉，而是带有追逐企业自身利益的目的，这将如何影响消费者购买意愿？相反，如果消费者没有感知到企业伪善，CSR 活动带来的是正面积极的感知，那么，这又将如何影响消费者购买意愿？通过以上的分析可以得出猜想：感知伪善在其中是否起着中介作用。

最后，消费者获取 CSR 活动信息的来源在 CSR 活动宣传与消费者感知伪善中有着怎样的影响，它又是如何调节两者之间关系的。由此，我们得出如图 10-1 所示的研究框架。

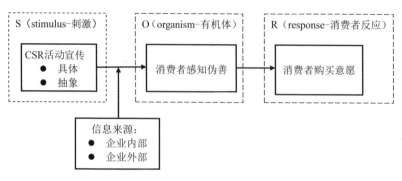

图 10-1　研究框架

第四节　研究假设

一、CSR 活动宣传与消费者购买意愿的关系

根据框架效应理论，对一个客观上相同的问题，通过不同的表达方式会导致人们不同的决策判断，因此部分人在做决策时，会受到无关情景的影响。CSR 活动宣传是企业与消费者之间的一种沟通方式，尽管 CSR 活动是客观的，但不同的表达方式对消费者产生的影响却是不一样的。因此，笔者将 CSR 活动宣传分为具体和抽象两种，探讨不同的宣传方式对消费者购买意愿的影响。

Connors 等在研究中发现，使用具体的策略声明可以提高其有效性，更具体的 CSR 信息更容易被感知，产生更有利的消费者反应，增加存储在记忆中的联想，形成不易衰退的记忆。[189] 具体的信息使得其更具有说服力，更加透明、客观、可信，因此使用更多的具体的信息将增加消费者相应的偏好性，形成积极正面的影响。当企业对 CSR 活动进行宣传时，将 CSR 信息具体化，比如说明如何使得社区受益，这样可以减少消费者对 CSR 的怀疑，形成正面感知，作出积极的消费者反应，购买意愿也随之变化。Wagner 等认为，越具体的信息越容易被感知到，进而影响消费者对 CSR 活动的反应。综合研究发现，具体的 CSR 信息越容易被消费者感知到，让消费者了解企业在履行 CSR 时的真诚、真实、公开，进而对消费者的行为产生积极的影响，包括对品牌好感度、购买意愿、信任的提升等；相反，抽象的 CSR 信息不容易被消费者感知到，消费者不能很好地了解到企业履行 CSR 时的细节，难以对消费者的行为产生积极的影响。由此提出如下假设。

H1：具体的 CSR 活动宣传方式比抽象的 CSR 活动宣传方式更能提高消费者购买意愿。

二、CSR 活动宣传与消费者感知伪善的关系

大多的研究表明，当企业履行 CSR 时，若企业宣传的理念与实际行为不一致，消费者就会感知到伪善，认为企业实施 CSR 活动不完全是为了造福社会，而是为了个人利益。造成这种不一致是企业的沟通策略出现了问题，信息的不对称导致公众误解，进而让消费者感知到企业伪善。Wagner 的研究指出，不一致的 CSR 信息会使得企业落得伪善的名声，在这个过程中，企业是否积极回应、CSR 活动宣传的抽象性和具体性也会导致消费者感知到 CSR 信息的不一致。同时也有研究表明，企业提出更具体的 CSR 信息，消费者对企业履行 CSR 的过程会更加了解，那么企业实施的 CSR 活动会变得更加透明、更加真实，可以减少消费者对企业的怀疑，降低负面影响，当企业提出的 CSR 信息比较抽象时，消费者难以感知到企业是否在真实地履行 CSR，对企业的感知伪善程度就会提高。由此提出如下假设。

H2：相比抽象的 CSR 活动宣传方式，具体的 CSR 活动宣传方式更能够降低消费者感知伪善程度。

三、消费者感知伪善与消费者购买意愿的关系

当人们对一件事情有了一定的感知之后，就会产生相应的反应，那么当消费者对 CSR 有了一定的感知，认为其履行 CSR 不完全是为了给社会带来福利而是想要为企业获取利益，或者企业在履行 CSR 的过程中的行为与宣传不一致，消费者感知到企业伪善，这对其购买意愿也会带来负面的影响。汪志刚等指出，当消费者感知到企业伪善，会产生负面的情绪，进而影响其对企业的态度和行为。

因此，当消费者感知到企业伪善，对企业的品牌态度、忠诚度、声誉，以及消费者购买意愿等多方面都存在不同程度的负面影响；相反，如果企业在实施 CSR 活动时给消费者带来的是正向积极的感知，消费者没有感知到企业伪善，那么消费者对企业的品牌态度、忠诚度、声誉，以及消费者购买意愿等方面都是积极的反应。显然消费者对企业的感知伪善程度越高，消费者购买意愿便会随之降低。由此，得出以下假设。

H3：消费者感知伪善与消费者购买意愿负相关。

H4：消费者感知伪善在 CSR 活动宣传和消费者购买意愿之间起中介作用。

四、CSR 信息来源的调节作用

当消费者从不同的渠道得知 CSR 信息，其感知结果是不一致的。金立印研究指出，相对于主观的信息来源，客观的信息来源更能够让消费者形成清晰的感知，而主观的信息来源对消费者产生更模糊的感知。如果消费者是从企业外部了解到企业的 CSR 信息时，并且该信息是具体详细的，消费者会对该信息产生正面积极的感知，并且通过第三方渠道了解到信息，消费者会认为其更加真实、更加公正，对企业的感知伪善就会降低。如果消费者是通过企业内部（如企业发言人、企业领导人等）了解到企业的 CSR 信息时，消费者会产生自说自话的感觉，认为其有作秀的嫌疑或者是为了获得声誉等利益，真实性不能得到保证，被感知到伪善的可能性增强。综上，我们得出以下假设。

H5：CSR 信息来源在 CSR 活动宣传与消费者感知伪善之间起调节作用。

第五节 实 证 检 验

一、预实验

笔者根据 CSR 活动的宣传方式将其分为具体和抽象两种。预实验的目的是检验被试对这两个概念的区分度。首先，设计操控材料，为了不使具体的品牌对消费者的选择产生影响，本研究采用虚拟品牌。表明某企业在经历产品伤害危机后，实施了一系列 CSR 活动，把对每一项活动的目的和结果都宣传清楚来设计具体的 CSR 活动，而抽象的 CSR 活动宣传仅仅表明该企业做了一系列活动，不交代目的、过程和结果。其次，操控材料完成后，经过导师的阅读和点拨得以进一步完善。最后，我们以问卷的形式在网上进行了随机调查，共回收 20 份有效问卷，问卷正确率 90%，故可以认为操控材料的设计是成功的。

二、研究设计与实证检验

（一）实验操控

本研究设计两组 2（CSR 活动宣传方式：具体/抽象）×2（CSR 信息来

源：企业内部/企业外部）组间实验，被试首先阅读与预实验相同的操控材料，由于具体的企业名称可能对被试产生一定的影响，从而削弱实验的可信度，实验采用字母 A 代表企业名称。

操控材料采用情景描述的方式，既包括 CSR 活动宣传方式的描述，又包括消费者获取 CSR 信息来源的描述。问卷分为四类，被试随机进入某一情景，在认真阅读相关材料后，然后填写相关问卷，问卷内容包括对 CSR 活动的宣传方式和信息来源进行判断、感知伪善、消费者购买意愿，最后被试填写个人信息，实验结束。

样本基本情况：本研究共发放问卷 150 份，被试中男性占比 48.4%，女性占比 51.6%。问卷采用线上线下相结合的方式，其中回收线上问卷 105 份，线下问卷 45 份。将漏填、错填的问卷视为无效问卷，最后获得 130 份有效问卷，有效回收率 86.7%，其中线下占比 33.1%。

（二）信度效度检查

1. 量表与信度检查

消费者感知伪善借鉴的是 Yeosun Yoon 等（2006）以及 Obermiller 和 Spangenberg（1998）的成熟量表。感知伪善的测项如下：我认为这家企业的社会责任行为是真心的；我认为这家企业会切实履行 CSR；我认为这家企业说一套做一套；我认为这家企业对 CSR 活动的宣传不真实。[190][191] 测项对负面表述的语句采用反向计分的形式。感知伪善量表的 Cronbach's α 系数为 0.917。

消费者购买意愿借鉴的是 Aaker 等（2010）和 Kim 等（2014）的研究成果，消费者购买意愿的测项如下：我有兴趣购买该企业的产品；我有可能购买该企业的产品；我总体上满意该企业的产品；如果有机会，我愿意向他人推荐该企业的产品。消费者购买意愿的 Cronbach's α 系数为 0.932。

2. 效度检查

分析了信度之后，还要对样本进行效度分析，以便对数据的运用和操作更合理。本研究运用验证性因子分析方法对变量进行了效度分析，其中消费者感知伪善的 KMO 值为 0.826，消费者购买意愿的 KMO 值为 0.837，模型整体的 KMO 值为 0.899，而且本章的量表都来自成熟研究，经过反复双向翻译且运用到很多学者的测试中，故可以认为具有较好的内容效度。

(三) 实证检验

1. CSR 活动宣传与消费者购买意愿

在具体的 CSR 活动宣传操控组中，如表 10-1 所示，被试的购买意愿均值 $M=5.1629$，$t=39.096$，df$=65$，$p=0.000<0.01$；在抽象的 CSR 活动宣传操控组中，被试的购买意愿均值 $M=3.1367$，$t=22.464$，df$=63$，$p=0.000<0.01$。而且在具体的 CSR 活动宣传操控组中，购买意愿均值明显大于抽象的 CSR 活动宣传操控组的购买意愿均值 $t=10.549$，df$=128$，$p=0.000<0.01$。可见，具体的 CSR 活动宣传方式比抽象的 CSR 活动宣传方式更能提高消费者购买意愿，H1 得到证明。

表 10-1 均值检验结果

检验变量	自变量	单样本 t 检验				独立样本 t 检验		
		均值	t 值	自由度	显著性	t 值	自由度	显著性
消费者购买意愿	具体	5.1629	39.096	65	0.000	10.549	128	0.000
	抽象	3.1367	22.464	63	0.000			
消费者感知伪善	具体	2.5000	17.406	65	0.000	−7.989	128	0.000
	抽象	4.1211	28.767	63	0.000			

2. CSR 活动宣传与消费者感知伪善

在具体的 CSR 活动宣传操控组中，如表 10-1 所示，被试的感知伪善均值 $M=2.5000$，$t=17.406$，df$=65$，$p=0.000<0.01$；在抽象的 CSR 活动宣传操控组中，被试的感知伪善均值 $M=4.1211$，$t=28.767$，df$=63$，$p=0.000<0.01$。具体的 CSR 活动宣传组中，感知伪善均值明显小于抽象的 CSR 活动宣传组的感知伪善均值 $t=-7.989$，df$=128$，$p=0.000<0.01$，可见具体的 CSR 活动宣传方式与抽象的 CSR 活动宣传方式对消费者感知伪善的影响存在显著差异，具体的 CSR 活动宣传方式较抽象的 CSR 活动宣传方式更能降低消费者感知伪善程度，H2 得到证明。

3. 消费者感知伪善与消费者购买意愿

以消费者感知伪善的均值作为自变量，并且将消费者购买意愿的均值作为因变量，做回归分析，如表 10-2 所示。

第十章 企业社会责任活动宣传框架对消费者购买意愿的影响

表 10-2 回归分析

模型	非标准化系数		标准系数	t 值	显著性
	B	标准误	试用版		
常量	7.148	0.173	—	41.207	0.000
感知伪善均值	−0.904	−0.048	−0.855	−18.690	0.000

从表 10-2 中可以看出，$p=0.000<0.01$，消费者感知伪善对消费者购买意愿有显著影响。回归结果表明，消费者感知伪善值越高，消费者购买意愿值越低，因此消费者感知伪善与消费者购买意愿负相关，H3 得到证明。

4. 消费者感知伪善的中介作用

根据温忠麟等（2005）处理中介变量的方法，将自变量 CSR 活动宣传设为 X，中介变量消费者感知伪善设为 M，因变量消费者购买意愿设为 Y，做三次线性回归。三者之间的关系如图 10-2 所示。

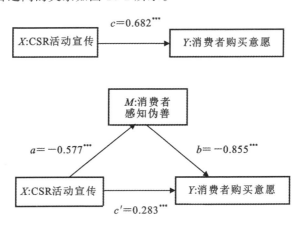

注：***指的是 $p<0.01$

图 10-2 感知伪善的中介作用

首先，做自变量到因变量的回归分析，建立回归方程 $Y=cX+e_1$。由于自变量是分类变量，因此，我们将自变量 X 处理为哑变量，设抽象的 CSR 活动宣传 $X=0$，具体的 CSR 活动宣传 $X=1$。其次，以 CSR 活动宣传为自变量，消费者感知伪善为因变量做回归分析，建立回归方程 $M=aX+e_2$。最后，将自变量设为 CSR 活动宣传和消费者感知伪善，因变量仍是消费者购买意愿，做多元线性回归分析，建立回归方程 $Y=c'X+bM+e_3$，结果如表 10-3 所示。

表 10-3 线性回归结果

回归系数代码	标准回归系数	t 值	显著性
c	0.682	10.549	0.000
a	−0.577	−7.989	0.000
b	−0.855	−18.690	0.000
c'	0.283	5.610	0.000

从表 10-3 中可以看出：$c=0.682$，$t=10.549$，$p=0.000<0.01$，X 和 Y 之间的线性关系显著，X 越接近 0，Y 越小，X 越接近 1，Y 越大，说明具体的 CSR 活动宣传方式比抽象的 CSR 活动宣传方式更能提高消费者购买意愿；$a=-0.577$，$t=-7.989$，$p=0.000<0.01$，说明 X 和 M 的线性关系显著，X 越接近 1，M 越小，感知伪善程度越低，相反，X 越接近 0，M 越大，感知伪善程度越高，说明具体的 CSR 活动宣传方式比抽象的 CSR 活动宣传方式更能降低消费者感知伪善程度。这进一步验证了假设 H1、H2。$b=-0.855$，$t=-18.690$，$p=0.000<0.01$，相关性显著，消费者感知伪善与消费者购买意愿负相关，这进一步验证了假设 H3。$c'=0.283$，$t=5.610$，$p=0.000<0.01$，相关性显著。以上分析结果说明，具体的 CSR 活动宣传方式比抽象的 CSR 活动宣传方式更能降低消费者感知伪善，进而提升消费者购买意愿。这一结果证明消费者感知伪善在 CSR 活动宣传和消费者购买意愿之间起中介作用。H4 得到证明。

考虑到 Bootstrap 中介效应检验方法更具统计效力，是目前更为理想的中介效应检验方法，因此本章同时采用 Bootstrap 中介效应检验方法来检验消费者感知伪善在 CSR 活动宣传和消费者购买意愿之间是否起中介作用。将样本量选择为 5000 份，取样方法选择为偏差校正的非参数百分位法，结果如表 10-4 所示。

表 10-4 消费者感知伪善的中介效应检验

类别	标准误 SE	统计量 t	显著性 p	95% 置信区间 CI	
				下限 LLCI	上限 ULCI
直接效应	0.165	5.610	0.000	0.527	1.174
中介效应	0.051	−13.751	0.000	−0.826	−0.626

在 95% 置信区间下，中介效应结果不包含 0（LLCI=−0.826，ULCI=−0.626，直接效应和中介效应的 p 值均小于 0.01）。不含 0，说明消费者感知伪善的中介效应显著，H4 再次得到证明。

5. 消费者获取信息来源的调节作用

以消费者感知伪善为因变量,采用 2（CSR 活动宣传：具体/抽象）×2（CSR 信息来源：企业内部/企业外部）双因素方差分析。结果发现：CSR 活动宣传对消费者感知伪善的效应显著,消费者获取 CSR 信息来源对消费者感知伪善的效应不显著,但 CSR 活动宣传和消费者获取 CSR 信息来源对消费者感知伪善的交互作用显著（表 10-5、图 10-3）。

表 10-5　主体间效应的检验

变量	Ⅲ型平方和	自由度	均方	F 值	显著性
校正模型	92.908[a]	3	30.969	23.833	0.000
截距	1424.426	1	1424.426	1096.190	0.000
CSR 活动宣传	85.388	1	85.388	65.712	0.000
CSR 信息来源	1.808	1	1.808	1.392	0.240
CSR 活动宣传×信息来源	5.612	1	5.612	4.319	0.040
误差	163.729	126	1.299	—	—
总计	1670.688	130	—	—	—
校正的总计	256.637	129	—	—	—

a. $R^2=0.362$（调整 $R^2=0.347$）

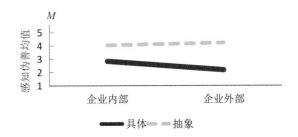

图 10-3　CSR 信息来源的调节作用

进一步检验发现（图 10-4）：在具体组,消费者从企业内部获取信息时,消费者感知伪善 $M=2.83$,消费者从企业外部获取信息时消费者感知伪善均值 $M=2.17$,两种情况存在显著差异（$t=2.345$,df$=64$,$p=0.000<0.05$）。但在抽象组,消费者从企业内部获取信息时,消费者感知伪善 $M=4.0$；当消费者从企业外部获取信息时,消费者感知伪善 $M=4.2$,两者之间并无显著变化（$t=-0.624$,df$=62$,$p>0.05$）。H5 得到证明。

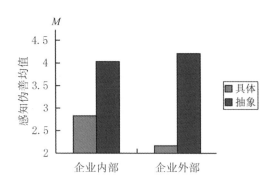

图 10-4 CSR 活动宣传和 CSR 信息来源的交互作用

第六节 总结与讨论

一、结果讨论

实验结果表明：第一，虽然具体的 CSR 活动宣传和抽象的 CSR 活动宣传都是企业对已经实施的 CSR 活动的宣传方式，但是在消费者感知伪善和消费者购买意愿方面，两者的影响作用是有区别的，消费者对具体的 CSR 活动宣传伪善感知程度更低，由此，对消费者购买意愿的提升也更显著；第二，企业的 CSR 活动宣传影响消费者购买意愿，是通过消费者感知伪善这一中介机制发挥作用的；第三，消费者获取 CSR 活动信息的来源对消费者感知伪善起调节作用，当消费者从企业外部获取 CSR 信息时，具体和抽象的 CSR 活动宣传方式对消费者感知伪善的影响程度明显不同。

二、理论贡献

本章的研究引入框架效应和 S-O-R 模型去探讨 CSR 活动宣传和消费者购买意愿之间的关系，拓展了对 CSR 的研究，具体表现在以下方面。

第一，运用框架效应理论，将 CSR 活动宣传分为具体和抽象，以一种新的方式对 CSR 活动宣传进行划分，研究其对消费者购买意愿的影响。通过相关理论和实证分析，验证了 CSR 活动宣传方式对消费者购买意愿的差异化影响及作用机制。具体的 CSR 活动宣传比抽象的 CSR 活动宣传更能够提升消费者购买意愿，其原因在于具体的宣传更能让消费者了解到其实施 CSR 活动的目的、过程及结果，形成正向的感知，进而提高消费者购买意愿。但是，抽象的CSR活动宣传无法让消费者了解到详细的信息，真实性下降，无法提高其购买意愿。

第二，以往的文献少有将消费者感知伪善作为CSR活动宣传与消费者购买意愿之间的作用机制来研究，本章的研究则从消费者感知伪善出发，提供了另一个思路。消费者对CSR活动宣传方式不是置之不理的，他们会对不同的宣传方式产生不同的反应，形成正面或者负面的感知，从而影响对该企业产品的购买意愿。

第三，本章的研究引入了消费者获取CSR信息来源，研究发现，消费者获取CSR信息的渠道对消费者的感知存在影响。当从企业外部获取信息时，消费者认为其信息更加真实、公开、公正，对CSR行为感知更加正面；当从企业内部获取信息时，消费者可能认为企业在自说自话，真实性和可信度有所下降，对CSR行为的正面感知较从外部得知时要差。企业在进行CSR活动宣传时，不仅要考虑如何去表述，更要考虑通过何种渠道将其传达给消费者。

三、管理启示

本章的研究对CSR活动宣传和改善消费者购买意愿提供了一定的启示，具体内容如下。

第一，企业要有责任意识，应该明白企业的经营是离不开社会的，那么同样，企业必然也要承担相应的社会责任。企业在进行CSR活动宣传时，应该优先考虑具体的CSR活动宣传方式，向消费者交代CSR活动实施的项目、目的、过程以及结果，以利于消费者对CSR活动的理解，让消费者感受到活动的真实性和具体性，从而加深对企业的信任。随着消费观念的不断升级，消费者更愿意购买对公众事业关心的企业的产品，具体的CSR活动宣传更能让消费者感知到其对公众事业关心的事实过程，而抽象的CSR活动宣传难以给消费者信任感，也就降低了消费者购买意愿。

第二，消费者对CSR的感知受信息来源的影响，当消费者获取关于CSR活动的信息是来自企业外部时，认为更真实、更可信，消费者感知伪善程度则会降低，那么对消费者购买意愿的影响是积极的。但当消费者获取关于CSR活动的信息是来自企业内部时，真实性和可信度有所下降，消费者认为企业伪善的程度增强。因此，企业在进行CSR活动宣传时，尽可能地选择外部渠道，尤其是经历过产品伤害危机的企业，通过第三方将信息传达给消费者更能让消费者接受。

第三，企业要了解消费者的心理，努力把践行 CSR 行为的真诚传递给消费者，如果消费者连对企业最基本的信任都没有，就更不要谈对企业的认同和购买意愿了。所以企业在实施 CSR 活动的时候也应了解消费者，通过多种举措了解消费者的真实想法，而不是在涉及市场活动时才征求消费者的意见。

四、研究局限及未来研究方向

作为探索性研究，本章的研究不可避免存在一定的局限。首先，本章的研究采用的是情景实验法，无法避免地存在该方法固有的先天不足的问题，在实验过程中对其他潜在变量进行操控，必然在一定程度上影响结论的外部效度，因而，此后的研究可从访谈法等着手调查，作出进一步的研究。其次，本章的研究的调查对象偏少且多为学生，忽略了具备其他特征的消费者，容易造成结论在公众中的信度不足，为此可适当将研究对象的范围扩大。此外消费者感知伪善这个变量的维度划分有待发掘，深入研究消费者感知伪善有利于为 CSR 活动提供更为深刻的借鉴，这是日后研究的重点。最后，CSR 信息来源对消费者感知伪善的影响仍需要进一步探讨。

第十一章　基于心理账户中介的企业社会责任对消费者信任修复的影响

第一节　问题的提出

随着互联网的发展以及移动终端的普及，企业的负面曝光事件影响范围更加广泛，对企业危害之大都远超从前。近年来，企业负面曝光事件层出不穷，如某火锅门店"后厨事件"、某亲子园"虐童事件"等，这不仅给涉事企业声誉带来巨大损害，也严重降低了消费者对市场的信任，影响行业的健康发展。信任是企业持续经营的必备条件之一，大量组织行为学领域研究显示，信任违背会造成诸如报复性行为、心理契约受损、动机模糊的不合作行为等负面影响。那么，负面曝光事件发生后企业如何修复受损的信任？除了以往的否认、道歉、召回等方式外，企业社会责任（CSR）行为如何影响信任修复？这种影响又是通过什么机制实现的？产生这种影响的边界是什么？以往的文献对这些问题都没有很好的答案。鉴于此，本章的研究在过去研究的基础上，依据心理账户理论，探讨负面曝光事件发生后，不同类型CSR对负面曝光品牌信任修复的区别，以及心理账户在上述关系中的中介作用，CSR历史在CSR行为与心理账户之间的调节作用。本章的研究将心理账户引入危机品牌的信任修复，是对以往信任修复研究的补充，同时本章的研究为企业在面临负面曝光事件时该如何正确及时地履行CSR提供一定的理论指导。

第二节 文献回顾

一、CSR

CSR 是一个重要的学术概念,是指组织基于利益相关者对经济、社会和环境三个方面平衡发展的绩效预期而采取的特定背景下的行为与政策(Aguinis 和 Glavas,2012)。[192] CSR 超越了以往企业只对股东负责的范畴,强调包括对股东、员工、消费者、社区、客户和政府在内的各利益相关者的社会责任。Carroll 将 CSR 分为经济、法律、伦理和自愿性责任等。Mattingly 和 Berman 将 CSR 分为技术性和公共性。[193] 此外,Homburg 等从利益相关者的角度出发,将 CSR 分成了商业型与慈善型。[194] 我国学者童泽林等基于差序格局文化的"五伦之理"将 CSR 分为公德行为和私德行为,认为对政府、股东、员工、合作伙伴和消费者所表现出的道德关怀行为属于私德行为;在此范畴以外的行为则属于公德行为。[195] 笔者将采用童泽林等的分类方法将 CSR 分为公德行为与私德行为。

二、信任修复

信任关系是企业和消费者之间关系的核心,但现实中,企业失才、失德的行为时有发生,而当信任方感知到自己的期望与被信任方的行为不符时,就出现了信任违背(Tomlinson 等,2004)。Ferrin 等根据信任违背产生的原因不同将信任违背分为能力型信任违背和正直型信任违背两类。信任违背会损害双方交往、合作的行为,如果想要恢复继续这种行为,就必须要修复受损的信任。回顾以往的研究,我们不难发现,企业受损的信任是可以被修复的,修复的程度视企业作出的努力不同而有所不同。Kim 等认为企业为修复信任所作出的努力是指在出现负面曝光事件后,企业为了让消费者的信任信念和信任倾向转向更为积极的信任方面所作出的一系列行为,如积极履行 CSR。[196] 这些活动不仅有助于恢复消费者信任违背,还能让消费者感受到企业的能力和态度,甚至使得修复后的信任超过预期水平。Xie 和 Peng 对以往关于信任方法的研究进行了总结,并将其归纳为情感性、功能性和信息性三大修复策略。[197] 根据信任的不同维度,学者们对信任进行了多种分类。从认知情感的角度来讲,信任可以被分为认知型和情感型两类；从组成信任的内容来讲，信任可以被分为信任信念和信任意愿两类。其中，信任信念是指信任方对被信任方的认可，主要涉及能力、善意和诚实三个维度；而信任意愿是指信任的可能性和倾向。

本章的研究从信任违背这一角度出发，将信任修复分为能力信任和正直信任两个方面，并基于此来探讨消费者信任修复的过程。

三、心理账户

1980年，芝加哥大学的行为科学教授理查德·塞勒首次提出了心理账户的概念，用以解释为什么个体在消费决策时会受到"沉没成本效应"的影响。1985年，塞勒正式提出心理账户理论，系统地分析了心理账户现象。他认为个体、家庭、企业等微观经济主体都有心理账户系统，因主体的差别，这些心理账户可能是显性的，也可能是隐性的。心理账户有自己独特的不同于传统经济学的运算规则，微观主体在进行经济决策时，会受到这些规则的影响进而可能作出与传统经济学预期相违背的行为。心理账户有两个最基本的特征：一是心理账户区别于经济学独特的衡量得失的运算规则，二是心理账户的非替代性。现有的文献对心理账户的研究多是集中于对财富的认知或者相关的延伸领域，所采取的划分方式主要集中在消费者对自身所拥有的资金的划分上。笔者的研究从外部出发，试图探索消费者如何看待企业为履行CSR而进行的资金和物质投入。本章将消费者的心理账户分为补偿账户和慈善账户两类，其中补偿账户是指消费者认为企业在危机后出于弥补之前的过失而履行CSR所产生的支出，具有利己性动机；而慈善账户则是指消费者认为企业为回馈社会而履行CSR所产生的支出，具有利他性动机。

四、CSR历史

本章的研究将CSR历史分为CSR历史长和CSR历史短，CSR历史长是指当企业面临负面曝光事件时，企业实施的CSR活动与企业长期以来的做法并无较大差别，也就是说，企业长期以来一直从事各种活动以履行CSR，兼顾社会各方利益；而CSR历史短则是指企业在面临负面曝光事件之后，以挽回消费者信任等为目的所实施的一系列名义上履行CSR的活动。CSR历史是企业实现社会合法性、获得更高声誉的重要线索。很明显，如果一家企业已经实施CSR活动多年，那么它肯定比一个只在过去几个月才实施CSR活动的企业更容易让消费者信服。[198]

第三节 研究模型与研究假设

一、研究模型

在对以往的研究进行了一个相对系统的梳理后,我们引入行为经济学中的心理账户概念,从差序格局的文化角度将 CSR 的履行分为公德行为和私德行为,进而试图探索不同类型的 CSR 如何影响消费者信任修复,心理账户在这一影响过程中的中介作用,以及 CSR 历史在 CSR 与心理账户之间的调节作用。本章的研究框架如图 11-1 所示。

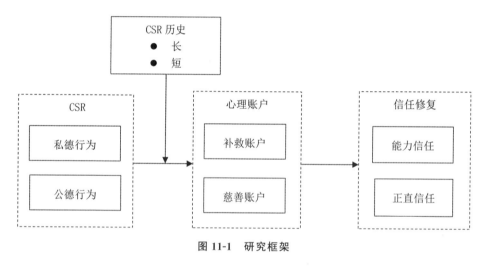

图 11-1 研究框架

二、研究假设

(一) CSR 对消费者信任修复的影响

Vlachos 等认为 CSR 属于企业正当的伦理行为,而符合正当伦理行为是形成信任的基础,因此 CSR 能够产生较强的信任感。[199] 和初始信任相比,产品伤害危机后的信任重建或修复属于"非零起点",违背的发生使得信任方重新解释和评估双方过去的关系。Dirks 等提出了两种信任重建机制——感知忏悔和感知防范。产品伤害危机后,相比于公德行为,私德行为更容易让公众感知企业忏悔和防范。[200] 童泽林等的研究发现私德行为更容易使消费者产生企业的能力联想，因而私德行为更能促进能力的信任修复；公德行为更容易使消费者产生企业的正直联想，因而公德行为更能促进正直的信任修复。由此提出如下假设。

H1：企业履行的不同类型的 CSR 会导致消费者信任修复维度不同。

H1a：与企业的公德行为相比，企业的私德行为倾向于修复消费者对企业的能力信任。

H1b：与企业的私德行为相比，企业的公德行为倾向于修复消费者对企业的正直信任。

（二）心理账户的中介作用

以往对企业的研究普遍认为，企业在运营过程中，不仅应该担负经济层面和法律层面的责任，还需要承担社会层面的责任。积极承担 CSR 能给企业带来很多的正面影响，如提升消费者认同、增强购买意愿、给处于危机中的企业"兜底"等。[201] 心理账户是研究人们对金钱分账管理的理论，是人们对来源、数目、时间或方式不同的金钱进行心理估价的过程。在面对企业的 CSR 活动时，消费者会根据自己的经验判断将 CSR 活动所耗费的金钱的动机归为两类，一是慈善，二是补救。当企业从事公德行为时，消费者会倾向于认为企业在从事与自身价值无关的服务社会的行为，是无私的，即使在此之前企业卷入了负面曝光事件，但由于事件内容相关性很低，消费者难以产生联想，故而消费者会将企业的 CSR 活动列入慈善账户，认为企业是在为社会做贡献，是一家有责任心的企业。而当企业从事私德行为，尤其是在负面曝光事件发生后从事私德行为时，由于内容的相关性很强，消费者很容易认为企业的 CSR 活动单纯是为了自身的发展，是为了挽回品牌在消费者心中的形象，进而尽可能地减少事件的负面影响，在这种情况下，消费者会将企业的 CSR 活动归入补救账户。由此提出如下假设。

H2：企业履行的不同类型的 CSR 会被消费者归入不同的心理账户。

H2a：与企业的公德行为相比，企业的私德行为更倾向于被消费者归入补救账户。

H2b：与企业的私德行为相比，企业的公德行为更倾向于被消费者归入慈善账户。

消费者对企业的 CSR 活动的感知影响着企业的 CSR 活动的效果。社会交换理论认为，人们所进行的一切活动都是在追求各种能够满足自身需要的社会资源，而从本质上来讲，消费者与企业之间的信任关系就是社会交换关系的一种特殊表示。企业的信任违背行为会给消费者带来物质和情感上的损失，消费者为了防止自己的资源在未来贬值，就会降低对该企业的信任，进而触发减少购买、抛弃该企业、传播负面口碑等一系列负面行为。[202] 而企业在负面曝光事件发生后所做的一系列努力都是为了减少消费者在这一交换过程中所产生的不平衡感。当消费者将企业的 CSR 活动归为慈善账户时，消费者会倾向于认为企业乐于为社会发展贡献自己的力量，是有责任的、正直的，消费者会觉得自己与企业的交换是有价值的，与企业一同为社会作出了贡献（如善因营销等），并从中得到一种情感上的共鸣与升华；而当企业的 CSR 活动被归为补救账户时，消费者会倾向于认为企业是善于改善自身产品的，企业是有能力的，自己能在未来的交换中获得更好的产品，故而愿意信任企业。由此提出如下假设。

H3：不同的心理账户对消费者信任修复的维度不同。

H3a：与慈善账户相比，补救账户更可能修复消费者对企业的能力信任。

H3b：与补救账户相比，慈善账户更可能修复消费者对企业的正直信任。

传统的观点认为，企业履行 CSR 就会产生积极影响。但现实生活中，在负面曝光事件发生后，企业积极履行 CSR 以求降低负面影响的实例很多，却并不是所有的补救都会成功。骆紫薇等从合法性理论、感知道德资产理论的角度，探讨 CSR 类型对感知品牌伪善的影响，指出由于感知伪善的存在，企业即使斥巨资履行 CSR 也可能无法化险为夷。[203] CSR 对信任修复结果的不确定性表明，CSR 无法直接影响信任修复，而是要通过一定的中介机制才能起作用。

消费者的心理活动、行为意向受到很多因素的影响，企业与消费者之间的各种互动并不是企业的"一言堂"，企业的 CSR 活动是否能达到预期的效果，关键要看消费者如何感知。而心理账户理论是解释微观个体在对各种结果尤其是经济结果的感知与评价过程的，将心理账户引入企业与消费者之间的互动是可行的。

心理账户理论认为，微观个体在对结果的感知评价过程中往往更加期望获得情感上的最大满意，而不是传统经济学所秉承的理性效用最大化[204]，微观个体在心理上都会有自己的资金账户，不同来源的资金账户相互独立，具有各自独特的意义，不同账户中额度相同的资金会因为感知不同而给消费者带来不同的价值，如过往的研究将心理账户分为意外之财和常规收入，前者是指预期外所得，后者多指预期内劳动所得，人们倾向于精打细算地将常规收入用于日常、储蓄、教育等支出，将意外之财用于享乐等支出，由此我们可以看出心理账户的强大作用。类比以往的研究所关注的资金来源，本章从资金去向入手，将心理账户引入 CSR 类型对信任修复的影响机制。对企业来说，积极履行

CSR 是一项应对负面曝光事件十分有效的响应策略。企业的响应行为如何被消费者感知影响着这些行为实施的效果。当企业面对负面曝光事件而采取 CSR 响应策略时,消费者首先会思考企业行为背后的动机以及企业资金的流向和受益者。如果消费者认为企业的资金是流向了利益相关者,则企业是旨在解决自身问题的,消费者就会将企业的行为归为补救账户,在消费者眼中,补救账户中的资金是企业针对已经出现的状况采取的补救措施,这些资金会提高企业产品质量或服务质量。而如果消费者认为这些资金是流向了利益相关者之外的群体,是无私的,他们就会将其归入慈善账户,在消费者眼中,慈善账户的资金是企业为了社会更好地发展而积极承担 CSR 的表现,这些资金的流出会使消费者相信企业是正直的。

综合以上分析,可以推导出如下假设。

H4:心理账户在 CSR 与信任修复的关系中起中介作用。

(三) CSR 历史的调节作用

企业实施 CSR 活动的历史在 CSR 对信任修复起作用这一过程中具有调节作用,这可以用锚定效应来解释。人们在做决策时,会在无意中更加重视最初获得的信息。若企业长期实施 CSR 活动,会给消费者带来一个良好的初始印象,危机发生后企业实施的公德行为越容易被归入慈善账户。如果企业实施 CSR 活动的历史较短,那么企业在危机发生后实施的 CSR 活动都被看作应对危机的工具,即使是公德行为的付出也容易被归入补救账户。由此提出如下假设。

H5:CSR 历史在 CSR 类型与心理账户中起调节作用。

H5a:与 CSR 历史短的企业相比,对于 CSR 历史长的企业,公德行为与私德行为被消费者归入慈善账户的差异更显著。

H5b:与 CSR 历史长的企业相比,对于 CSR 历史短的企业,私德行为与公德行为被消费者归入补救账户的差异不显著。

第四节 实验设计与预实验

一、预实验

首先设计了操控材料。为了防止消费者利用已有社会经验将情景材料与现实事件进行对应,我们将企业名称用 S 企业代替,并对现实生活中发生的负面曝光事件进行了改编。在模拟的情景材料中,我们首先对 S 企业进行了简要的介绍,随后阐述了 S 企业出现的负面曝光事件、S 企业实施的一系列 CSR 活动,以及 S 企业的 CSR 历史。紧随材料之后,我们详细介绍了公德行为和私德行为的定义,并做了相应举例说明。然后,我们进行了预实验。选取某大学本科生 22 人进行测试,主要目的是验证问卷中所模拟的情景的真实性、受访者是否能准确判断问卷中企业所履行的 CSR 类型和历史并理解问卷情景的表述,以及是否有其他一些可能存在的问题。在 22 名同学中有 20 名同学,准确判断了 CSR 类型,占比 90.91%,有 21 名同学认为模拟情景中描述的事件具有真实性,占比 95.45%,所有被试都能准确判断企业 CSR 历史长短。预实验结束后,我们针对结果反馈,对问卷内容进行了适当的修改,使其更加简洁明了,也更加准确。

二、正式实验

本章研究中的自变量 CSR 类型(公德与私德)和调节变量(CSR 历史长与短)均定义为分类变量,在实验中我们依据分类变量设计了基于情景的 2×2 问卷。在 CSR 类型的测量中,采用了李克特七点量表,取 4 为中间值,大于 4 表示消费者倾向于认为企业的行为是公德行为,小于 4 则是私德行为。中介变量心理账户(慈善账户与补救账户)和因变量信任修复(能力信任与正直信任)是连续型变量,其中慈善账户和补救账户的测量综合了相关方面的研究,各包括三个测项。对因变量消费者信任的测量,在参考了 Mayer 和 Kim(2004)的量表的基础上,结合自身状况进行了改编,对能力信任和正直信任分别给出了三个测项进行测量。正式实验包括四个情景,每个情景发放问卷 40 份,实际回收 158 份问卷,剔除无效问卷 26 份,最终得到 132 份有效问卷,问卷有效率 82.50%,保证其中每个情景回收有效问卷 30 余份,不同情景之间问卷份数差额不超过 3 份。

第五节 实 证 检 验

一、信度与效度分析

Cronbach's α 检查结果:慈善账户为 0.901、补救账户为 0.907、能力信任为 0.805、正直信任为 0.884,均大于 0.7,表明问卷信度良好。KMO 检测结果:慈善账户为 0.747、补救账户为 0.754、能力信任为 0.708、正直信任为 0.724,均大于 0.7,Bartlett 球形检验的概率均为 0.000<0.001,表明问卷具有良好的结构效度。由于问卷中所有的问项都是根据成熟量表改编,因此问卷具有较好的内容效度。

二、假设检验

(一) CSR 类型与消费者信任修复

企业能力信任、正直信任均值比较如表 11-1 所示。

表 11-1 企业能力信任、正直信任均值比较

检验变量	自变量	单样本 t 检验				独立样本 t 检验		
		均值	t 值	自由度	显著性	t 值	自由度	显著性
能力信任	公德	4.1940	31.132	66	0.000	−6.440	130	0.000
	私德	5.2872	51.820	64	0.000			
正直信任	公德	5.1791	52.680	66	0.000	−13.219	130	0.000
	私德	3.1846	27.723	64	0.000			

1. 能力信任

由表 11-1 可知,在公德操控组中,被试的能力信任均值 $M=4.1940$,$t=31.132$,df=66,$p=0.000<0.05$;在私德操控组中,被试的能力信任均值 $M=5.2872$,$t=51.820$,df=64,$p=0.000<0.05$。由此可见,私德操控组中的能力信任均值明显大于公德操控组,且 p 值均小于 0.05,具有显著性,故假设 H1a 得以证明,即与企业的公德行为相比,企业的私德行为倾向于修复消费者对企业的能力信任。

2. 正直信任

在公德操控组中,被试的正直信任均值 $M=5.1791$,$t=52.680$,df=66,$p=0.000<0.05$;在私德操控组中,被试的正直信任均值 $M=3.1846$,$t=27.723$,df=64,$p=0.000<0.05$。由此可见,公德操控组中的正直信任均值明显大于私德操控组中正直信任均值和 t 值,且 p 值均小于 0.05,具有显著性,故假设 H1b 得以证明,即与企业的私德行为相比,企业的公德行为倾向于修复消费者对企业的正直信任。

（二）CSR 类型与心理账户

企业补救账户、慈善账户均值比较如表 11-2 所示。

表 11-2 企业补救账户、慈善账户均值比较

检验变量	自变量	单样本 t 检验			独立样本 t 检验		
		均值	t 值	自由度	显著性	t 值	自由度	显著性
补救账户	公德	3.0597	28.403	66	0.000	−19.111	130	0.000
	私德	5.6154	71.885	64	0.000			
慈善账户	公德	5.1542	52.023	66	0.000	−20.398	130	0.000
	私德	2.5590	32.354	64	0.000			

1. 补救账户

由表 11-2 可知，在公德操控组中，被试的补救账户均值 $M=3.0597$，$t=28.403$，df$=66$，$p=0.000<0.05$；在私德操控组中，被试的补救账户均值 $M=5.6154$，$t=71.885$，df$=64$，$p=0.000<0.05$。由此可见，私德操控组中的补救账户均值明显大于公德操控组，且 p 值均小于 0.05，具有显著性，故假设 H2a 得以证明，即与企业的公德行为相比，企业的私德行为更倾向于被消费者归入补救账户。

2. 慈善账户

在公德操控组中，被试的慈善账户均值 $M=5.1542$，$t=52.023$，df$=66$，$p=0.000<0.05$；在私德操控组中，被试的慈善账户均值 $M=2.5590$，$t=32.354$，df$=64$，$p=0.000<0.05$。由此可见，公德操控组中的慈善账户均值明显大于私德操控组中慈善账户均值，且 p 值均小于 0.05，具有显著性，故假设 H2b 得以证明，即与企业的私德行为相比，企业的公德行为更倾向于被消费者归入慈善账户。

（三）心理账户与消费者信任修复

以心理账户为自变量、信任修复为因变量，进行回归分析，具体如表 11-3 和表 11-4 所示。

表 11-3 能力信任回归分析结果

模型		非标准化系数		标准系数	t	Sig.
		B	标准误	试用版		
1	(常量)	6.084	0.241		25.270	0.000
	慈善账户	-0.349	0.058	-0.466	-6.013	0.000
2	(常量)	3.330	0.269		12.360	0.000
	补救账户	0.325	0.059	0.435	5.507	0.000

由表 11-3 可知，$p=0.000<0.05$，表明与慈善账户相比，补救账户显著正相关于能力信任，假设 H3a 得以证明。

表 11-4 正直信任回归分析结果

模型		非标准化系数		标准系数	t	Sig.
		B	标准误差	试用版		
1	(常量)	1.636	0.215		7.614	0.000
	慈善账户	0.661	0.052	0.746	12.761	0.000
2	(常量)	6.920	0.249		27.821	0.000
	补救账户	-0.631	0.054	-0.713	-11.580	0.000

由表 11-4 可知，$p=0.000<0.05$，表明与补救账户相比，慈善账户显著正相关于正直信任，假设 H3b 得以证明。

(四) 中介效应检验

CSR 类型对 Y 的间接效果如表 11-5 所示。

表 11-5 CSR 类型对 Y 的间接效果

Y	M	Effect	BootSE	BootLLCI	BootULCI
能力均值	补救均值	0.912	0.3243	0.6226	0.7115
正直均值	慈善均值	0.8181	0.2474	0.5360	0.8642

由表 11-5 可知，能力均值间接效果的 Bootstrap 置信区间同正，不经过 0，表明补救账户的中介效果显著；慈善均值间接效果的 Bootstrap 置信区间同正，不经过 0，表明慈善账户的中介效果显著。

(五) 调节作用检验

以心理账户为因变量,采用 2(CSR 类型:公德与私德)×2(CSR 历史:长与短)进行双因素方差分析,结果如表 11-6 所示。

表 11-6 调节作用检验结果

变量		Ⅲ型平方和	df	均方	F	Sig.
校正模型	慈善账户	240.952	3	80.317	202.798	0.000
	补救账户	218.270	3	72.757	125.982	0.000
截距	慈善账户	1958.558	1	1958.558	4945.275	0.000
	补救账户	2484.988	1	2484.988	4302.898	0.000
CSR 历史	慈善账户	16.672	1	16.672	42.096	0.000
	补救账户	1.932	1	1.932	3.345	0.070
CSR 类型	慈善账户	225.039	1	225.039	568.214	0.000
	补救账户	216.914	1	216.914	375.600	0.000
CSR 类型× CSR 历史	慈善账户	1.879	1	1.879	4.745	0.031
	补救账户	0.889	1	0.889	1.540	0.217
误差	慈善账户	50.694	128	0.396	—	—
	补救账户	73.922	128	0.578	—	—
总计	慈善账户	2275.000	132	—	—	—
	补救账户	2753.556	132	—	—	—
校正的总计	慈善账户	291.646	131	—	—	—
	补救账户	292.192	131	—	—	—

a. $R^2=0.826$(调整 $R^2=0.822$)
b. $R^2=0.747$(调整 $R^2=0.741$)

对补救账户、慈善账户的调节作用,分别如图 11-2、图 11-3 所示。

上述结果表明,CSR 类型和 CSR 历史对消费者信任修复存在显著影响,但这种影响主要表现在对慈善账户的影响上,$p=0.031<0.05$,即 CSR 历史长的企业从事的公德行为更容易被消费者归入慈善账户,而 CSR 历史短的企业即使从事公德行为也容易被归入补救账户,$p=0.217$,故 H5 得以证明。

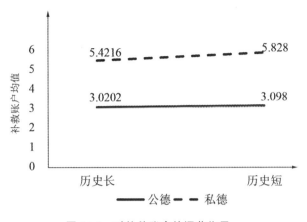

图 11-2 对补救账户的调节作用

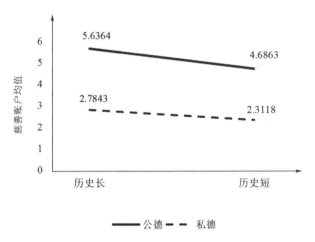

图 11-3 对慈善账户的调节作用

第六节 结论、启示与展望

一、研究结论

本章的研究探讨了 CSR 对负面曝光品牌的信任修复,是对以往有关消费者信任修复研究的补充。第一,基于差序格局这一文化视角将 CSR 分为公德和私德,使得本研究具有中国本土特色。第二,将心理账户作为中介变量引入本研究，为消费者对 CSR 的感知提供了新的解释。第三，引入 CSR 历史作为 CSR 与心理账户之间的调节变量，发现了 CSR 修复品牌信任的边界。

二、管理启示

本章的研究也给经历负面曝光的企业带来了一些管理启示。首先，当企业身陷负面曝光事件的泥潭中难以脱身时，CSR 是挽回消费者信任的一种良好的补救方式，但如果企业要想最大程度地发挥 CSR 策略的作用，就应该针对危机类型以及信任受损状况合理采取措施。其次，CSR 历史对消费者信任修复具有显著影响，一家长期实施 CSR 活动的企业比一家实施 CSR 活动历史较短的企业更容易得到消费者的信任和认同，因此企业在日常的经营活动中，在承担经济、法律等责任的同时，还要注重 CSR 的履行。再次，心理账户会影响消费者对企业行为的感知，当企业实施 CSR 活动时，消费者会根据自己的理解判断企业资金的流向，进而将资金归到慈善账户或是补救账户中去，慈善账户使得消费者相信企业是负责任的，对道德伤害危机更有效果，而补救账户使得消费者认为企业是有能力的，对产品伤害危机效果更强。

三、研究展望

本章的研究具有一定的理论与实践意义，但仍然存在以下局限性。

第一，采用情景实验法，被试主要集中于学生群体，使得样本代表性不足，影响了研究的外部效度。未来研究应选取更具有代表性的样本，进一步提高研究的外部效度。

第二，研究只考查了心理账户这一消费者认知过程对 CSR 修复负面曝光品牌信任的影响，未来的研究应多考虑情绪因素的影响。

第四篇

框架效应与心理账户的其他研究

第十二章　情感账户对大学生享乐性消费意向的影响

第一节　问题的提出

大学生消费群体作为国内青少年消费的主要群体,由于受教育程度较高和走在时尚前沿等特性使得其成为现时市场、影响市场、未来市场的综合体,其巨大的市场潜力日益凸显[205],故大学生群体的主要消费行为特点成为理论界和企业界积极探究和思索的问题。但目前关于大学生收入和消费行为的研究仅局限于对各项收入的构成、消费的具体项目如通信、外出就餐、恋爱等方面的支出。行为研究主要围绕大学生的从众消费、冲动消费、符号消费和形象消费等非理性的消费展开,鲜有研究从情感角度来探讨大学生的收入来源和支出方向之间的关系。大学生普通较年轻,其消费选择中感性成分较重,情绪、情感成为影响其消费选择的重要因素。本章选择研究大学生不同来源的收入所附有的情感,以及这一情感因素对大学生消费选择的影响。

第二节 文献回顾与模型构建

一、文献回顾

(一) 心理账户

1985年,芝加哥大学的行为科学教授理查德·塞勒在其发表的《心理账户与消费者选择》一文中正式阐述了心理账户(mental accounting)理论。尽管情绪与心境在理论上可以区分,但在现实中它们之间的界限并不是很清晰,两者可以统称为"情感"。积极情感与消极情感是研究者对情感划分的两个主要维度,每一维度下又包括多种具体的情绪与心境。[206] 当情感受到某种对象的刺激并外化以后,情感就成了情绪。在某种程度上可以这样认为,高度情感兴奋就是情绪,体现出对一种刺激物的情感高度兴奋状态。而低度情感兴奋则是不太强烈的情感状态或者持久的心境状态。由此,本章的研究要探讨的情感,是指广义的情感,包括高度情感兴奋的情绪和低度情感兴奋的狭义情感和心境。同时,在操作中,为适应人们的日常表达,我们用"心情"这个词来笼统地测量情绪和心境这两种情感体验。

(二) 享乐品与实用品

享乐品和实用品是市场营销和消费者行为研究中对产品或服务很常见的一种分类。享乐品是指能让人在情感和感官上获得美、享乐等愉快感受的产品或服务,这类产品或服务通常能够给消费者带来快乐和享受,但不是必需的[207],如巧克力、冰激凌、假期、小说、电影、DVD影碟等;而实用品则是指那些更加基于理性认知,能让人达到自己目标或者完成实际任务的产品或服务,这类产品或服务通常不会或者较少给消费者带来快乐,但它们是消费者日常生活或者工作所必需的,符合消费者的长期利益,如打印机、复印机、教科书、医疗服务,以及食品和衣物等生活用品等。但是,享乐属性和实用属性并不是同一个量表的两个极端,不同类型产品或服务都或多或少具有这两种属性。学者们认为享乐性(实用性)产品相对更多地具备享乐(功能)属性。[208]

二、模型构建

本章要研究的问题是大学生不同来源的收入所附有的正面情感和负面情感，这些情感如何影响大学生的享乐性消费意向。同时，这些不同来源的收入是否因为获得时所付出的努力高低不同而产生正面或负面的情感反应，最终影响大学生的享乐性消费意向。由此，试图构建如图12-1所示的研究框架。

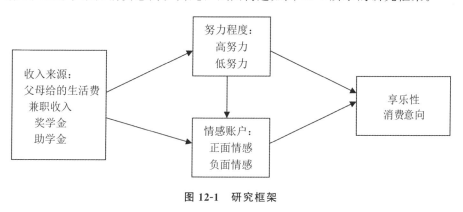

图 12-1 研究框架

第三节 研究假设

Russell 和 Carroll 开发的环状情感模型中用 17 个词来描述情感[209]，其中描述正面情感的有：高兴（happy）、放松（relaxed）、平静（calm）、得意（elated）、满足（pleased）、解脱（relieved）、惊奇（surprised）和激动（excited）。描述负面情感的有：不满（displeased）、生气（angry）、紧张（tense）、伤心（sad）、沮丧（upset）、后悔（regretful）、压抑（depressed）、失望（disappointed）和愧疚（guilty）。有研究认为，在中国和印度等受佛教影响较深的国家和西方主要受基督教影响的国家，人们的情感是有差异的。在中国，佛教的"因果报应"等思想深深地影响中国人的思维方式，有可能使中国人更容易产生愧疚等负面情感。羞愧和内疚都是属于自我意识情绪，是人类的负面情感体验。内疚和羞愧的缺乏或过度都会引起失调，这种失调使得消费者产生情感修复动机。在整个社会环境下，个体若发现"真实的我"和"理想的我"不一致时，很可能会产生自我概念落差。一个人在面对自我概念落差时，通常会有紧张、不高兴、压力、冲突和不舒服的感觉。大学生理想中的自我是经济上独立的,但现实中的自我又不得不向父母伸手要钱,这种自我概念落差使得大学生产生负面情感。因此可提出如下假设。

H1:大学生不同来源的收入附有不同的情感。

具体来讲有以下两点。

H1a:在四种主要的收入中,奖学金有最多的正面情感。

H1b:在四种主要的收入中,父母给的生活费有最少的正面情感。

一些研究认为,人们是根据努力程度对账户进行分类的。Hodge 和 Mason 通过实验发现如果被试到某一商场购物发现有意外的折扣,这些因获得折扣而节省下来的钱很容易被花掉。[210] 但如果被试是通过付出很多努力搜寻才找到这样的折扣,那么这些节省下来的钱就不会被那么容易地花掉。从足球彩票上获得的收益之所以被人们用于外出就餐等享乐性开支是因为人们在获取该收入时没有付出努力,而工资等常规收入是辛辛苦苦赚来的,因此舍不得花,或用作日常开支。而 Kivetz 和 Zheng 通过实验发现在对人们付出努力后给予补偿时,若拿出享乐品和实用品两种产品让他们选择,那些得到高努力和优秀反馈的被试大多会选择享乐品。弗洛伊德的动机理论认为一个人的自我都是由三个"我"组成,即自己眼中的"我",别人眼中的"我"和事实中的"我"。当这三个"我"重合程度高时,人格是和谐和健全的。三个"我"的差异和冲突越大,内心的焦虑和冲突就越大。基于此,弗洛伊德认为,欲望和需求的源动力就是来自消除因不平衡而产生的心理扭力。大学生普遍认为自己已经年满十八岁,经济上不应该再依赖父母,这是他们理想状态的"我",也就是自己眼中的"我",但现实的情况是他们在经济上主要还是依赖父母,这是事实中的"我"和别人眼中的"我",可见这三个"我"是冲突的,因此大学生的购买行为体现出消除这种心理扭力。

大学生如果通过自己的努力赚到钱,他们往往会认为能够养活自己,也可以减少家庭的经济负担和经济压力,会产生诸如自豪感等正面情感。基于以上论述提出如下假设。

H2:不同来源的收入,在其获得时自己所付出的努力是有差异的。

具体来讲有以下两点。

H2a:在四种主要的收入中,父母给的生活费所需付出的努力最少。

H2b:在四种主要的收入中,奖学金所需付出的努力最多。

H3:金钱所附有的情感与获得该笔金钱付出的努力正相关,高努力获取的收入附有更多的正面情感。

H4:努力程度与享乐性消费意向正相关。

Kivetz(1999)认为心理账户原理规范着人们的奢侈性消费行为。找到合适的理由在奢侈性消费过程中起着非常重要的作用，在进行奢侈性消费时，人们更倾向于寻求各种理由和证据，使得内心的冲突在心理账户的作用下得到解决。但是，理由的寻求使得心理账户的形成和分类受到阻碍。Cheema和Soman（2006）发现虽然心理账户通常被看作消费者用于防止过度消费的自控装置，但在消费类型模糊的状态下，人们会通过灵活操纵心理账户使享乐性消费合理化，如在某些情况下，人们将外出就餐归为更好的营养等实用性消费，从而为消费找到了合适的理由。Prelec和Lowenstein（1998）提出"付钱的痛苦（pain of paying）"这一概念，指出消费者通常觉得花钱购买享乐品时会比购买实用品时更加容易感觉到"付钱的痛苦"。[211] Giner-Sorolla（2001）提出把钱花在享乐品上而不是实用品上，会使人觉得是浪费甚至会产生负罪感。

综上所述，由于享乐品能够给消费者带来快乐，但是消费者在购买享乐品时更加容易感觉到付钱的痛苦甚至负罪感；相反，实用品往往是必需的或者符合消费者长期利益的，因此消费者在购买实用品时不太会感觉到付钱的痛苦或者负罪感。而金钱上所附有的正面情感会减少人们用它来购买享乐品的负罪感。心理学的研究认为人们会尽力保持正面的情感，改善负面的情感状态。例如，Martin等学者认为人们会把情绪与心境作为反映当前境况的信息线索，当个体有着正面的情绪与心境，说明当前个体的境况处于正常，不需要作出改变；而当个体有着负面的情绪与心境时，则说明当前个体的境况存在错位。若一笔金钱带有负面情感，人们会通过策略性地使用这笔金钱来避免负面情感的加深或减少负面情感。道德行为的心理研究表明人们会通过帮助别人的利他主义行为，来满足人们提高心境的欲望。例如，社会生态学的研究发现人们会将儿童意外死亡的赔偿金捐给慈善机构、教育机构或负责安全的社会机构。人们还会通过一些行为来减少负面交易所带来的愧疚感，如一些地方的当地居民在销售烟草赚钱以后会举行仪式来洗涤罪恶，净化心灵，因为在他们看来销售烟草是违反禁忌和不道德的。Ramanathan和Williams（2007）认为深思熟虑的消费者比冲动型消费者更容易经历情感上的冲突，因而更有可能通过购买和消费实用品来提高情感水平。[212] Levav与Mcgraw（2009）认为人们通常采用两种策略来进行心境管理——回避享乐和洗刷。回避享乐是指消费者制造自己和带有负面情感金钱之间的"物理或心理距离（physical or psychic distance）"，即通过决策的延迟或拒绝享乐性消费机会的做法来避免负面情感的加深，显然它是一种消极的处理方式。除此之外还有一种积极的应对战略，消费者通过将具有负面情感的金钱用于购买道德性产品或实用品来减少这种负面情感。因为享乐品的购买会给人带来愧疚感，因此，若消费者用一笔带有负面情感的金钱来购买享乐品时，这种负面情感将加重。通过回避享乐可以避免负面情感的进一步加深。实用品是一种提供功能利益的产品,因其所带来的长久利益通常被人们认为一种道德性投资(virtuous investment),因此可以认为消费者通过选择实用品来洗涤金钱上的负面情感。通过上面的论述提出如下假设。

H5：金钱所附有的情感与享乐性消费意向正相关，附有正面情感越多的金钱，其享乐性消费意向越高。

H6：情感账户在努力程度和享乐性消费意向之间起中介作用。

第四节 研究方法及结果

为了验证假设，我们采用了实验法，按照四种不同的收入来源，模拟了四种情景，具体操作如下。

快放暑假了，你想好好利用这个假期去参加某个课程培训或和同学一起去旅游，这两项活动的花费大概都在1000元。放假前，手头并不宽裕的父母给你寄来2000元。然后问被试当接到这笔钱时，感觉心情如何。如果心情好，请他们从七点量表中选择好的程度，"1"代表有一点点好，"7"代表非常好。如果心情不好，也请他们从七点量表中选择个好的程度，"1"代表有一点点不好，"7"代表非常不好。计分采用 Levav 和 Mcgraw（2009）所使用的 P-N（正面情感-负面情感），对心情和努力打分以后，再让被试选择用这笔钱和同学一块出去旅游的可能性。用七点量表进行打分，"1"代表不可能，"7"代表非常有可能。其他的三种情景表述和上面类似，只是将"父母给的电话费"分别改为"你兼职工作的单位给你发了2000元的工资""你获得了2000元的奖学金""你获得了2000元的助学金"。实验将被试分为4组，每组26人，共104人参与实验。采用 SPSS 17.0 对数据进行处理，为了验证假设 H1 与假设 H2，首先做不同来源收入情感得分 ANOVA 分析和不同来源收入的努力程度得分均值分析，实验结果如表 12-1、表 12-2 所示。

表 12-1 不同来源收入情感得分 ANOVA 分析

项目	平方和	df	均方	F	显著性
组间	1008.337	3	336.112	44.916	0.000
组内	755.796	101	7.483		
总数	1764.133	104			

表 12-2　不同来源收入的努力程度得分均值

收入来源	n	均值	标准差	均值标准误
I1	26	1.77	0.908	0.178
I2	26	4.08	1.055	0.207
I3	26	5.27	1.218	0.239
I4	26	2.22	0.934	0.180

从表 12-2 中可以看出，父母给的生活费的努力程度得分最低，而奖学金的努力程度得分最高。为检验这一差异是否显著，还要做独立样本 t 检验。如表 12-3 所示。

表 12-3　不同来源收入的努力程度独立样本 t 检验

不同收入来源对比	t	df	Sig.	均值差	标准误
I1 与 I2	−8.452	50	0.000	−2.308	0.273
I1 与 I3	−11.744	50	0.000	−3.500	0.298
I1 与 I4	−1.791	50	0.079	−0.453	0.253
I2 与 I3	−3.772	50	0.000	−1.192	0.316
I2 与 I4	6.782	50	0.000	1.855	0.273
I3 与 I4	10.242	50	0.000	3.047	0.299

从表 12-3 中我们发现，除了 I1 与 I4 的差异不显著以外，其他来源收入的努力程度差异皆显著。但从表 12-2 的均值计算中可以发现，I4 高于 I1，H2a 与 H2b 得到验证。

为了验证 H3、H4、H5 和 H6，根据温忠麟等（2005）对中介变量的处理方法，我们以努力程度 X 为自变量，情感反应 M 为中介变量，享乐性消费意向 Y 为因变量做线性回归分析。三者之间的关系如图 12-2 所示。

首先以努力程度为自变量，享乐性消费意向为因变量做线性回归，实验结果如下：$c=0.533$，标准误 $SE=0.084$，$t=6.392$，$p=0.000<0.05$，回归系数呈现显著性。$F(1,103)=40.854$，相伴概率 $P=0.000<0.05$，模型整体的拟合效果较好。再以努力程度为自变量，情感反应为中介变量，享乐性消费意向为因变量，做两个线性回归分析，结果为 $a=0.668$，标准误 $SE=0.031$，$t=9.121$，$p=0.000<0.05$，回归系数呈现显著性。$F(1,103)=83.196$，相伴概率 $P=0.000<0.05$，模型整体的拟合效果较好。$b=0.440$，标准误 $SE=0.044$，$t=4.231$，$p=0.000<0.05$，回归系数呈现显著性。$c'=0.239$，标

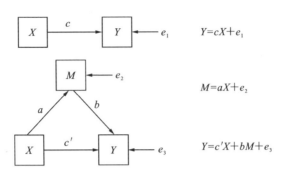

图 12-2　情感账户的中介作用

准误 $SE=0.104$，$t=2.301$，$p=0.023<0.05$，回归系数呈现显著性。$F(2,102)=32.730$，相伴概率 $P=0.000<0.05$，模型整体的拟合效果较好。以上结果验证了 H3、H4、H5 和 H6。

第五节　结论、启示与展望

一、研究结论

根据上述研究结果可得到如下的结论。

第一，大学生不同来源的收入会附有不同的情感。在四种主要的不同来源收入即父母给的生活费、兼职收入、奖学金、助学金中，父母给的生活费附有最低的正面情感。这是因为当代大学生仍受中国传统思想如对父母尽孝道、感恩、回报等影响，认为自己作为已经成年的大学生，应该能够独立生存，甚至能回报父母的养育之恩。但现实的情况是，他们的生活来源还是依靠父母，在这种情景下，父母给的生活费附有更多的诸如无可奈何、愧疚等负面情感。奖学金附有最多的正面情感，因为奖学金是对学习成就的奖励，是自己学习能力的最好证明，体现出的是高兴、得意、满足和激动等正面情感。兼职收入能使大学生产生"终于能够赚钱养活自己，现在可以独立了"等感觉，由此会有愉悦、自豪等正面情感的产生。但毕竟打工挣钱并不是目前的主业，大多数大学生还会有影响学业等负面情感。这样我们可以看出，大学生对兼职收入虽然有正面情感反应，但总体上来讲，这种正面情感会低于奖学金。助学金和父母给的生活费类似，它会让大学生产生诸如不劳而获、回馈与偿还等负面情感，但因为助学金来自不明确的主体，因此其负面情感又低于父母给的生活费。

第二,不同来源的收入所需付出的努力是有差异的。奖学金所需付出的努力是最高的,兼职收入次之,父母给的生活费和助学金所需付出的努力较低,但两者之间的努力程度却没有明显的差异。

第三,金钱所附有的情感与获得该笔金钱付出的努力正相关,高努力获取的收入附有更多的正面情感。在四种不同来源的收入中,奖学金所需付出的努力程度最高,其所附有的正面情感也最多。父母给的生活费与助学金付出的努力较少,其所附有的正面情感也较少。这说明,当代大学生对不劳而获或"啃老"等行为持负面态度,高努力与高回报仍是当代大学生的主流价值观。

第四,情感账户在努力程度和享乐性消费意向之间起中介作用。这体现出努力应该得到奖赏,它也成了享乐性消费的理由。而情感与享乐消费意向的正相关则体现出人们会利用金钱对情感进行管理,在正面情感较多的情况下,享乐性消费所产生的负面情感可以得到部分抵消,使得享乐性消费的负罪感等负面情感降低。

该研究结论与 Hodge 和 Mason(1995)的研究结论不同。Hodge 和 Mason 认为不通过努力而获得的收入容易被人用于享乐性消费,而通过辛苦努力获得的收入会用于生活必需品等实用性消费。我们的研究结果表明,大学生付出高努力所获得的收入如奖学金和兼职收入都更容易用于享乐性消费。产生这一结果的原因是奖学金和兼职收入给大学生带来更多的正面情感,被放在正面情感账户中,因此更容易用于享乐性消费。而父母给的生活费和助学金则更容易被放在负面情感账户中,由此更多地用于实用性消费。

二、管理启示

这一研究结果的管理意义体现在以下三个方面。

第一,大学生在掌握了情感账户对消费影响的规律后,根据金钱的不同来源来合理地安排支出,可以平衡各种支出所产生的情感反应,通过支出实现对情感的管理。

第二,对于商家来讲,应选择不同的时间段提供不同的产品或服务。现在很多精明的商家已经意识到高校市场是一个巨大的"金矿",这些商家会选择将部分产品或服务送进校园。商家应选择不同的时间段在校园进行促销活动,比如每年开学期间,商家应提供用于日常生活的各种产品或服务。而奖学金发放的月份,则可以进行享乐品的促销。

第三,国家教育部门和高校管理部门可根据这一研究结果调整奖学金与助学金的发放比例和发放力度,帮助大学生实现合理消费。目前很多高校所实行的奖学金制度，其特点是金额少、覆盖面广。根据该项研究的结果我们不难看出，要使大学生实现合理消费，奖学金的发放政策应该是面窄、力度大，这样才会对学生产生有效的激励。国家教育部门和高校管理部门可将原来属于奖学金的部分资金用于扩大助学金的范围，这样才会使有限的教育经费发挥更大的作用。

三、研究展望

本章的研究的局限性在于只选择了高校大学生作为研究对象，今后的研究应该放在一个更具普适性的环境中，考查普通人群在不同金钱获取方式下是否会产生不同的情感反应。本章的研究只考虑了我国大学生四种主要来源的收入（父母给的生活费、兼职收入、奖学金和助学金）所附有的情感及这些情感对消费选择的影响。根据李爱梅等（2007）的研究，中国人内隐的心理账户包括许多不同的项目，那么这些项目各自附有情感程度如何，是值得探讨的问题。一些具体的情感如失望、愤怒等如何影响消费者选择？其中的作用机制是什么？这也是今后会让人感兴趣的研究方向。

参考文献

[1] Simon H A. Rational choice and the structure of the environment [J]. Psychological Review, 1956, 63: 120-138.

[2] Kahneman D, Tversky A. Prospect theory: An analysis of decisions under risk [J]. Econometrica, 1979, 47 (2): 313-327.

[3] Ho T H, Lim N, Camerer C F. Modeling the psychology of consumer and firm behavior with behavioral economics [J]. Journal of Marketing Research, 2006, 43: 307-331.

[4] 赫伯特·西蒙. 管理行为 [M]. 詹正茂, 译. 北京: 机械工业出版社, 2013.

[5] 阿兰·斯密德. 冲突与合作: 制度与行为经济学 [M]. 刘璨, 吴水荣, 译. 上海: 格致出版社, 2018.

[6] Carter R. Mapping the mind [M]. Berkeley: University of California Press, 1998.

[7] 孙国仁. 神经经济学: 一种新的经济决策理论模型 [J]. 国外社会科学, 2008 (1): 79-82.

[8] Masicampo E J, Baumeister R F. Toward a physiology of dual-process reasoning and judgment: Lemonade, willpower, and expensive rule-based analysis [J]. Psychological Science, 2008, 19 (3): 255-260.

[9] 荣晓华. 心理学对经济学的现实贡献 [J]. 财经问题研究, 2004 (10): 9-12.

[10] Thaler R. Mental accounting and consumer choice [J]. Marketing Science, 1985, 4 (3): 199-214.

[11] Cheema A, Soman D. Malleable mental accounting: The effect of flexibility on the justification of attractive spending and consumption decisions [J]. Journal of Consumer Psychology, 2006, 16 (1): 33-44.

[12] Marijke V P, Marcel Z, Eric V D. Decoupling the past from the present attenuates inaction inerta [J]. Journal of Behavioral Decision Making, 2007, 20: 65-79.

[13] Kahneman D, Tversky A. Choices, values and frames [J]. American Psychologist, 1984, 39 (4): 341-350.

[14] 奚恺元. 别做正常的傻瓜 [M]. 北京: 机械工业出版社, 2006.

[15] 奚恺元, 王佳艺, 陈景秋. 撬动幸福 [M]. 北京: 中信出版社, 2008.

[16] Tversky A, Kahneman D. The framing of decisions and the psychology of choice [J]. Science, 1981, 211: 453-457.

[17] Soman D. Effects of payment mechanism on spending behavior: The role of rehearsal and immediacy of payments [J]. Journal of Consumer Research, 2001, 27 (4): 460-474.

[18] Tversky A, Kahneman D. Rational choice and the framing of decisions [J]. Journal of Business, 1986, 59 (4): 5251-5278.

[19] Paese P W, Bieser M, Tubbs M E. Framing effects and choice shifts in group decision making [J]. Organizational Behavior and Human Decision Processes, 1993, 56 (1): 149-165.

[20] Kühberger A. The influence of framing on risky decisions: A meta-analysis [J]. Organizational Behavior and Human Decision Processes, 1998, 75 (1): 23-55.

[21] Wang X T. Self-framing of risking choice [J]. Journal of Behavioral Decision Making, 2004, (17): 1-16.

[22] Levin I P, Gaeth G J. How consumers are affected by the framing of attribute information before and after consuming the product [J]. Journal of Consumer Research, 1995, 15: 374-378.

[23] Krishnamurthy P, Carter P, Blair E. Attribute framing and goal framing effects in health decisions [J]. Organizational Behavior and Human Decision Processes, 2001, 85 (2): 382-399.

[24] Rothman A J, Salovey P. Shaping perceptions to motivate health behavior: The role of message framing [J]. Psychological Bulletin, 1997, 121 (1): 3-19.

[25] Tversky A, Kahneman D. Loss aversion in riskless choice: A reference-dependent model [J]. Quarterly Journal of Economics, 1991, 107: 1039-1061.

[26] Wong K F E, Kwong J Y Y. Comparing two tiny giants or tow huge dwarfs: Preference reversals owing to number size framing [J]. Organizational Behavior and Human Decision Processes, 2005, 98 (1): 54-65.

[27] Simon A F, Fagley N S, Halleran J G. Decision framing: Moderating effects of individual difference and cognitive processing [J]. Journal of Behavioral Decision Making, 2004, 17 (2): 77-93.

[28] Igou E R, Bless H. On undesirable consequences of thinking: Framing effects as a function of substantive processing [J]. Journal of Behavioral Decision Making, 2007, 20: 125-142.

[29] McElroy T, Mascari D. When is it going to happen? How temporal distance influences processing for risky-choice framing tasks [J]. Social Cognition, 2007, 25 (4): 495-517.

[30] Robertson L C, Ivry R B. Hemispheric asymmetries: Attention to visual and auditory primitires [J]. Current Directions in Psychological Science, 2000, 9 (2): 59-63.

[31] Gallagher P, Dagenbaeh D. Manipulating noise frequencies alters hemispheric contributions to decision making [J]. Brain and Cognition, 2007, 64 (1): 42-49.

[32] Breiter H C, Aharon I, Kahneman D, et al. Functional imaging of neural responses to expectancy and experience of monetary gains and losses [J]. Neuron, 2001, 30: 619-639.

[33] Delgado M R, Locke H M, Stenger V A, et al. Dorsal striatum responses to reward and punishment: Effects of valence and magnitude manipulations [J]. Cognitive Affective & Behavioral Neuroscience, 2003, 3: 27-38.

[34] Kuhnen M, Knutson B. The neural basis of financial risk taking [J]. Neuron, 2005, 47: 763-770.

[35] Celsi R L, Olson J C. The role of involvement in attention and comprehension processes [J]. Journal of Consumer Research, 1988, 15 (2): 210-224.

[36] Zaichkowsky J L. Measuring the involvement construct [J]. Journal of Consumer Research, 1985, 12 (3): 341-352.

[37] Andrews J C, Durvasula S, Akhter S H. A framework for conceptualizing and measuring the involvement construct in advertising research [J]. Journal of Advertising, 1990, 19 (4): 27-40.

[38] Putrevu S, Tan J, Lord K R. Consumer responses to complex advertisements: The moderating role of need for cognition, knowledge, and gender [J]. Journal of Current Issues and Research in Advertising, 2004, 26 (1): 9-24.

[39] Putrevu S. An examination of consumer responses toward attribute- and gaol-framed messages [J]. Journal of Advertising, 2010, 39 (3): 5-24.

[40] Huang Y, Wang L. Sex difference in framing effects across task domain and individual differences [J]. Personality and Individual Differences, 2010, 48: 649-653.

[41] Fagley N S, Miller P M. Framing effects and arenas of choice: Your money or your life? [J]. Organizational Behavior and Human Decision Processes, 1997, 71 (3): 355-373.

[42] Bateman C R, Fraedrich J P, Zyer R. Framing effects with in the ethical decision making process of consumers [J]. Journal of Business Ethics, 2002, 36 (1/2): 119-140.

[43] Mikels J A, Reed A E. Monetary losses do not loom large in later life: Age differences in the framing effect [J]. Psychological Science, 2009, 64B (4): 457-460.

[44] Epley D M, Lorraine C I. Bonus or rebate?: The impact of income framing on spending and saving [J]. Journal of Behavioral Decision Making, 2006, 19: 1-15.

[45] Park C W, Jun S Y, Macinnis D J. Choosing what I want versus rejecting what I do not want: An application of decision framing to product option choice decisions [J]. Journal of Marketing Research, 2000, 37 (2): 187-202.

[46] Thaler R. Mental accounting and consumer choice [J]. Marketing Science, 1985 (3): 199-214.

[47] Thaler R. Mental accounting matters [J]. Journal of Behavioral Decision Making, 1999, 12 (3): 183-206.

[48] Thaler R. Mental accounting and consumer choice: Anatomy of a failure [J]. Marketing Science, 2008, 27 (1): 12-14.

[49] Valrie C, Marilyn S. Does changing the timing of a yearly individual tax refund change the amount spent vs. saved? [J]. Journal of Economic Psychology, 2008 (6): 613-618.

[50] Milkman K L, Beshears J. Mental accounting and small windfalls: Evidence from an online grocer [J]. Journal of Economic Behavior & Organization, 2009, 71: 384-394.

[51] Nicolao B, Rino R. Acceptance of a price discount: The role of the semantic relatedness between purchases and the comparative price format [J]. Journal of Behavioral Decision Making, 2002, 15: 203-220.

[52] Chen A, Rao A. Close encounters of two kinds: False alarms and dashed hopes [J]. Marketing Science, 2002, 21 (2): 178-196.

[53] Putten M V, Zeelenberg M, Dijk E V. Decoupling the past from the present attenuates inaction inertia [J]. Journal of Behavioral Decision Making, 2007, 20: 65-79.

[54] Heath T B, Chatterjee S, France K R. Mental accounting and changes in price: The frame dependence of reference dependence [J]. Journal of Consumer Research, 1995, 22 (6): 90-97.

[55] 李爱梅, 凌文辁, 刘丽虹. 不同的优惠策略对价格感知的影响研究 [J]. 心理科学, 2008 (2): 457-460.

[56] 张黎, 范亭亭, 王文博. 降价表述方式与消费者感知的降价幅度和购买意愿 [J]. 南开管理评论, 2007 (3): 19-28.

[57] Kim H M. The effect of salience on mental accounting: How integration versus segregation of payment influence purchase decisions [J]. Journal of Behavioral Decision Making, 2006, 19: 381-391.

[58] Harris J, Blair E A. Consumer preference for product bundles: The role of reduced search costs [J]. Journal of the Academy of Marketing Science, 2006, 34 (4): 506-513.

[59] Schindler R M, Maureen M, Nada N B. Shipping charges skepticism: Implications for direct marketers pricing formats [J]. Journal of Interactive Marketing, 2005, 19 (1): 41-53.

[60] Hossian T, Morgan J. Plus shipping and handling: Revenue (Non) equivalence in field experiments on eBay [J]. The B. E. Journal of Economic Analysis & Policy, 2006, 6 (2): 1-27.

[61] Clark J M, Ward S G. Consumer behavior in online auctions: An examination of partitioned prices on eBay [J]. Journal of Marketing Theory and Practice, 2008, 16: 57-66.

[62] Xia L, Monroe K B. Price Partitioning on the Internet [J]. Journal of Interactive Marketing, 2004, 4 (18): 63-73.

[63] Chakravarti D, Paul P, Srivastava J, et al. Partitioned presentation of multicomponent bundle prices: Evaluation, choice and underlying processing effects [J]. Journal of Consumer Psychology, 2002, 12 (3): 215-229.

[64] Burman B, Biswas A. Partitioned pricing: Can we always divide and prosper? [J]. Journal of Retailing, 2007, 83 (4): 423-436.

[65] Dijk E V, Knippenberg D V. Buying and selling exchange goods: Loss aversion and the endowment effect [J]. Journal of economic research, 1996, 17: 517-524.

[66] Ranyard R, Hinkley L, Williamson J, et al. The role of mental accounting in consumer credit decision processes [J]. Journal of Economic Psychology, 2006, 27 (4): 571-588.

[67] Purohit D. Playing the role of buyer and seller: The mental accounting of trade-ins [J]. Marketing Letters, 1995, 6 (2): 101-110.

[68] Zhu R, Chen X, Dasgupta S. Can trade-ins hurt you? Exploring the effect of a trade-in on consumers' willingness to pay for a new product [J]. Journal of Marketing Research, 2008, 55: 159-170.

[69] 汪涛, 崔楠, 杨奎. 顾客参与对顾客感知价值的影响: 基于心理账户理论 [J]. 商业经济与管理, 2009 (11): 81-88.

[70] Linville P, Fischer W. Preferences for separating and combining events [J]. Journal of Personality and Social Psychology, 1991, 60 (1): 5-23.

[71] Kivetz R, Zheng Y. Determinants of justification and self-control

[J]. Journal of Experimental Psychology: General, 2006, 135 (4): 572-587.

[72] Shafir E, Richard H T. Invest now, drink later, spend never: On the mental accounting of delayed consumption [J]. Journal of Economic Psychology, 2006, 27: 694-712.

[73] 李爱梅, 凌文辁, 方俐洛, 等. 中国人心理账户的内隐结构 [J]. 心理学报, 2007 (4): 706-714.

[74] Levav J, Mcgraw A P. Emotional accounting: How feelings about money influence consumer choice [J]. Journal of Marketing Research, 2009, 56 (2): 66-80.

[75] Hirschman E C. Differences in consumer purchase behavior by credit card payment system [J]. Journal of Consumer Research, 1979, 6: 58-66.

[76] Prelec D, Simester D. Always leave home without it: A research note [J]. Marketing Letters, 2001, 12 (1): 5-12.

[77] Soman D, John T G. Transaction decoupling: How price bundling affects the decision to consume [J]. Journal of Marketing Research, 2001, 58 (1): 30-45.

[78] Soman D, Cheema A. The effect of credit on spending decisions: The role of the credit limit and credibility [J]. Marketing Science, 2002, 21 (1): 32-53.

[79] Siemens J C. When consumption benefits precede costs: Towards an understanding of "Buy now, pay later" transactions [J]. Journal of Behavioral Decision Making, 2007, 20: 521-531.

[80] Duxbury D, Keasey K, Zhang H, et al. Mental accounting and decision making: Evidence under reverse conditions where money is spent for time saved [J]. Journal of Economic Psychology, 2005, 26: 567-580.

[81] Thaler R. Mental accounting and consumer choice: Anatomy of a failure [J]. Marketing Science, 2008, 27 (1): 12-14.

[82] Heilman C M, Nakamoto K, Rao A. Pleasant surprises: Consumer Response to unexpected in-store coupons [J]. Journal of Marketing Research, 2002, 29: 342-343.

[83] Cacioppo J T, Petty R E, Kao C F. The efficient assessment of need for cognition [J]. Journal of Personality Assessment, 1984, 48 (3): 306-307.

[84] Cacioppo J T, Petty R E, Feinstein J A, et al. Dispositional differences in cognitive motivation: The life and times of individuals varying in need for cognition [J]. Psychological Bulletin, 1996, 119 (2): 197-253.

[85] Kim H M. The effect of salience on mental accounting: How integration versus segregation of payment influence purchase decisions [J]. Journal of Behavioral Decision Making, 2006, 19: 381-391.

[86] Hsee C K, Loewenstein G F, Blount S, et al. Preference reversals between joint and separate evaluations of options: A review and theoretical analysis [J]. Psychological Bulletin, 1999, 125 (5): 576-590.

[87] Bertini M, Wathieu L. The framing effect of price format [J]. Working Paper, 2006 (5): 1-26.

[88] Strahilevitz M, Myers J G. Donations to charity as purchase incentives: How well they work may depend on what you are grying to sell [J]. Journal of Consumer Research, 1998, 24 (4): 434-446.

[89] Kivetz R, Simonson I. Earning the right to indulge: Effort as a determinant of customer preferences toward frequency program rewards [J]. Journal of Marketing Research, 2002a, 39 (2): 155-170.

[90] 郑毓煌. 理由启发式: 消费者购买或选择享乐品的一个简单而有效的决策过程 [J]. 营销科学学报, 2007 (4): 63-71.

[91] Delvecchio D, Krishnan H S, Smith D C. Cents or percent: The effects of promotion framing on price expectations and choice [J]. Journal of Marketing, 2007, 71 (7): 158-170.

[92] Hsee C K, Yu F, Zhang J, et al. Median maximization [J]. Journal of Consumer Research, 2003, 30 (1): 1-14.

[93] Mazumdar T, Jun S Y. Consumer evaluations of multiple versus single price change [J]. Journal of Consumer Research, 1993, 20 (12): 441-450.

[94] Janiszewski C, Cunha M. The influence of price discount framing on the evaluation of a product bundle [J]. Journal of Consumer Research, 2004, 30 (3): 534-546.

[95] Lichtenstein S, Slovic P. The construction of prefence: An overview [C]. New York: Cambridge University Press, 2006.

[96] Grewal D, Howard M, Arun S. Communicating price information through semantic cues: The moderating effects of situation and discount size

[J]. Journal of Consumer Research, 1996, 23 (9): 148-155.

[97] Moon P, Keasey K, Duxbury D. Mental accounting and decision making: The relationship between relative and absolute savings [J]. Journal of Economic Behavior & Organization, 1999, 38: 145-153.

[98] Chatterjee S, Heath T B. The differential processing of price in gains and losses: The effects of frame and need for cognition [J]. Journal of Behavioral Decision Making, 2000, 13: 61-75.

[99] Gendall P, Hoek J. Message framing effects on price discounting [J]. Journal of Product & Brand Management, 2006, 15 (7): 458-465.

[100] Larrick R P, Soll J B. The MPG illusion [J]. Science, 2008, 320 (6): 1593-1594.

[101] Northcraft G B, Neal M A. Experts, amateurs, and real estate: An anchoring-and-adjustment perspectice on property pricing decisions [J]. Organizational Behavior and Human Decision Processes, 1987, 39 (2): 84-97.

[102] Carmon Z, Ariely D. Focusing on the forgone: How value can appear so different to buyers and sellers [J]. Journal of Consumer Research, 2000, 27: 360-370.

[103] Nayakankuppam D, Mishra H. The endowment effect: Rose-tinted and dark-tinted glasses [J]. Journal of Consumer Research, 2005, 32: 390-395.

[104] Roggeveen A L, Xia L, Monroe K B. How attributes and the product price impact the effectiveness of price partitioning [J]. Advances in Consumer Research 2006, 33: 181-183.

[105] Choi I, Koo M, Choi J A. Individual differences in analytic versus holistic thinking [J]. Personality and Social Psychology Bulletin, 2007, 33 (5): 691-705.

[106] McElroy T, Seta J J. On the other hand am I rational? Hemispheric activation and the framing effect [J]. Brain and Cognition, 2004, 55 (33): 572-580.

[107] Higgins E T. Beyond pleasure and pain [J]. American Psychologist, 1997, 52 (12): 1280-1300.

[108] Higgins E T. How self-regulation creates distinct values: The case of promotion and prevention decision making [J]. Journal of Consumer

Psychology, 2002, 12 (3): 177-191.

[109] Aaker J L, Lee A Y. Understanding regulatory fit [J]. Journal of Marketing Research, 2006, 43 (1): 15-19.

[110] Higgins E T. Making a good decision: Value from fit [J]. American Psychologist, 2000, 55 (11): 1217-1230.

[111] Kramer T, Kim H M. Processing fluency versus novelty effects in deal perception [J]. Journal of Product & Brand Management, 2007, 16 (2): 142-147.

[112] Xia L, Monroe K B. The influence of pre-purchase goals on consumers' perceptions of price promotion [J]. International Journal of Retail & Distribution Management, 2009, 37 (8): 680-694.

[113] Hamilton R W, Srivastava J. When 2+2 is not the same as 1+3: Variations in price sensitivity across components of partition prices [J]. Journal of Marketing Research, 2008, 45 (8): 450-461.

[114] Suman A O. Take the shock out of S&H [J]. Target Marketing, 2002, 25 (6): 5-17.

[115] Carlson J P, Weathers D. Examining differences in consumer reactions to partitioned prices with a variable number of price components [J]. Journal of Business Research, 2008, 61: 724-731.

[116] Morwitz V, Greenleaf E A, Johnson E J. Divide and prosper: Consumers' reactions to partitioned prices [J]. Journal of Marketing Research, 1998, 35 (4): 453-463.

[117] 张黎,涂艳苹,张实. 思维方式影响消费者对整合价/分离价的感知: JMS2008年会论文集 [C]. 西安: 西安交通大学, 2008.

[118] 白琳. 金额/比率陈述方式和调节匹配对消费者购买意愿的影响 [J]. 管理工程学报, 2010 (1): 35-40.

[119] 郑毓煌,董越. 统合,分离,还是免费: 产品种类对定价策略的影响: 2009年JMS会论文集 [C]. 天津: 南开大学, 2009.

[120] 金立印,邹德强,裘理瑾. 服务定制情境下选项的战略呈现: 呈现框架对消费者选择的影响 [J]. 南开管理评论, 2009 (6): 90-100.

[121] Zhang Y, Buda R. Moderating effects of need for cognition on responses to positioning versus negatively framed advertising messages [J]. Journal of Advertising, 1999, 28: 1-15.

[122] Gilbride T J, Guiltinan J P, Urbany J E. Framing effects in mixed

price bundling [J]. Marketing Letters, 2008, 19: 125-139.

[123] 涂荣庭, 王光耀, 韦夏. 分标价定价策略的负面效果研究: 2009 JMS 中国营销科学学术年会暨博士生论坛 [C]. 天津: 南开大学, 2009.

[124] Dickson P R, Sawyer A G. The price knowledge and search of supermarket shoppers [J]. Journal of Marketing, 1990, 54 (3): 42-53.

[125] Yadav M, Monroe K B. How buyers perceive savings in a bundle price: An examination of a bundle's transaction value [J]. Journal of Marketing Research, 1993, 30 (8): 350-358.

[126] Gaeth G J, Levin I P, Chakrabaity G, et al. Consumer evaluations of multi-product bundles: An information integration analysis [J]. Marketing Letters, 1990, 2 (1): 47-57.

[127] Kinberg Y, Sudit E F. Country/Service bundling in international tourism: Criteria for the selection of an efficient bundle mix and allocation of joint revenues [J]. Journal of International Business Studies. 1979, 10 (1): 51-62.

[128] Venkatesh R, Mahajan V. A probabilistic approach to pricing a bundle of products or services [J]. Journal of Marketing Research, 1993, 30 (11): 494-508.

[129] Guiltinan J P. The price bundling of services: A normative framework [J]. Journal of Marketing, 1987, 51 (4): 74-85.

[130] Johnson M D, Herrmann A, Bauer H H. The effects of price bundling on consumer evaluations of product offerings [J]. International Journal of Research in Marketing, 1999, 16 (2): 129-142.

[131] Giner-Sorolla R. Guilty pleasures and grim necessities: Affective attitudes in dilemmas of self-control [J]. Journal of Personality and Social Psychology, 2001, 80 (2): 206-221.

[132] Kivetz R, Simonson I. Self-control for the righteous: Toward a theory of precommitment to indulge [J]. Journal of Consumer Research, 2002b (9): 199-217.

[133] Xu J, Schwarz N. Do we really need a reason to indulge? [J]. Journal of Marketing Research, 2009, 46 (2): 25-36.

[134] Khan U, Dhar R. Licensing effects in consumer choice [J]. Journal of Marketing Research, 2006, 43 (5): 259-266.

[135] Voss K E, Spangenberg E R, Grohmann B. Measuring the hedonic

and utilitarian dimensions of consumer attitude [J]. Journal of Marketing Research, 2003, 40 (8): 310-320.

[136] 温忠麟,侯杰泰,张雷. 调节效应与中介效应的比较和应用 [J]. 心理学报, 2005 (2): 268-274.

[137] Siomkos G, Kurzbard G. The hidden crisis in product-harm crisis management [J]. European Journal of Marketing, 1994, 28 (2): 30-41.

[138] 方正,杨洋,江明华,等. 可辩解型产品伤害危机应对策略对品牌资产的影响研究:调节变量和中介变量的作用 [J]. 南开管理评论, 2011 (4): 69-79.

[139] 方正. 产品伤害危机应对方式对顾客感知危险的影响——基于中国消费者的实证研究 [J]. 经济体制改革, 2007 (3): 173-176.

[140] 吴思. 产品伤害危机:伤害类型、应对方式及营销策略 [J]. 管理世界, 2011 (9): 182-183.

[141] Seon-Kyoung A, Karla K G, Seung H C. Level of crisis responsibility and crisis response strategies of the media [J]. Journal of Communication Management, 2011, 15 (1): 70-83.

[142] 方正,杨洋. 产品伤害危机及其应对研究前沿探析 [J]. 外国经济与管理, 2009 (12): 39-44, 57.

[143] 杜志刚,徐艳,景奉杰,等. 信息框架对公司形象修复的影响分析——信息来源、信息类型、参考点的协同效应 [J]. 情报杂志, 2011 (11): 177-182.

[144] 赵立军,孟春青,卢光莉. 框架效应对公平判断影响的实验研究 [J]. 心理科学, 2009 (3): 764-767.

[145] Cassotti M, Habib M, Poirel N, et al. Positive emotional context eliminates the framing effect in decision-making [J]. Emotion, 2012 (5): 926-931.

[146] Goffman E. Frame analysis: An essay on the organization of experience [M]. Cambridge: Harvard University Press, 1974.

[147] Tankard J W. The empirical approach to the study of media framing [M]. London: Routledge, 2001.

[148] Entman R M. Framing bias: Media in the distribution of power [J]. Journal of Communication, 2007, 57 (1): 163-173.

[149] 范明献. 对境外灾难报道的新闻框架分析——以《中国青年报》海地、智利地震报道为例 [J]. 当代传播, 2011 (2): 67-71.

[150] Xie Y, Peng S. How to repair customer trust after negative publicity: The roles of competence, integrity, benevolence, and forgiveness [J]. Psychology & Marketing, 2009, 26 (7): 572-589.

[151] 徐彪, 张媛媛, 张珣. 负面事件后消费者信任受损及其外溢机理研究 [J]. 管理科学, 2014 (2): 95-107.

[152] 徐洁, 周宁. 认知需求对个体信息加工倾向性的影响 [J]. 心理科学进展, 2010 (4): 685-690.

[153] Schiffma K. Consumer Behavior [M]. 7th ed. Upper Saddle River: Prentice Hall, 2000.

[154] 董玉. 传统媒体微博营销对消费者品牌态度的影响研究 [D]. 广州: 暨南大学, 2011.

[155] 汤志伟, 彭志华, 张会平. 框架效应对政府危机决策质量影响的实证研究 [J]. 社会科学研究, 2011 (6): 42-46.

[156] 黄静, 王新刚, 张司飞, 等. 企业家违情与违法行为对品牌形象的影响 [J]. 管理世界, 2010 (5): 96-107.

[157] 孙瑾, 张红霞. 品牌名称暗示性对消费者决策选择的影响: 认知需要和专业化水平的调节作用 [J]. 心理学报, 2012 (5): 698-710.

[158] 程燕蓉. 框架效应、认知需要对大学生购买决策影响的实证研究 [D]. 重庆: 西南大学, 2013.

[159] 杨春英. 认知需要和框架条件对个体决策结果的影响 [D]. 开封: 河南大学, 2009.

[160] 庄爱玲, 余伟萍. 道德关联品牌负面曝光事件溢出效应实证研究——事件类型与认知需求的交互作用 [J]. 商业经济与管理, 2011 (10): 60-67.

[161] Vidrine J I, Simmons V N, Brandon T H. Construction of smoking-relevant risk perceptions among college students: The influence of need for cognition and message content [J]. Journal of Applied Social Psychology, 2007, 37 (1): 91-114.

[162] 卜亚君. 产品伤害危机对品牌资产的影响研究——基于 M 品牌牛奶事件 [D]. 长春: 吉林大学, 2013.

[163] 孙莹, 杜建刚, 李文忠, 等. 产品召回中的负面情绪和感知风险对消费者购买意愿的影响——基于汽车产品召回的实证研究 [J]. 管理评论, 2014 (2): 104-110.

［164］梁建明．产品伤害危机中感知风险对顾客购买意愿的影响［J］．中国城市经济，2012（1）：48-49.

［165］万广圣，晁钢令，王晓玉．产品伤害危机中企业反应策略对媒体报道的影响——多案例交叉验证［J］．现代财经：天津财经大学学报，2016（1）：104-113.

［166］Wagner T, Weitz A. Corporate hypocrisy: Overcoming the threat of inconsistent corporate social responsibility perceptions［J］. Journal of Marketing, 2009, 73（1）: 77-91.

［167］骆紫薇，黄晓霞，陈斯允，等．企业为何履行社会责任却落得"伪善"名声？——企业社会责任类型和感知品牌伪善间的关系［J］．心理科学进展，2017（10）：1642-1655.

［168］Sheldon O. The social responsibility of management［M］. London: Sir Isaac Pitman and Sons, 1924.

［169］金立印．企业社会责任运动测评指标体系实证研究——消费者视角［J］．中国工业经济，2006（6）：114-120.

［170］钱瑜．企业社会责任和企业绩效的典型相关分析——基于利益相关者视角［J］．企业经济，2013（3）：79-82.

［171］苗振青，李良贤．基于共生视角的企业社会责任研究［J］．企业经济，2012（2）：18-20.

［172］刘凤军，李敬强，李辉．企业社会责任与品牌影响力关系的实证研究［J］．中国软科学，2012（1）：116-132.

［173］Sen S, Bhattacharya C B. Does doing good always lead to doing better? Consumer reactions to corporate social responsibility［J］. Journal of Marketing Research, 2001, 38（2）: 225-243.

［174］牟宇鹏，汪涛，王波．企业慈善战略为何适得其反？——消费者感知企业伪善研究［J］．珞珈管理评论，2012（2）：56-67.

［175］樊帅，田志龙．消费者对企业社会责任伪善感知形成机制研究［J］．中南财经政法大学学报，2017（2）：22-31.

［176］汪志刚，田志龙，方牵．消费者伪善感知对态度和行为的影响［J］．企业经济，2018（2）：88-94.

［177］Fassin Y, Buelens M. The hypocrisy-sincerity continuum in corporate communication and decision making: A model of corporate social responsibility and business ethics practices［J］. Management Decision, 2011（49）: 586-600.

[178] Marylyn C, Attalla A. The myth of the ethical consumer—do ethics matter in purchase behavior? [J]. Journal of Consumer Marketing, 2001, 18 (7): 560-578.

[179] 张广玲, 付祥伟, 熊啸. 企业社会责任对消费者购买意愿的影响机制研究 [J]. 武汉大学学报: 哲学社会科学版, 2010 (2): 244-248.

[180] Mohr L A, Webb D J. The effects of corporate social responsibility and price on consumer responses [J]. Journal of Consumer Affairs, 2005, 39 (1): 121-147.

[181] 周延风, 罗文恩, 肖文建. 企业社会责任行为与消费者响应——消费者个人特征和价格信号的调节 [J]. 中国工业经济, 2007 (3): 62-69.

[182] 金立印. 网络口碑信息对消费者购买决策的影响: 一个实验研究 [J]. 经济管理, 2007 (22): 36-48.

[183] Davis K. Can business afford to ignore social responsibilities [J]. California Management Review, 1960, 2 (3): 70-76.

[184] Carroll A B. Corporate social responsibility evolution of a definitional construct [J]. Business and Society, 1999, 38 (3): 268-295.

[185] 倪梁康. 论伪善: 一个语言哲学的和现象学的分析 [J]. 哲学研究, 2006 (7): 91-95.

[186] Van B. An ethical framework for the marketing of corporate social responsibility [J]. Journal of Business Ethics, 2008, 82 (2): 339-352.

[187] Cour A L, Kromann J. Euphemisms and hypocrisy in corporate philanthropy [J]. Business Ethics: A European Review, 2011, 20 (3): 267-279.

[188] Yoo B, Donthu N, Lee S. An examination of selected marketing mix elements and brand equity [J]. Journal of the A cademy of Marketing Science, 2000, 28 (2): 195-211.

[189] Connors S, Anderson-MacDonald S, Thomson M. Overcoming the "window dressing" effect: Mitigating the negative effects of inherent skepticism towards corporate social responsibility [J]. Journal of Business Ethics, 2017 (145): 599-621.

[190] Yoon Y, Schwarz Z. The effect of corporate social responsibility activities on companies with bad reputations [J]. Journal of Consumer Psychology, 2006, 16 (4): 377-390.

[191] Obermiller C, Spangenberg E R. Development of a scale to measure

consumer scepticsm toward advertising [J]. Journal of Consumer Psychology, 1998 (7): 159-186.

[192] Aguinis H, Glavas A. What we know and don't know about corporate social responsibility: A review and research agenda [J]. Journal of Management, 2012, 38: 932-968.

[193] Mattingly J E, Berman S L. Measurement of corporate social action: Discovering taxonomy in the kinder lydenburg domini ratings data [J]. Business & Society, 2006, 45 (1): 20-46.

[194] Homburg C, Stierl M, Bornemann T. Corporate social responsibility business to business markets: How organizational customers account for supplier corporate social responsibility engagement [J]. Journal of Marketing, 2013, 77 (6): 54-72.

[195] 童泽林,黄静,张欣瑞,等.企业家公德和私德行为的消费者反应:差序格局的文化影响 [J]. 管理世界, 2015 (4): 103-111, 125.

[196] Kim P H, Dirks K T, Cooper C D, et al. When more blamc is better than less: The implications of internal vs. external attributions for the repair of trust after a competence—vs. integrity-based trust violation [J]. Organizational Behavior and Human Decision Processes, 2006, 99 (1): 49-65.

[197] Xie Y, Peng S. How to repair customer trust after negative publicity: The roles of competence, integrity, benevolence, and forgiveness [J]. Psychology & Marketing, 2009, 26 (7): 572-589.

[198] 樊帅,田志龙.产品伤害危机下CSR策略匹配度对购买意愿的影响——基于消费者怀疑的中介作用 [J]. 经济管理, 2017 (8): 116-132.

[199] Vlachos P A, Tsamakos A, Vrechopoulos A P, et al. Corporate social responsibility: Attributions, loyalty, and the mediating role of trust [J]. Journal of the Aacademy of Marketing Science. 2009, 37: 170-180.

[200] Dirks K, Lewicki R, Zaheer A. Repairing relationships within and between organizations: Building a conceptual foundation [J]. Academy of Management Review, 2009, 34 (1): 68-84.

[201] 边卫军,赵文龙.企业社会责任履行与消费者响应的互动机理研究 [J]. 河南社会科学, 2017 (8): 86-91.

[202] 贾雷,涂红伟,周星.消费者信任修复研究评介及展望 [J]. 外国经济与管理, 2012 (1): 57-64.

[203] 骆紫薇, 黄晓霞, 陈斯允, 等. 企业为何履行社会责任却落得"伪善"名声?——企业社会责任类型和感知品牌伪善间的关系 [J]. 心理科学进展, 2017 (10): 1642-1655.

[204] 贺伟, 龙立荣, 赵海霞. 员工心理账户视角的薪酬心理折扣研究 [J]. 中国工业经济, 2011 (1): 99-108.

[205] Mcneal J U, Yeh C. Consumer behavior of Chinese children: 1995—2002 [J]. Journal of Consumer Marketing, 2003, 20 (6): 542-554.

[206] 朱苏丽, 龙立荣. 工作要求对研发人员创新行为影响的实证研究——以工作情感为中介变量 [J]. 武汉理工大学学报: 社会科学版, 2010 (4): 507-511.

[207] Hirschaman E C, Holbrook M B. Hedonic consumption: Emerging concepts, methods and proposition [J]. Journal of Marketing, 1982, 46 (3): 92-101.

[208] Okada E M. Justification effects on consumer choice of hedonic and utilitarian goods [J]. Journal of Consumer Research, 2005, 32 (1): 43-53.

[209] Russell J, Carroll J M. On the bipolarity of positive and negative affect [J]. Psychological Bulletin, 1999, 125 (1): 3-30.

[210] Hodge S K, Mason C H. Work versus windfall: An exploration of saving on subsequent purchase [J]. Marketing Letters, 1995, 6 (2): 91-100.

[211] Prelec D, Lowenstein G. The red and the black: Mental accounting of savings and debt [J]. Marketing Science, 1998, 17 (1): 4-28.

[212] Ramanathan S, Williams P. Immediate and delayed emotional consequences of indulgence: The moderating influence of personality type on mixed emotions [J]. Journal of Consumer Research, 2007, 34 (8): 212-223.

附录　本书相关的实证研究设计

研究1：在线购书

感谢您参加我们的实验。请仔细阅读下面的材料，尽量想象自己处于所描述的情景中，并回答后面的问题。答案没有对错之分，每个人都有自己的决策和判断，您的真实填写就是对我们最有力的支持。

情景材料1：

假设最近学校对教材的购买进行了改革。要求在每学期的期末，下一学期的任课教师根据教学计划的安排指定每一门课的教材，学生可以得到下学期要使用教材的明细清单，并且可以选择自行购买或由学校统一订购。若学生自行购买，学校可以退还本学期的书本费。因为考虑到自行购买可能会节约一些开支，因此你决定下学期的全部教材都由自己来购买。

网上购物是在大学生中非常流行的一种购物方式，而你也有过在网上购买衣服、书籍等的经历。于是你登录了淘宝网，在该网站上你找到了如下你所需要的全部教材（图1）。

情景材料2和情景材料1相同，只是将图1换成图2。

附录 本书相关的实证研究设计

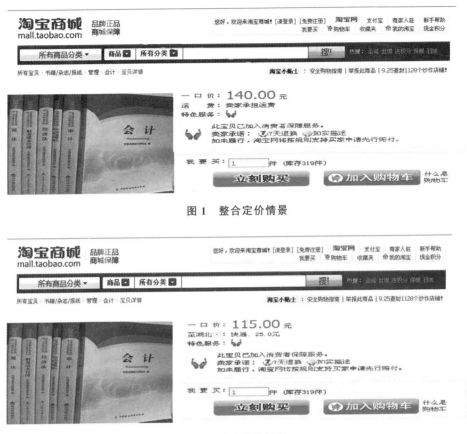

图 1　整合定价情景

图 2　分离定价情景

情景问卷：

看了前面的情景材料后请填写下面的问卷，答案无对错好坏之分，每个人都有自己的独特性，您只需按自己的想法作答即可，但请认真作答，我们保证以下信息仅作本次研究之用。

一、基本信息

姓名：　　　　性别：　　　　年龄：　　　　年级：

二、请在各题项前的横线上按1～7打分，各数字的含义如下

1＝完全不符合，2＝比较不符合，3＝有点不符合，4＝不清楚，5＝有点符合，6＝很符合，7＝完全符合。

感知价值：

1. 我感觉该产品的价格是合理的。　　　　1…2…3…4…5…6…7
2. 我感觉该产品是物有所值的。　　　　　1…2…3…4…5…6…7
3. 我感觉价格很有吸引力。　　　　　　　1…2…3…4…5…6…7
4. 我感觉购买该产品很划算。　　　　　　1…2…3…4…5…6…7

购买意向：

5. 我购买该产品的可能性很大。　　　　　1…2…3…4…5…6…7
6. 我肯定会购买该产品。　　　　　　　　1…2…3…4…5…6…7

三、下面是一些关于思考问题的语句，请圈出适合您情况的答案，各数字的含义如下

4＝完全符合，3＝很符合，2＝比较符合，1＝有点符合，0＝无所谓，－1＝有点不符合，－2＝比较不符合，－3＝很不符合，－4＝完全不符合。

1. 相对简单问题而言，我更喜欢解决复杂问题。　　　　　4…3…2…1…0…－1…－2…－3…－4

2. 我喜欢负责解决需要很多思考的问题。　　　　　　　　4…3…2…1…0…－1…－2…－3…－4

3. 我并不认为思考是有趣的事情。　　　　　　　　　　　4…3…2…1…0…－1…－2…－3…－4

4. 我宁愿做那些需要较少思考的问题，而不是那些对我来说对我的思维能力提出挑战的问题。　　4…3…2…1…0…－1…－2…－3…－4

5. 我尽量避免一些可能需要进行深入思考的问题。　　　　4…3…2…1…0…－1…－2…－3…－4

6. 我从长时间周密的思考中获得满足感。　　　　　　　　4…3…2…1…0…－1…－2…－3…－4

7. 我只是在不得已的情况下才进行必要的思考。　　　　　4…3…2…1…0…－1…－2…－3…－4

8. 相比较长期的问题而言，我更愿意对小的日常问题进行思考。　　4…3…2…1… 0…−1…−2…−3…−4

9. 我喜欢完成那些对我所掌握的知识来说只需很少思考的任务。　　4…3…2…1…0…−1…−2…−3…−4

10. 那些需要很多思考的东西对我来说很有吸引力。　　4…3…2…1…0…−1…−2…−3…−4

11. 我真的喜欢那种需要想出新办法来解决的任务。　　4…3…2…1… 0…−1…−2…−3…−4

12. 我对学习新的思考方法不感兴趣。　　4…3…2…1… 0…−1…−2…−3…−4

13. 我喜欢我的生活中充满那些必须解决的谜团。　　4…3…2…1… 0…−1…−2…−3…−4

14. 进行抽象思维的想法对我很有吸引力。　　4…3…2…1… 0…−1…−2…−3…−4

15. 相对那些重要但不需很多思考的任务，我更喜欢那种对人来讲需要智慧、困难而重要的任务。　　4…3…2…1… 0…−1…−2…−3…−4

16. 在完成那些需要花费很多脑力的任务时，我更多地感到是一种解脱而不是满足。　　4…3…2…1…0…−1…−2…−3…−4

17. 对我来说某些东西能帮我们做完事情就行了，我并不关心它是如何起作用的。　　4…3…2…1…0…−1…−2…−3…−4

18. 我经常会对一些与我自身没有影响的问题进行深入思考。　　4…3…2…1…0…−1…−2…−3…−4

研究 2：衡量能力

实验 1

情景 1：你决定在网上购买一件 T 恤，你知道有一个网上商店有很好的声誉，并能提供许多不同款式的 T 恤供消费者选择，同时该商店提供的送货服务也是可靠的。网络卖家的报价是 95 元，包括运费。送货安排：送货时间是一周内的 7 天均可，每天上午 7 点至下午 8 点，接到收货通知后的 1 小时内送达。

阅读完上面的材料，请回答下面问题（请勾出相应的分数）。

1. 当你在评价整个产品购买时，你对送货服务的注意有多少？

非常少　　　　　　　　　　　　　　　　　　　　非常多
1……2……3……4……5……6……7

2. 请对情景中的送货服务打分：

毫无吸引力　　　　　　　　　　　　　　　　　　很有吸引力
—3……—2……—1……0……1……2……3

3. 你认为网络卖家另外收取运费常见吗？

很常见　　　　　　　　　　　　　　　　　　　　很不常见
1……2……3……4……5……6……7

情景 2：供被试阅读的情景材料和情景 1 相似，只是将价格换成 89 元，另收 6 元的运费。

实验 2

(a) 网上买书

假设你想购买一本书，这本书是你最喜欢的作者最近出的一部新作，这本精装版的书目前排在畅销书排行榜非常靠前的位置，通过浏览网站，你发现你经常买书的那家网上商店正在销售这本书。其价格和送货情况为：28 元，包括运费（整合定价情况），5 个工作日内送到。

现在请您回答如下问题：

1. 请评价这句话：你认为这是一个好的购买。

非常不同意　　　　　　　　　　　　　　　　　　　　非常同意

1………2………3………4………5………6………7………8………9

2. 你感觉这是一个划算的交易。

非常不同意　　　　　　　　　　　　　　　　　　　　非常同意

1………2………3………4………5………6………7………8………9

3. 你将从这一卖家购买的可能性是：

很低　　　　　　　　　　　　　　　　　　　　　　　很高

1………2………3………4………5………6………7………8………9

后面设计的5种价格呈现形式的情景和整合定价情形一样，只是将价格分别换为：书24元，运费4元（EP/EP）；书27元，运费1元（+3元/-3元）；书21元，运费7元（-3元/+3元）；书18元，运费10元（-6元/+6元）；书15元，运费13元（-9元/+9元）。

(b) 网上买碟

假设你想购买一张歌碟，这张歌碟是你最喜欢的歌手最近出的一张专辑，这张歌碟的几首主打歌曲目前在流行歌曲排行榜非常靠前的位置，通过浏览网站，你发现你经常买碟的那家网上商店正在销售这张歌碟。其价格和送货情况为：19元，包括运费（整合定价情况），5个工作日内送到。

现在请您回答如下问题：

1. 请评价这句话：你认为这是一个好的购买。

非常不同意　　　　　　　　　　　　　　　　　　　　非常同意

1………2………3………4………5………6………7………8………9

2. 你感觉这是一个划算的交易。

非常不同意　　　　　　　　　　　　　　　　　　　　非常同意

1………2………3………4………5………6………7………8………9

3. 你将从这一卖家购买的可能性是：

很低　　　　　　　　　　　　　　　　　　　　　　　很高

1………2………3………4………5………6………7………8………9

后面设计的5种价格呈现形式的情景和整合定价情形一样，只是将价格分别换为：歌碟15元，运费4元（EP/EP）；歌碟18元，运费1元（+3元/-3元）；歌碟12元，运费7元（-3元/+3元）；歌碟9元，运费10元（-6元/+6元）；歌碟6元，运费13元（-9元/+9元）。

实验 3

你喝咖啡时总喜欢加咖啡伴侣,假设你上次买的已经喝完了,你习惯性地到自己经常买咖啡和伴侣的那家网上商店浏览相关信息,这家网上商店有咖啡和伴侣在卖,正是你喜欢的品牌和分量。咖啡和伴侣的价格分别是以下情况中的一种:

(1) 咖啡 50.56 元,伴侣的价格是 11.82 元(+5 元/-5 元)

(2) 咖啡 45.56 元,伴侣的价格是 16.82 元(EP/EP)

(3) 咖啡 40.56 元,伴侣的价格是 21.82 元(-5 元/+5 元)

下面的是给定的参考价:

(1) 你记得上次你买的同样的伴侣价格 16 元~17 元,但咖啡的价格记不清了。

(2) 你记得上次你买的同样的咖啡价格 45 元~48 元,但伴侣的价格记不清了。

(3) 没有给定任何参考价。

(4) 你记得上次你买的同样的伴侣价格 16 元~17 元,咖啡价格 45 元~48 元。

现在请你回答如下问题:

1. 请评价这句话:你认为这是一个好的购买。

非常不同意　　　　　　　　　　　　　　　　非常同意

1………2………3………4………5………6………7………8………9

2. 你感觉这是一个划算的交易。

非常不同意　　　　　　　　　　　　　　　　非常同意

1………2………3………4………5………6………7………8………9

3. 你将从这一卖家购买的可能性是:

很低　　　　　　　　　　　　　　　　　　　　很高

1………2………3………4………5………6………7………8………9

4. 在对整个购买进行评价时,你更关注咖啡还是伴侣的价格?

伴侣价格　　　　　　　　　　　　　　　　　咖啡价格

1………2………3………4………5………6………7………8………9

5. 你对自己所做是否购买的决策的信心是如何评价的?

很有信心　　　　　　　　　　　　　　　　　很没信心

1………2………3………4………5………6………7………8………9

研究3：享乐与实用

小齐是一名大三的学生，他想利用这个暑假去参加一项课程培训，以便今后有更清晰的职业规划。于是他开始在网上搜索相关信息，某机构组织的"未来领导者训练营"引起了他的兴趣，他们提供的培训课程不仅包括知名教授的管理讲座，还包括几次模拟的商业活动。更难得的是培训结束后，将组织学员到离该城市不远的某著名风景区度假，度假时间和培训天数一样。当然学员也可以选择只参加课程培训或风景区度假中的一项。他们还提供了清晰的报价：往返车费由组织该活动的机构承担，培训费用（包括课程费、食宿）和度假费用（包括门票费、食宿）都是800元。但如果你同时参加两项活动，将给予风景区度假折扣400元。根据小齐目前的经济情况完全可以负担这两项费用。

一、现在假设你是小齐，请为下面的选项打分（在你认为合适的分数上打"√"）

1. 如果同时进行课程培训和风景区度假两项消费，并在度假费用上节省400元，你觉得对自己的消费行为所产生的愧疚感可能是：

一点也不愧疚　　　　　　　　　　　　　　　　非常愧疚

1………2………3………4………5………6………7………8………9

2. 你购买这一套餐服务并获得400元风景区度假优惠的可能性是：

一定不会购买　　　　　　　　　　　　　　　　一定会购买

1………2………3………4………5………6………7………8………9

3. 你认为课程培训对你的吸引力为：

毫无吸引力　　　　　　　　　　　　　　　　非常有吸引力

1………2………3………4………5………6………7………8………9

4. 你认为度假对你的吸引力为：

毫无吸引力　　　　　　　　　　　　　　　　非常有吸引力

1………2………3………4………5………6………7………8………9

二、下面是对两种消费的描述，请按照自己的感觉勾出相应的分数

1. 下面是关于风景区度假的描述，你认为：

（1）无趣的 　　　　　　　　　　　　　　　　有趣的

1·········2·········3·········4·········5·········6·········7·········8·········9

（2）枯燥无味的 　　　　　　　　　　　　　使人兴奋的

1·········2·········3·········4·········5·········6·········7·········8·········9

（3）令人不高兴的 　　　　　　　　　　　　令人高兴的

1·········2·········3·········4·········5·········6·········7·········8·········9

（4）不让人激动的 　　　　　　　　　　　　让人激动的

1·········2·········3·········4·········5·········6·········7·········8·········9

（5）不使人享受的 　　　　　　　　　　　　使人享受的

1·········2·········3·········4·········5·········6·········7·········8·········9

（6）必需品 　　　　　　　　　　　　　　　非必需品

1·········2·········3·········4·········5·········6·········7·········8·········9

（7）功能性强的 　　　　　　　　　　　　　功能性差的

1·········2·········3·········4·········5·········6·········7·········8·········9

（8）实用性强的 　　　　　　　　　　　　　实用性差的

1·········2·········3·········4·········5·········6·········7·········8·········9

（9）有帮助的 　　　　　　　　　　　　　　无帮助的

1·········2·········3·········4·········5·········6·········7·········8·········9

（注："有帮助的"和"无帮助的"是指对达到目标或完成任务有帮助或无帮助）

（10）有效的 　　　　　　　　　　　　　　无效的

1·········2·········3·········4·········5·········6·········7·········8·········9

（注："有效的"是指能带来想要的结果，"无有效的"是指不能带来想要的结果）

2. 下面是关于课程培训的描述，你认为：

（下面10个题项和以上风景区度假的设计相同）

三、请在括号中填写您的基本信息

您的年龄是（　　　）周岁，性别是（　　　），您所在的年级是（　　　），您就读的专业是（　　　　　　），您所在的学校是（　　　　　　）。

附录 本书相关的实证研究设计

研究 4：危机企业社会责任宣传框架

问卷一

尊敬的先生/女士：

您好！我们是××大学管理学院课题组，正在进行一项有关企业社会责任的研究。此项调查完全匿名，答案无对错之分，只要按实际情况作答即可。非常感谢您的参与！

××大学管理学院

请认真阅读以下情景材料然后按要求作答。

情景材料

A 企业是国内某知名饮用水品牌，几年前陷入"环境门"事件，被报道其厂区排污口超标排放，事件发生后，该企业反应迅速，立即进行整改。<u>企业领导人对外宣称</u>：近几年该企业在自身发展的过程中，积极承担社会责任。企业提出"好山好水"的目标，积极参与环境治理，推进"绿色生产""绿色采购"，打造绿色饮用水；打出"好水好身体"的旗帜，助力体育事业，为多项体育赛事提供饮用水服务；以"一瓶好水，健康人生"的口号参与山区饮用水洁净改造计划；积极参与慈善捐款活动以支持贫困地区教育事业，提供办学设备、改善住宿条件；等等。以上每一项具体的活动都可以查证。

一、阅读材料后，请回答下面的问题（请在选项上打"√"，单选）

1. 您认为 A 企业对其社会责任活动的描述：
A. 是具体的　　　　　　B. 是抽象的
2. 根据材料，您认为企业社会责任活动信息是来自
A. 企业内部　　　　　　B. 企业外部

二、请给下面题项打分："1"表示非常不同意,"7"表示非常同意,请在数字上打"√"(单选)

感知价值:

1. 我认为这家企业的社会责任行为是真心的。　　1　2　3　4　5　6　7
2. 我认为这家企业会履行它的社会责任承诺。　　1　2　3　4　5　6　7
3. 我认为这家企业说一套做一套。　　　　　　　1　2　3　4　5　6　7
4. 我认为这家企业对社会责任的宣传不真实。　　1　2　3　4　5　6　7

购买意向:

1. 我有兴趣购买该企业的产品。　　　　　　　　1　2　3　4　5　6　7
2. 我有可能购买该企业的产品。　　　　　　　　1　2　3　4　5　6　7
3. 我总体上满意该企业的产品。　　　　　　　　1　2　3　4　5　6　7
4. 如果有机会,我愿意推荐该企业的产品。　　　1　2　3　4　5　6　7

三、请填写您的个人基本资料(个人信息全部由计算机处理,不会单独识别,您完全可以放心。请在合适的选项上打"√",单选)

您的性别	□ 男　□ 女
您的年龄	□ 18岁以下　□ 18~25岁　□ 26~30岁　□ 31~40岁　□ 40岁以上
您的学历	□ 高中及以下　□ 大专　□ 本科　□ 硕士及以上
您的职业	□ 企业工作人员　□ 政府公务员　□ 事业及教师　□ 学生　□ 其他
您个人的月收入 (单位:元)	□ 1000以下　□ 1001~2000　□ 2001~3000　□ 3001~5000　□ 5000以上

问卷二

卷首语和问卷一相同。

请认真阅读以下情景材料然后按要求作答。

情景材料

A 企业是国内某知名饮用水品牌企业,几年前陷入"环境门"事件,被报道其厂区排污口超标排放,事件发生后,该企业反应迅速,立即进行整改。企业领导人对外宣称:近几年该企业在自身发展的过程中,积极承担社会责任,投资或赞助了环境保护、教育、医疗卫生等多种社会活动,但没有具体交代发起了怎样的活动。

(后面的问题设计与问卷一相同。)

问卷三

卷首语和问卷一相同。
请认真阅读以下情景材料然后按要求作答。

情景材料

A 企业是国内某知名饮用水品牌企业,几年前陷入"环境门"事件,被报道其厂区排污口超标排放,事件发生后,该企业反应迅速,立即进行整改。某新闻网站上描述到:近几年该企业在自身发展的过程中,积极承担社会责任。企业提出"好山好水"的目标,积极参与环境治理,推进"绿色生产""绿色采购",打造绿色饮用水;打出"好水好身体"的旗帜,助力体育事业,为多项体育赛事提供饮用水服务;以"一瓶好水,健康人生"的口号参与山区饮用水洁净改造计划;积极参与慈善捐款活动以支持贫困地区教育事业,提供办学设备、改善住宿条件;等等。以上每一项具体的活动都可以查证。

(后面的问题设计与问卷一相同。)

问卷四

卷首语和问卷一相同。
请认真阅读以下情景材料然后按要求作答。

情景材料

A 企业是国内某知名饮用水品牌企业,几年前陷入"环境门"事件,被报道其厂区排污口超标排放,事件发生后,该企业反应迅速,立即进行整改。某新闻网站上描述到:近几年该企业在自身发展的过程中,积极承担社会责任,投资或赞助了环境保护、教育、医疗卫生等多种社会活动,但没有具体交代发起了怎样的活动。

(后面的问题设计与问卷一相同。)

研究5:公德与私德框架

问卷一

尊敬的先生/女士:

首先非常感谢您能够在百忙之中抽出时间来参与此次问卷的填写!

请您先阅读下述关于企业负面曝光事件的材料,并结合材料回答相关问题,问题答案无对错之分,您只需按照自己的实际情况填写即可。本次问卷调研采取无记名方式,所得数据仅用于学术研究,请您放心填写,非常感谢!

——××大学管理学院

(私德-历史长)
一、请您仔细阅读情景材料并结合定义完成相关问题

S企业是一家以肉类加工为主的食品企业。

据有关部门报道,该企业所生产的肉类产品出现保质期内变质的情况,国内几个省市都有所波及。相关消费者因不注意而误食,出现恶心、头晕等中毒症状。经查明,与S企业合作的某一大型冷藏仓库因违规管理而导致所生产的产品未能得到良好贮存,而S企业在与合作伙伴合作的过程中并未做好监管等工作。事件发生后,S企业紧急召回问题产品,致歉声明并责令相关部门整改。在随后几年的经营发展中,为提高产品质量和安全性,该企业与多个合作伙伴在全国范围内建立冷藏贮存基地,投入1亿元资金保障食品安全,引入第三方检测机构,进行专业化质量安全管理。

事实上长期以来,S企业一直积极履行企业社会责任,为社会发展作出贡献,曾定向资助贫困大学生3000万元,也为我国残疾人康复事业、灾区、提高山区教学水平等作出了贡献,曾被评为慈善类最具爱心的企业。

私德:企业从事的与政府、股东、员工、合作伙伴、消费者有关的履行社会责任的行为(如兴办"牧场主大学"等)。

公德：除私德外，企业从事的与其他群体利益相关的社会责任行为（如企业慈善捐款、爱心捐赠等）。

1. 根据所给的企业公德和私德的定义，您认为材料中 S 企业所履行的社会责任行为属于：

私德行为			中立			公德行为
1	2	3	4	5	6	7

2. 根据所给材料，您认为 S 企业履行社会责任的历史。

A. 长　　　　　　　　　　B. 短

3. 您认为材料中的事件是否具有真实性？

A. 是　　　　　　　　　　B. 否

（请注意以下问题 1 表示非常不同意，7 表示非常同意）

CA1：我认为 S 企业积极参与回馈社会的慈善公益活动。　　　1 2 3 4 5 6 7

CA2：我认为 S 企业的行为表明其是一家有责任感的企业。　　　1 2 3 4 5 6 7

CA3：我认为 S 企业的行为是为了社会更好地发展。　　　1 2 3 4 5 6 7

RA1：我认为 S 企业的行为完全为了减轻危机事件的负面影响。　　　1 2 3 4 5 6 7

RA2：我认为 S 企业的行为完全为了挽回其在消费者心中的地位。　　　1 2 3 4 5 6 7

RA3：我认为 S 企业的行为只是为了自身的发展。　　　1 2 3 4 5 6 7

A1：我觉得 S 企业有能力满足消费者需要。　　　1 2 3 4 5 6 7

A2：我觉得 S 企业有能力解决突发问题。　　　1 2 3 4 5 6 7

A3：我觉得 S 企业能够向消费者提供优质产品。　　　1 2 3 4 5 6 7

I1：我认为 S 企业对消费者真诚无欺。　　　1 2 3 4 5 6 7

I2：我认为 S 企业不会隐瞒自己的过错。　　　1　2　3　4　5　6　7

I3：我认为 S 企业会言行相符。　　　　　　　1　2　3　4　5　6　7

二、请填写您的个人基本资料（个人信息全部由计算机处理，不会单独识别，您完全可以放心。请在合适的选项上打"√"，单选）

您的性别	□ 男　□ 女
您的年龄	□ 18 岁以下　□ 18～25 岁　□ 26～30 岁　□ 31～40 岁　□ 40 岁以上
您的学历	□ 高中及以下　□ 大专　□ 本科　□ 硕士及以上
您的月支出（单位：元）	□ 1000 以下　□ 1000～2000　□ 2000～3000　□ 3000 以上

问卷二

卷首语和问卷一相同。

（公德-历史长）

请您仔细阅读情景材料并结合定义完成相关问题。

S 企业是一家以肉类加工为主的食品企业。

据有关部门报道，该企业所生产的肉类产品出现保质期内变质的情况，国内几个省市都有所波及。相关消费者因不注意而误食，出现恶心、头晕等中毒症状。经查明，与 S 企业合作的某一大型冷藏仓库因违规管理而导致所生产的产品未能得到良好贮存，而 S 企业在与合作伙伴合作的过程中并未做好监管等工作。事件发生后，S 企业紧急召回问题产品，致歉声明并责令相关部门整改。事件发生后，S 企业贯彻国家扶贫政策，向贵州贫困山区学校捐款 1 亿元，完善基础设施，改善住宿、教学环境，提高学生饮食质量和学校师资力量。

事实上长期以来，S 企业一直积极履行企业社会责任，为社会发展作出贡献，曾定向资助贫困大学生 3000 万元，也为我国残疾人康复事业、灾区、提高山区教学水平等作出了贡献，曾被评为慈善类最具爱心的企业。

（后面内容和问项与问卷一相同。）

问卷三

卷首语和问卷一相同。

（私德-历史短）

请您仔细阅读情景材料并结合定义完成相关问题。

S 企业是一家以肉类加工为主的食品企业。

据有关部门报道，该企业所生产的肉类产品出现保质期内变质的情况，国内几个省市都有所波及。相关消费者因不注意而误食，出现恶心、头晕等中毒症状。经查明，与 S 企业合作的某一大型冷藏仓库因违规管理而导致所生产的产品未能得到良好贮存，而 S 企业在与合作伙伴合作的过程中并未做好监管等工作。事件发生后，S 企业紧急召回问题产品，致歉声明并责令相关部门整改。在随后几年的经营发展中，为提高产品质量和安全性，<u>该企业与多个合作伙伴在全国范围内建立冷藏贮存基地，投入 1 亿元资金保障食品安全，引入第三方检测机构，进行专业化质量安全管理。</u>

事实上，S 企业在日常的生产经营活动中，较少有善因营销、慈善捐助等行为，在消费者眼中，S 企业与慈善等关联不大。

（后面内容和问项与问卷一相同。）

问卷四

卷首语和问卷一相同。

（公德-历史短）

请您仔细阅读情景材料并结合定义完成相关问题。

S 企业是一家以肉类加工为主的食品企业。

据有关部门报道，该企业所生产的肉类产品出现保质期内变质的情况，国内几个省市都有所波及。相关消费者因不注意而误食，出现恶心、头晕等中毒症状。经查明，与 S 企业合作的某一大型冷藏仓库因违规管理而导致所生产的产品未能得到良好贮存，而 S 企业在与合作伙伴合作的过程中并未做好监管等工作。事件发生后，S 企业紧急召回问题产品，致歉声明并责令相关部门整改。<u>事件发生后，S 企业贯彻国家扶贫政策，向贵州贫困山区学校捐款 1 亿元，完善基础设施，改善住宿、教学环境，提高学生饮食质量和学校师资力量。</u>

事实上，S 企业在日常的生产经营活动中，较少有善因营销、慈善捐助等行为，在消费者眼中，S 企业与慈善等关联不大。

（后面内容和问项与问卷一相同。）

研究6：情感账户

问卷一

亲爱的大学生朋友，我们是××大学管理学院调研员，目前正在做一项有关大学生收入和消费者行为的调查，能否占用您一点时间，填写如下问卷？本次研究仅供学术使用，无任何商业企图。请根据您的真实想法如实作答，您的认真填写就是对我们工作的最好支持，对您的合作表示万分感谢！请完成下面四项任务：

一、阅读下面案例，尽量将自己融入所描述的情景中，按要求填写问卷

假设你想利用暑期时间去参加某个课程培训或和同学一起去旅游，这两项活动的花费大概都在1000元。放假前，手头并不宽裕的父母给你寄来2000元。

1. 当你接到这笔钱时，你感觉心情好吗？

——是　　——否

如果你选择"是"，你感觉有多好？（请勾出相应分数）

1　2　3　4　5　6　7

一点点　　　　中等　　　　非常好

2. 当你接到这笔钱时，你感觉心情不好吗？

——是　　——否

如果你选择"是"，你感觉有多不好？（请勾出相应分数）

1　2　3　4　5　6　7

一点点　　　　中等　　　　非常不好

3. 你会用这笔钱：

（1）参加课程培训　（2）和同学出去旅游

你打算花费这2000元中的____元。

二、下面的题项是大学生收入的主要来源，请对其重要性指数、心情指数和努力指数打分（重要性指数是指占总收入的比例，比例越高越重要。1＝最不重要，2＝不重要，3＝有些重要，4＝重要，5＝最重要。心情指数是指获得金钱时内心的高兴程度，1＝不高兴，2＝有点不高兴，3＝有些高兴，4＝很高

兴，5＝非常高兴。努力指数是指获取这些金钱时自己付出的努力程度，1＝没有付出任何努力，2＝只付出了很少的努力，3＝付出了中等程度的努力，4＝付出了比较多的努力，5＝付出了非常多的努力）

    重要性指数   心情指数   努力指数

1. 父母给的生活费_____ _____ _____
2. 贷款_____ _____ _____
3. 兼职收入_____ _____ _____
4. 参加学校勤工助学_____ _____ _____
5. 奖学金_____ _____ _____
6. 助学金_____ _____ _____
7. 其他：( )_____ _____ _____

三、下面是关于获得这些金钱的情感和花费情况，请在您认为最合适的选项上打"√"（单选题）

1a. 对父母给的钱，下面哪句话最能表达你的情感？

A. 父母给生活费理所当然

B. 心有愧疚但无可奈何

C. 希望以后有所偿还

D. 其他（请注明）：_____

1b. 父母给的钱最常用于：

A. 学习与生活必需品开支

B. 外出就餐、娱乐或休闲等享乐性开支

C. 其他（请注明）：_____

2a. 对于贷款获得的钱，下面哪句话最能表达你的情感？

A. 没有什么利息很划算

B. 我总是担心今后如何才能还上这笔钱

C. 贷款上大学是很正常的事情，没有什么大不了

D. 贷款让我觉得压力很大

E. 其他（请注明）：_____

2b. 贷款获得的钱最常用于：

A. 学习与生活必需品开支

B. 外出就餐、娱乐或休闲等享乐性开支

C. 其他（请注明）：_____

3a. 对做兼职赚来的钱，下面哪句话最能表达你的情感？

A. 自己有能力赚钱了，感觉很自豪

B. 很辛苦，赚钱不容易

C. 在外兼职赚钱怕影响学习

D. 担心别人知道

E. 其他（请注明）：_____

3b. 兼职赚来的钱最常用于：

A. 学习与生活必需品开支

B. 外出就餐、娱乐或休闲等享乐性开支

C. 其他（请注明）：_____

4a. 对学校勤工助学赚来的钱，下面哪句话最能表达你的情感？

A. 担心别人看见，很难为情

B. 凭劳动赚钱，感觉很自豪

C. 担心勤工助学影响学习

D. 很辛苦，赚钱不容易

E. 其他（请注明）：_____

4b. 学校勤工助学赚来的钱最常用于：

A. 学习与生活必需品开支

B. 外出就餐、娱乐或休闲等享乐性开支

C. 其他（请注明）：_____

5a. 对获得的奖学金，下面哪句话最能表达你的情感？

A. 获奖学金对我来说根本就不费劲

B. 奖学金里包含自己付出很多的努力

C. 获得奖学金证明自己很有能力，感觉很自豪

D. 自己能获得奖学金是因为运气好

E. 其他（请注明）：_____

5b. 奖学金最常用于：

A. 学习与生活必需品开支

B. 外出就餐、娱乐或休闲等享乐性开支

C. 其他（请注明）：_____

6a. 对获得的助学金，下面哪句话最能表达你的情感？

A. 拿国家的钱，心中有愧

B. 能为家庭减轻负担是最重要的

C. 自己若有能力一定要回馈社会

D. 国家的钱,不拿白不拿

E. 其他(请注明):_____

6b. 助学金最常用于:

A. 学习与生活必需品开支

B. 外出就餐、娱乐或休闲等享乐性开支

C. 其他(请注明):_____

四、请填写您的基本信息

(1) 性别: ① 男　　　　② 女

(2) 年龄: ① 17 岁以下　② 17~19 岁　③ 20~22 岁　④ 23 岁及以上

(3) 年级: ① 大一　　　② 大二　　　③ 大三　　　④ 大四

(4) 所在学校名称:_____　　所学专业:_____

问卷二

卷首语和问卷一相同。

阅读下面案例,尽量将自己融入所描述的情景中,按要求填写问卷。

假设你想利用暑期时间去参加某个课程培训或和同学一起去旅游,这两项活动的花费大概都在 1000 元。放假前,你申请的国家助学贷款已经到账了,一年的额度为 2000 元。

(后面的所有问项和问卷一相同。)

问卷三

卷首语和问卷一相同。

请阅读下面案例,尽量将自己融入所描述的情景中,按要求填写问卷。

假设你想利用暑期时间去参加某个课程培训或和同学一起去旅游,这两项活动的花费大概都在 1000 元。你在学习之余,也在外面兼职赚点外快,你兼职单位的老板在学期末给你发了 2000 元的工资。

(后面的所有问项和问卷一相同。)

问卷四

卷首语和问卷一相同。

请阅读下面案例,尽量将自己融入所描述的情景中,按要求填写问卷。

假设你想利用暑期时间去参加某个课程培训或和同学一起去旅游,这两项活动的花费大概都在 1000 元。你在学习之余,在学校的勤工助学岗位工作,学校在学期末给你发了 2000 元的岗位津贴。

(后面的所有问项和问卷一相同。)

问卷五

卷首语和问卷一相同。

请阅读下面案例,尽量将自己融入所描述的情景中,按要求填写问卷。

你想利用暑期时间去参加某个课程培训或和同学一起去旅游,这两项活动的花费大概都在 1000 元。假设这学期期末,学校评的奖学金发下来了,你获得了 2000 元的奖学金。

(后面的所有问项和问卷一相同。)

问卷六

卷首语和问卷一相同。

请阅读下面案例,尽量将自己融入所描述的情景中,按要求填写问卷。

你想利用暑期时间去参加某个课程培训或和同学一起去旅游,这两项活动的花费大概都在 1000 元。假设这学期期末,学校评的奖学金发下来了,你获得了 2000 元的奖学金,而和你表现同样出色的小文却获得了 5000 元的奖学金。

(后面的所有问项和问卷一相同。)

问卷七

卷首语和问卷一相同。

请阅读下面案例,尽量将自己融入所描述的情景中,按要求填写问卷。

你想利用暑期时间去参加某个课程培训或和同学一起去旅游,这两项活动的花费大概都在1000元。假设这学期期末,学校评的奖学金发下来了,你获得了2000元的奖学金,可就在发放奖学金时,你接到家里来的电话说一位亲戚患上了很严重的疾病。

(后面的所有问项和问卷一相同。)

问卷八

卷首语和问卷一相同。

请阅读下面案例,尽量将自己融入所描述的情景中,按要求填写问卷。

你想利用暑期时间去参加某个课程培训或和同学一起去旅游,这两项活动的花费大概都在1000元。假设这学期期末,学校评的助学金发下来了,你获得了2000元的助学金。

(后面的所有问项和问卷一相同。)